宋夏战争

难以降服的西北强藩

陈俊达 著

主编 耿元骊

宋朝往事 系列

辽宁人民出版社

© 陈俊达 2023

图书在版编目（CIP）数据

宋夏战争：难以降服的西北强藩 / 陈俊达著 . —
沈阳：辽宁人民出版社，2023.1
（宋朝往事系列 / 耿元骊主编）
ISBN 978-7-205-10559-4

Ⅰ . ①宋… Ⅱ . ①陈… Ⅲ . ①宋辽金元战争—通俗
读物 Ⅳ . ① K244.05-49

中国版本图书馆 CIP 数据核字（2022）第 165609 号

出版发行：辽宁人民出版社
　　　　　地址：沈阳市和平区十一纬路 25 号　邮编：110003
　　　　　电话：024-23284191（发行部）　024-23284304（办公室）
　　　　　http://www.lnpph.com.cn
印　　刷：北京长宁印刷有限公司天津分公司
幅面尺寸：165mm×235mm
印　　张：17
字　　数：186 千字
出版时间：2023 年 1 月第 1 版
印刷时间：2023 年 1 月第 1 次印刷
责任编辑：赵维宁　段　琼
封面设计：乐　翁
版式设计：一诺设计
责任校对：吴艳杰
书　　号：ISBN 978-7-205-10559-4
定　　价：58.00 元

总　序

　　宋朝的魅力，势不可当，有越来越多的人爱读宋朝故事，这从"宋朝往事"第一辑所受到的欢迎程度也可见一斑。10位青年学者，以自身长期积累的学术优势，通俗而不媚俗、讲史而不戏说的独特风格，赢得了广大读者的认同。也因此，在辽宁人民出版社的支持下，我们延续前缘，继续组织撰写了"宋朝往事"的第二辑。

　　关于宋朝的一般性概括，在第一辑总序当中已经说过了。说过的话，多数情况下，理所当然不应该重复。但是下面这段话，是我们两次编撰"宋朝往事"的共同圭臬，所以请让我再次引用孟浩然的这一句"人事有代谢，往来成古今"，因为它最能代表我们的心情和缘起之思。我们就是想通过人和事两方面，与读者诸君讨论宋朝的独特之处。宋的风雅、宋的政事、宋的富庶，都体现在人和事之中了。没有那些独特的人，风雅不可见；没有那些风雅之士的行动，政事不可知；没有那些百姓的努力创造，富庶无可求。想要全方位地观察宋、了解宋、欣赏大宋之美，就请和我们一起来回首宋朝往事。

面对浩瀚宇宙，面对苍茫大地，面对漫漫人生，我们的内心常常涌起一种深远庄严之感，不由得想去探究和思考。这就是人之所以为人的根本，只有人类才渴盼了解自身，试图了解自己的过往。而有着世界上最长久、最多历史记载的中华民族，也算得上是更愿意了解自身历史的族群之一。与过去的历史人物、事件建立起属于我们自身的沟通管路，唯一的渠道和办法，就是读史。读其书，想其人，念古人或雄壮或卑微的一生，感慨万千，油然而生的一种复杂情绪自会弥漫胸间。这大概也是想了解历史、阅读历史的普通读者常有的心境。

不过世易时移，大多数非专业读者，基本已经不再能识读繁体字了，更不要说能较为畅达迅速地理解文言文。而处于压力极大的现代社会，人们的状态都是每日疲于奔命。让有阅读渴望的各行各业读者，都能重新从工具层面开始入手研读，实在是不可能的奢望，也是强人所难。但是满足爱读史的读者的渴求，也是我们这些从事专业研究的职业学者仍然不可忽视的职责所在。所以回首"宋朝往事"，提供一种虽然是"快餐"，但尽量做到最佳的"快餐"，就是我们这些职业学者试图为其他行业读者提供的一点微不足道的小贡献。

在第一辑基础上，我们再次选择了五人五事，同我们亲爱的读者一道，再次进入宋朝的天地时空。赵普、包拯、狄青、陆游、文天祥这五位代表性人物，就此进入了读者诸君视野。赵普是宋朝开国元勋，也是宋初文臣之中较为有名的一位。一生之中三次入朝为相，影响很大。世人知道他，多以那句"半部《论语》治天下"的典故。他长于吏道，善于出谋划策，"智深如谷"，开国大政，多依赖于赵普的策划。在我们已经了解赵匡胤的基础上，自然也要了解一下这位开国谋士。包拯在明清以后，已经成为中国古代清官的杰出代表，是为政清廉、公正执法、断案如神的象征，民间呼为"包青天"。以他为主角衍生出的历史演义、戏剧小说、电影电视剧等为数众多且历代相传。戏说虽然于史无证，却激起我们窥探历史上包拯究竟是何种模样的极大兴趣。狄青从一名出身低微的基层农家子弟应征入伍，一无权二无势，通过自己精湛的武功、高妙的指挥能力和优良的人品，以及在国家危难之际奋不顾身的突出表现，成长为接近权力巅峰的枢密使，是底层小人物逆袭的典型，后代小说家甚至以他为主角写成了诸多小说演义作品。传说狄青是武曲星下凡，与文曲星下凡的"包青天"一起享誉天下。陆游是伟大诗人和伟大爱国者，大多中国学生都学习和背诵过那首千古名诗《示儿》，他一辈子渴望北伐中原，收复失地，但是时代没有给陆游这样的机会。以南宋大历史，以宋金和战历史来做背景，我们才能发现一个真实的陆游。文天祥更是我们常常耳闻的人物，为了匡扶南宋这座将倾的大厦，妻离子散，家破人亡，但依然志向不改、视死如归。文天祥伟大的人格力量，在中华历史上铸就了一块无与伦比的正气丰碑，内化成为中华优秀传统文化不可分割的一部分。纵观文天祥一生，无负于"人生自古谁无死，留取丹心照汗青"的铮铮誓言。

与五人同时，就是我们常常想了解的"大事"。这些大事，在宋代历史上也极为关键。女主临朝、更化到绍述、宋夏之战、襄阳保卫战、崖山暮光，是我们观察宋朝、了解宋朝不可缺少的环节。宋真宗皇后，章献明肃刘皇后在历史上也是一个有名的皇后，关于她的故事，最著名的传说就是"狸猫换太子"了，而这只是个编造的谎言。事实上，刘皇后作为宋代第一位垂帘听政的太后，在她身上发生的故事远比"狸猫换太子"更加精彩。熙丰变法由神宗与王安石共同发起，最后到了神宗的儿子手上，却逐渐由改善宋代民生、行政、财政、兵政的大目标，转而成为朝廷清除异己与聚敛财富的工具，丧失了它的正当性，而这一切还是在继述神宗之志旗帜下进行的。借着更化到绍述之名，大宋这一艘漏水航船驶入了更加风雨飘摇的末路。而自宋建国起，宋朝与党项李氏一直保持着友好关系，西部边界也一直处于相对稳定的局面，直到李继迁公开与宋朝决裂。党项李氏逐渐壮大，并建立西夏，发展成为足以抗衡辽、宋的地方政权，宋朝西部边患几无宁日，他们之间漫长曲折的战争故事也陆续上演。宋元之间，襄樊大战则是南宋灭亡的关键。让我们一同进入宋末的历史世界，看看身处其中的人物如何抉择，观其言，察其行。在13世纪末的欧亚大舞台上，从全球视角，看看襄樊之战的前因、后果、始末、结局与影响。襄樊大战失败之后，元军继续南下，宋人多路义军闻风而动，试图收复故土，好不热闹。但元军一路直下，鏖战五十年，四川最终陷落。宋廷退守崖山，张世杰摆一字长蛇阵，决战一日，十万军民漂尸海上，南宋彻底灭亡。遗留的大宋忠臣遗民，或以生命为国尽忠，或以生命为国招魂，只留待我们后人唏嘘南宋的往事，或叹或悲或感慨。这样的五人五事，我们再次以立体形式勾勒了大宋面貌。让我们11个人继续努力，期待读者诸君与我们一起走进宋朝，在大宋场景之中，回味历史的波澜壮阔。

　　经过上一轮的磨合，与10位作者已经形成了默契相知。在辽宁人民出版社蔡伟编辑的再次鼓励下，我们继续承担了撰写工作。还是同样的希望，希望我们 11 个人的努力，能让您对真实的历史多一点了解。感谢陈俊达（吉林大学）、黄敏捷（广州南方学院）、蒋金玲（吉林大学）、刘广丰（湖北大学）、刘芝庆（湖北经济学院）、仝相卿（浙大城市学院）、王淳航（凤凰出版社）、王浩禹（云南师范大学）、张吉寅（山西大学）、赵龙（上海师范大学）等一众优秀青年学者（以上按姓名拼音排序）加盟此系列的撰述。虽然刘云军教授因为撰述任务太多未能参与，非常遗憾，但仍感谢云军教授在不同场合给予的大力支持！最后，亲爱的读者，我们一群作者贡献全力，希望能为您的读书生涯增添一点乐趣！让我们一起读宋，知宋，了解宋朝。

耿元骊

2022 年 8 月 18 日于开封铁塔湖

目　录

引　言

　　雄踞我国西北部长达近二百年的西夏政权（1038—1227年），是我国历史上由党项族建立的地方民族政权。党项族是我国古代西北羌族中的一支，又称党项羌。南北朝时期，党项羌已活动于今青海东南部黄河河曲一带。隋末唐初，党项羌的活动范围逐渐扩大，著名的党项部落有细封氏、费听氏、往利氏、颇超氏、野利氏、房当氏、米擒氏、拓跋氏等八部，各自独立，不相统属。其中以拓跋氏最为强大，建立西夏的就是拓跋氏。

　　唐玄宗时期，随着地处青藏高原的吐蕃的强盛，党项诸部为避其锋芒，逐渐将活动区域自今四川、西藏、青海交界地区迁徙至甘肃、宁夏和陕西北部一带。党项诸部中居住在陇山以东庆州（今甘肃庆阳）一带的称"东山部落"，居住在夏州（今陕西靖边）一带的称"平夏部落"，皆依附于唐朝，西夏正是在平夏部的基础上发展起来的。

　　唐末，党项平夏部首领拓跋思恭因帮助唐朝廷镇压黄巢起义军，被任命为定难军节度使，爵夏国公，赐国姓李氏。定难军治夏州，辖夏、银（今陕西榆林南）、绥（今陕西绥德）、宥（今内蒙古鄂托克前旗城川镇）、静（今陕西米脂）五州之地，夏州党项李氏成为名副其实的唐朝藩镇，雄踞一方。

五代时期（907—960年），党项诸部散居各处，夏州党项李氏为当中势力最大的一支。夏州党项李氏僻居西北一隅，名义上依附于中原王朝，五十余年间，夏州党项李氏对中原的后梁、后唐、后晋、后汉、后周及北汉政权，相继保持"臣属"关系，受其封号，朝贡不绝，但实际上已相对独立，充分利用各藩镇之间的矛盾，坐山观虎斗，借机不断增强自己的实力。后唐长兴四年（933年），定难军节度使李仁福去世，其子李彝超继任，后唐明宗李嗣源试图用将李彝超调任延州（今延安东北）节度使的方法，迫使李彝超离开夏州，以终结夏州党项李氏对定难五州的割据。但在李彝超的坚决抵制下，后唐明宗被迫妥协。后唐清泰二年（935年），李彝超去世，李彝殷继任节度使。后周显德元年（954年），定难军节度使李彝殷遣使入贡，受封西平王。

公元960年，伴随着陈桥驿的一场兵变，赵匡胤黄袍加身，建立宋朝，改元建隆，是为宋太祖。不同于五代时期，宋朝建立后，"向背不常"的党项李氏开始夹在宋、辽两大政权之间，亟须时任定难军节度使的李彝殷做出选择。李彝殷在权衡利弊后，派遣银州防御使李光俨奉表贺宋太祖即位，并避宋太祖赵匡胤之父赵弘殷名讳，改名李彝兴。宋太祖此时正依照"先南后北、先易后难"的战略决策，开始统一全国的进程，面对党项李氏来附，优加赏赐，并命其助宋朝防御北汉。李彝兴接到宋朝的命令后，为表忠心，特遣部将李彝玉领兵御北汉兵于麟州（今陕西神木）。建隆三年

（962年），李彝兴又遣使赴宋进贡马三百匹。为表彰李彝兴，宋廷特加其太尉衔，赐玉带。乾德五年（967年），李彝兴去世，宋朝追封其为夏王，并赠太师衔。开宝五年（972年），李光睿（李彝兴之子）听闻宋太祖"杯酒释兵权"，立即遣使上表，请求朝廷收回兵权。宋太祖婉言拒绝并加以安抚，这使得李光睿十分感激，遂于开宝九年（976年），亲自率兵助宋，从西面夹击北汉。太平兴国四年（979年），宋太宗亲统大军攻灭北汉，此时李光睿已去世，其子李继筠嗣位，同样出兵助战，沿黄河列寨，并东渡黄河偷袭北汉军驻地，以张宋军军威。当年七月，李继筠去世，其弟李继捧继立。此时宋太宗正忙于伐辽战事，直到次年十一月才授任李继捧为定难军留后。

自建国之日起，宋朝与党项李氏一直保持着友好关系，宋朝的西部边界也一直处于相对稳定的局面。直到宋太宗太平兴国七年（982年）五月，李继捧入宋，这种局面随之被打破。李继捧入宋后，族弟李继迁随后反宋，公开与宋朝决裂。此后，党项李氏逐渐壮大，并建立西夏，发展成为足以抗衡辽、宋的地方政权。宋朝与党项交恶，宋朝西部的边境几无宁日。他们之间漫长曲折的战争故事也陆续上演……

第一章

◎

党项崛兴，战事初起

孟子曰："君子之泽，五世而斩。"祖辈品行高尚、能力出众，辛辛苦苦成就的事业，留给后代的恩惠福禄，经过几代就会被消耗殆尽。夏州党项李氏历经百年发展，至李继捧时期，族大势盛。然而，也正是在大好的形势下，党项李氏开始内讧，引起萧墙之祸。

一、继捧献地，继迁自立

关于李继捧入朝，在传世的宋代文献中多记载其主动献地。据《续资治通鉴长编》记载，太平兴国七年（982 年）五月，李继捧朝见宋太宗于崇德殿，太宗大喜。李继捧陈述自从承袭李继筠执掌定难军权柄之后，引起家族内部不满，长辈、兄弟对其多加攻讦，希望能够留居京师开封，并献上定难军下辖的银、夏、绥、宥四州（静州此时已为宋朝控制）。宋人曾巩《隆平集》记载，李继筠去世后，弟李继捧袭位。李继捧从父绥州刺史李克文言："李继捧不应袭位，请宋朝遣使至夏州诏谕李继捧，命其入朝。"宋朝乃谕令李继捧入朝觐见，李继捧举族归附宋朝。宋人王称在《东都事略》中亦称李继捧于太平兴国七年来朝，以夏、银、绥、宥、静五州之地来归，太宗嘉之，李继捧希望留居京师开封。

对于李继捧入朝的政治背景，学界存在不同看法。一种意见认为，宋代文献记载乃是史家主观撰述的结果。李继捧入朝并非自愿，乃是宋朝蓄谋已久，欲统一定难军而强迫的结果，夏州党项李氏家族内部的矛盾不过是宋朝用以向李继捧施加压力的借口而已。另一种意见则认为李继捧入朝，本意是寻求宋朝的支持，进而巩固其在夏州的地位。但太宗不能审时度势，把李继捧入朝与陈洪进纳土、吴越王钱俶献地一样看待，急命官员接管定难军，并强迫夏州党项李氏举族内迁，为李继迁叛宋埋下祸根。第三种意见则认为，由于夏州党项李氏已四世未尝入觐，其强悍难制成为威胁宋朝西部边陲稳定的重要隐患，同时与宋太宗即位后致力于削弱边将与沿边酋豪势力的国策相左，故当李继捧因权力继承问题陷入困境而寻求宋朝支持时，宋太宗大喜过望，认为削藩的时机终于成熟。

但无论基于何种认识，可以肯定的是，自唐末以来，夏州党项首领虽表面上尊奉中原王朝，实际上却割据独立，中原王朝对其仅仅是加以羁縻、笼络而已。而定难军下辖的五州之地，背靠黄河，俯视关中，东控吕梁，屏藩河陇，水草丰美，实为虎踞龙盘的战略要地。因此，随着南唐、北汉等割据政权相继被宋朝消灭，统一定难五州便被宋廷提上议事日程。同时，夏州党项李氏集团内部此时发生分裂也是不争的事实，李继捧迫于内外压力，只好入朝觐见太宗，献出党项李氏占据的银、夏、绥、宥四州之地，并为求得自身安全，希望居住在京师开封（今河南开封）。宋太宗面对这千载难逢的良机，自然不肯错过，一方面对李继捧献地之举喜出望外，当即赐予李继捧大量财宝，任命其为彰德军节度使，其兄弟十二人也各授官有差，并命将李继捧的亲族全部接来开封居住。另一方面，于太平兴国七年（982 年）五月李继捧献地后，立即任命李继捧的从父李克文暂时负责夏州事务，同时任命尹宪作为副手，共同处理州事，开始着手接收定难军事宜。

李继捧献出定难诸州，使宋朝兵不血刃获得了党项李氏世代经营的根据地，这似乎又是一个藩镇纳土归附中央王朝的完美案例。然而李继捧的族人本就因权力继承问题与其不和，此时又怎会轻易放弃祖先千辛万苦才打下的基业，迁移到根基全无的开封居住？于是李氏族人试图以武力抗拒，但宋军对此早有防备，驻屯夏州的宋军立即出兵镇压。为安抚民心，宋太宗已调任沣州（今湖南澧县）刺史的李克文暂时处理夏州事务，又任命曹光实为诸州都巡检使，负责控御原定难军境。时势造就英雄，在夏州局势一片混乱的情况下，李继捧的族弟李继迁横空出世。

李继迁（963—1004 年），银州防御使李光俨之子。李光俨曾在宋太祖赵匡胤称帝后，携带李彝兴的表章前往开封朝贺。李光俨接受宋太祖召见时，表现得彬彬有礼、谦恭大方，深得赵匡胤欣赏，得到许多赏赐。宋太祖乾德元年（963 年），李光俨与妻子罔氏在无定河游览时，罔氏生下李继迁。据传说，李继迁出生时，啼哭声响彻云霄，生下来就长有牙齿。时人皆惊叹不已。

李继迁长大后，不仅聪明过人，而且武艺高强，尤善骑射。一次，李继迁与十多名骑兵外出打猎，当他们深入大山后，突然一只斑斓猛虎从密林中猛地蹿出。李继迁毫不惊慌，命其他人迅速躲入树林中隐藏行踪，自己则爬到一棵大树之上，张弓搭箭，只一箭便射中猛虎的左眼，随即又一箭将猛虎击毙。李继迁射虎的事迹在部落中口口相传，他的影响力在西北少数民族部落中也与日俱增。时任定难军节度使的李光睿爱惜李继迁勇猛机智、骑射过人的才能，于宋太祖开宝七年（974年），任命年仅十二岁的李继迁担任定难军管内都知蕃落使，负责统御定难军辖境内所有少数民族部落。

太平兴国七年（982年），李继捧入朝献地时，李继迁留居银州，时年二十岁。按照宋太宗诏令，党项李氏五服以内的亲属皆须迁往开封居住。李继迁得知后，与其弟李继冲、亲信张浦等商议对策。李继迁慷慨陈词道："我们的祖先在夏州地区生活了三百多年，父兄子弟官至节度使、防御使、刺史之列，统摄一方。现在宋朝命我们举族入京师，名为安置，实为人质。一旦离开根据地，生死将由不得我们自己，党项李氏一脉必将断绝，该如何是好？"李继冲答道："虎不能离开山，鱼不能离开水。我们应该趁其不备，杀掉宋朝使者，以绥州、银州作为抵抗宋朝的基地，一定可以成功。"张浦听罢，反对道："此计恐怕难以成功。我们夏州内部发生矛盾，宋朝乘虚而入，各少数民族部落持观望态度，这是不争的事实。现在亲宋的李克文掌管夏州，宋朝大将尹宪率领重兵屯驻边境之上，如果我们此时起事，宋军第一时间便会过来围剿，我们银州的军队难以抵挡。臣听闻'尺蠖之屈，以求信也；龙蛇之蛰，以存身也'。识时务者为俊杰，大丈夫能屈能伸。不如暂时远走沙漠，建立新的根据地，同时联络党项各部首领，择机卷土重来，也为时不晚。"

李继迁听了张浦的建议后，大加赞许，决定以乳母去世为借口，声言出城举行葬礼，将兵器藏于棺木中，带领亲族、亲信几十人逃出银州城。李继迁一行人来到距离夏州东北三百里的地斤泽（在今内蒙古鄂尔多斯市巴彦淖尔），聚众抗宋自立。今日的地斤泽虽已干涸成沙碛，在当时却是水草丰美，便于畜牧养殖之地。李继迁以先祖拓跋思忠（拓跋思恭之弟，唐僖宗时随拓跋思恭攻黄巢时阵亡）的画像为旗帜，声称要"复兴祖业"。在这一口号的激励下，前来投奔的党项族人渐渐增加，兵马也日益强壮起来。太平兴国七年（982 年）十二月，李继迁试探性进攻夏州，闻听宋朝援军到来后才撤军回营。从此拉开宋夏战争的序幕。

太平兴国八年（983 年），宋太宗令绥、银、夏等州官吏招揽宋朝边境以外民户，实则是为了招揽李继迁部众，对其来个釜底抽薪。李继迁见属下有所动摇，产生回归宋朝的想法，便与张浦商议道："如今宋朝以雄厚的财力和丰饶的物产招抚境外的流民，我们该如何是好？"张浦回答道："宋朝驻扎在银州、夏州的军队实力雄厚，我们断无可能与其争锋。宥州土地丰饶，且依托横山之险，如果我们集中所有的力量攻下宥州，就可以凭借坚固的城池与险要的地势坐观局势的发展变化，徐图复兴。"李继迁深以为然，于是联合各部族，合兵二万余人攻打宥州。无奈相较于宋朝而言，李继迁此时的力量过于弱小，被宋朝巡检使李询率领所部兵马击退。李继迁屡战不胜，不得不遣使奉表至麟州（今陕西神木）进献马匹、骆驼，以缓解宋军带来的压力。

宋太宗雍熙元年（984年），李继迁趁着原已归附宋朝的多支党项部落叛宋投奔自己之机，进攻夏州西北二十五里处的王庭镇，俘获很多人马，取得对宋作战的首次胜利。但宋朝仍不以为意，在太宗君臣眼中，李继迁只是疥癣之疾。宋太宗曾言道："若蕃部中有狡黠作恶为害大宋者，大宋必以天威武力惩罚之。"面对李继迁的一再袭击骚扰，同年九月，宋朝边将尹宪侦知李继迁营帐所在地，会同都巡检使曹光实，趁李继迁四处攻掠，兵力分散之时，派遣精锐骑兵数千人夜袭地斤泽，给李继迁以毁灭性打击。此战，宋军共计斩首李继迁手下五百余人，焚烧帐篷一千四百余只，缴获牛羊、器械数以万计，并俘获李继迁的母亲和妻子。李继迁"仅以身免"，后会合弟弟李继冲，四处辗转迁徙，躲避宋军追击，处境十分狼狈。

二、重整旗鼓，智取银州

地斤泽之战对李继迁的打击甚大，为了东山再起，李继迁再次拿出先祖拓跋思忠的画像，号召党项族及其他少数民族部落首领复兴祖业。面对众首领，李继迁高呼道："我们党项李氏世代据有西边的土地，如今却被宋人在一日之内全部夺去，你们声称不忘李氏先祖的恩泽，愿意跟随我复兴祖先的基业吗？"李继迁的提问得到了肯定答案，众首领纷纷响应起来。野利族首领还将女儿嫁给李继迁为妻。得到众首领支持的李继迁，逐渐恢复元气，屯兵夏州以北的黄羊平，谋划再次起事。

雍熙二年（985年）二月，李继迁终于等到了起事的机会。三年前，李继迁出逃银州，聚兵地斤泽时，银州党项的另一位首领拓跋遇曾向宋朝提出请求，希望可以移居内地，但遭到宋太宗拒绝。拓跋遇因而心生不满，起兵反抗宋朝，结果被宋军击溃，部众散居山野。此时拓跋遇见李继迁致力于对抗宋朝，便萌生了联合李继迁抗衡宋朝的想法。于是拓跋遇遣人联络李继迁，计划里应外合攻取银州。拓跋遇在给李继迁的书信中写道："银州地处交通要冲，西接夏州、绥州，东临麟州、胜州（今内蒙古准格尔旗），加之您祖先的影响力尚存。如果您出兵攻打，我起兵相助，里应外合，一定可以轻松拿下银州。"

李继迁收到拓跋遇的来信后，鉴于地斤泽之战的惨痛教训，不敢擅自做主，急忙召集部众商议。堂弟李延信说道："地斤泽之败，是由于防守疏忽所导致的，并不是战略战术上的失误。沙漠不是长久立足之地，现在大家都来投奔你，是上天赐予我们的好机会。机不可失，时不再来，白白放弃收复银州的良机，将来必定会后悔莫及。"张浦赞同李延信的观点，补充道："宋朝驻银州守将曹光实熟知兵法，银州城守军兵强马壮，俗话说'擒贼先擒王'，我们要设法将曹光实引诱出城，先消灭曹光实，然后攻其不备，方可取胜。不然我军刚刚经历一场惨败，将士们心有余悸，此战不能强攻，只能智取。"

李继迁综合采纳众人的意见后，命弟弟李继冲率军埋伏在葭芦川（今陕西佳县黄河支流佳芦河），自己则与张浦等人前往银州诈降，言道："我几次三番败于大人之手，现在已无立锥之地，只能每日疲于奔命，恳请大人不计前嫌，允许我等投降"，并对曹光实施以甥舅之礼。宋都巡检使曹光实见李继迁等人情真意切，遂轻信其言，双方约好日期，在葭芦川举行受降仪式。

曹光实（931—985年），雅州百丈人（今四川雅安名山区百丈镇），宋初著名将领。乾德年间，宋太祖赵匡胤命王全斌征蜀，却一直未能攻下雅州和黎州。此时曹光实家族被仇人的军队包围，曹光实背着母亲，破门而出，挥戈突围，异常勇猛，敌人难以靠近。曹光实一路背着母亲逃到成都，面见王全斌，献上雅州地图，希望报灭族之仇。王全斌感其志气，命其领兵攻打雅州。攻克雅州和黎州后，曹光实就任宋朝雅州、黎州首任知州，其文治武功，也从此得以展现。宋军北征时，曹光实担任前锋，出雁门关攻击辽军，屡立战功，据说曾斩杀辽军数千人，被宋太祖誉为"蜀中豪杰"。

然而曹光实此时却犯了轻敌的毛病，没把李继迁放在眼里，为夺平定李继迁的头功，未与他人商议，仅带百余骑便跟随李继迁前往葭芦川接受投降。当他进入埋伏圈后，党项伏兵四起，曹光实力战不支，殒命沙场。曹光实的侄子曹克明拼死抢回他的遗体，曹光实也成为宋夏战争中首位战死的宋朝大将。

李继迁斩杀曹光实后，又利用曹光实的旗帜诈开银州城门，顺利攻取银州，缴获银州守军粮草军械不计其数，取得自立抗宋的首次大捷。消息传开，越来越多的党项部落前来投奔李继迁。在大好形势下，李继迁的部将李大信提议推举李继迁为定难军节度使，称西平王，以号令西北各部族。

众人听罢，纷纷表示赞同，唯独张浦反对道："自从宋军占领夏州以后，我们东奔西走，无尺寸立足之地。现在刚得到一州之地，尚未站稳脚跟，便自立为王，恐怕不得人心。为今之计，应暂缓称王，先设官授职，确定尊卑等级，然后将尚未收复的州县官职预先分封给各位首领，使他们为了各自的官职而努力作战。这样，宋朝在各地的驻军便会疲于防守，难以相互支援，我们则可以趁机全力攻击夏、绥、宥等州。"为了大局考虑，李继迁采纳了张浦的建议，暂不称王，只称都知蕃落使，暂时代理定难军与诸部族事宜。同时李继迁还对部下大加封赏，任命张浦、刘仁谦为定难军左、右都押衙，李大信为蕃部指挥使，任命前来投奔的部族首领担任尚未被李继迁攻取的并州（今山西太原西南）、代州（今山西代县）、麟州、丰州（今陕西府谷县北）刺史等。

随后，李继迁乘胜攻下会州（今甘肃靖远东北），焚毁城郭而去。宋太宗在得知曹光实战死后大为震怒，派遣田仁朗、王侁率军讨伐。李继迁并未选择与宋军主力决战，而是改道向东，进攻三族寨（今陕西米脂境内）。三族寨党项首领折遇乜杀死宋朝监军使，投靠李继迁。李继迁遂乘胜进攻抚宁寨（今陕西米脂西南）。宋太宗闻听三族寨陷落，而田仁朗率军停留绥州，迁延不进，急令王侁代替田仁朗，统军进击。

起初，田仁朗面对李继迁进攻抚宁寨，制定了以抚宁寨为中心坚守，待党项军疲惫，攻击乏力后，再以大军围困，一战定乾坤的作战策略。田仁朗对诸将说道："党项人逐水草而居，散落于山林之间，据险保塞，实为乌合之众。获胜则继续进攻，失败则迅速逃走，故朝廷始终无法彻底剿灭。

而今李继迁聚集羌、戎各部落数万人，精锐尽出。抚宁寨虽小，但是防御坚固，驻军虽不多，但都是精兵，一时半会儿李继迁必定难以攻破。待党项人困马乏之时，再以朝廷大军对其进行反包围，只需三百精锐手持强弓硬弩，埋伏在李继迁撤退的必经之路上，必当一举平定党项叛乱。"就当时双方的战备情况而言，田仁朗的部署，堪称对付李继迁的良策。此时田仁朗下属军队仅有千余人，多为曹光实旧部，无论在士气上还是在装备上皆不及李继迁，贸然决战，绝非上策。然而此时的宋朝君臣，仍未将李继迁放在眼中，以为天兵一到，李继迁必将束手就擒。宋廷认为田仁朗的计划，只是因为其畏敌怯战，恐怕会贻误战机。于是，不听田仁朗申辩，便直接将其召回京师下狱问罪。

雍熙二年（985 年）五月，王侁等率领宋军进至银州北部，攻下悉利等寨，斩杀守将折罗遇等人。迫于宋军压力，各部族纷纷出兵征讨李继迁，与王侁率领的宋军一道攻入浊轮川（今陕西神木北）。由于宋军和诸部族的联合围攻，李继迁损兵五千余人，不得不放弃银州，带领残兵败将杀出包围圈。银州再次归宋所有。与此同时，宋朝又命武州团练使郭守文与夏州知州尹宪等，合兵攻击夏州盐城（今宁夏灵武南）诸部族，再次给予李继迁重创。随着战争形势的发展，似乎一切正按照宋太宗所计划的那样，趁着夏州党项李氏内讧之机，一举解决盘踞定难军诸州长达百余年之久的割据势力，然后凭借宋军强大的军事力量，彻底消灭李氏余部的反抗。因此，宋太宗还曾踌躇满志地向大臣们夸耀道："夏州诸部均已平定，即使是那些向来强悍难制的部落，也已经归顺朝廷。此次经略西北，共得酋豪二百七十余人归附，获族人五万余帐。近十年来，西戎俘掠我中原的数万牲口、羊马，皆物归原主。朕前后派遣将帅时，皆告诫其怀柔远人之策，故戎人畏惧天朝之威，不敢天朝攻伐，皆率众归附。"

然而，事情往往会朝着出乎意料的方向发展，宋太宗对当时形势的看法未免太过乐观。他不仅低估了党项李氏在夏州地区的影响力，更没有想到，当党项人与北方的契丹人结成联盟后，将会深刻而又彻底地改变宋朝的西北战局。

三、附辽抗宋，由弱变强

一次又一次的失败，使李继迁意识到自身与宋朝之间的军事实力差距着实悬殊，仅凭军队的斗志根本无法与宋朝相抗衡，只能另谋出路。时值宋朝正在与其北方的辽朝争夺地盘，二者时常发生冲突。李继迁想着，敌人的敌人就是自己的朋友，若自己能够结辽抗宋，获得辽朝的承认与支持，必能够改变当下的不利局面。于是李继迁对部下说道："现在我们势单力薄，随时都可能被宋朝消灭，北方的辽朝兵强马壮，国富民强，我要借助他们的援助，以实现恢复祖业的愿望。"就这样，李继迁着手准备与辽朝的接洽事宜。

李继迁所要接触的辽朝是我国古代契丹族建立的王朝，与五代、北宋并立。公元907年，耶律阿保机即可汗位。916年，耶律阿保机称帝，国号"契丹"（太宗时改成"辽"），建元"神册"，是为辽太祖。契丹建国后，征服诸部，南下中原，并于天显元年（926年）灭渤海国（唐朝时由我国东北边疆民族粟末靺鞨建立的地方民族政权），将势力扩展到日本海与鄂霍次克海沿岸。辽太宗耶律德光时期，通过册立石敬瑭建立后晋政权，将幽云十六州纳入辽朝统辖范围内。此后，虽后周世宗柴荣收复十六州中的瀛、莫二州，宋太宗曾于太平兴国四年（辽景宗乾亨元年，979年）借灭北汉之余威一度攻至幽州（辽南京，今北京）城下，并于雍熙三年（辽圣宗统和四年，986年）再次大举伐辽，但宋太宗的两次北伐皆以失败告终。相反辽朝于辽圣宗统和二十二年（宋真宗景德元年，1004年）兵临宋澶州（今河南濮阳）城下，兵锋直指开封，迫使北宋签订"澶渊之盟"，约定宋朝与辽朝为"兄弟之国"，宋辽皇帝间的关系，根据年龄和辈分推算，北宋每年给辽朝交纳助军旅之费（岁币）绢二十万匹、银十万两（后增至银二十万两、绢三十万匹）。契丹从最初作为唐王朝管辖下的边疆民族，到册立后晋为藩属，到南下灭晋，入主中原，再到册立北汉，最终与北宋并列对峙为"北朝"，南北对峙的均势局面最终形成。从此，宋辽和平相处直至北宋末年。1125年，辽朝为新兴的金朝所灭，共传太祖、太宗、世宗、穆宗、景宗、圣宗、兴宗、道宗、天祚帝九帝。

宋雍熙三年（辽统和四年，986年）二月，李继迁派遣张浦携带重礼出使辽朝，请求归附。此时辽圣宗年幼，由其母萧绰（小字燕燕，历史上赫赫有名的萧太后）执掌辽朝国政。深谋远虑的萧太后识破李继迁并非真心归附，不过是想借助辽朝的力量对抗宋朝，以求自保，故而十分犹豫是否要接纳李继迁的请求。然而，世上之事偏偏就是如此巧合，此时宋太宗正在执着于收复幽云十六州，洗刷高粱河惨败之耻，再次发动了对辽战争，史称"雍熙北伐"。危急时刻，辽朝西南面招讨使韩德威急忙向萧太后进言："河西（今陕北、宁夏、甘肃一带）乃宋朝左臂，此前我大辽支援北汉之时，就因为夏州李氏与府州折氏（亦为党项大部族）出兵袭扰，致使北汉最终亡于宋朝。如今党项李氏主动前来归附，正符合我大辽的国家利益，我们应该接纳李继迁，并利用他的力量牵制宋朝。"面临当下的危急局势，萧太后采纳了韩德威的意见，继而任命李继迁为定难军节度使、银夏绥宥静五州观察处置等使、特进、检校太师、都督夏州诸军事，同时任命李继冲为节度副使。为了进一步得到辽朝支持，同年十二月，李继迁亲自前往辽朝边境请婚，并表示愿意永远作为辽朝的藩辅。见李继迁如此恳切，辽朝便答应了他的请婚，并命李继迁择日完婚。

李继迁在获得辽朝的承认与任命后，高举辽朝授予的定难军节度使节钺与旗鼓，号令诸部，伺机而动。雍熙三年（辽统和四年，986年）年末，为报复宋朝的雍熙北伐，辽朝主动发起对宋战争。几次交锋下来，宋军接连战败，已经无暇顾及西部边陲，李继迁等待的时机再次到来。

次年（雍熙四年，辽统和五年，987年）二月，李继迁统率大军进攻夏州。他先引诱宋朝夏州知州安守忠出城决战，在王亭镇（今内蒙古乌审旗西南）设伏，全歼夏州州军主力三万人，又乘胜追击宋朝残兵至夏州城外。直至四月，宋朝援军自麟州赶至夏州，李继迁才撤军，夏州之围暂解。八月，李继迁率军在黑水河（无定河支流，自西北向东南流经夏州，距离夏州城三十里）畔与宋朝银、夏、绥、府四州都巡检使石保兴率领的两千人马遭遇。李继迁见石保兴兵少，便率领数千人渡河决战。石保兴面对数倍于己的党项兵马，并未惊慌，而是伏兵河岸，待李继迁部渡河之际发动攻击。党项兵马大乱，溃败而逃。十一月，李继迁在无定河畔聚集兵马，计划攻击银州。然而由于李继迁处事凶狠，虐待部属，引起部分党项首领的不满，宥州党项咩兀等族首领、都指挥遇乜布等九人计划行刺李继迁。于是，趁李继迁会盟诸部之时，遇乜布等人突施冷箭，李继迁躲闪不及，被射中鼻子。因伤口久未痊愈，李继迁不得不推迟进攻银州的计划。

虽然李继迁不断袭扰宋朝边境，告急的文书已然如雪片一般飞往宋太宗的桌案之上，但此时的宋太宗正因辽军南下，宋军屡战屡败而忙得焦头烂额，暂时腾不出手来对付李继迁的袭扰，无奈只能不断派人前去招抚李继迁以及那些归附李继迁的部族首领。李继迁知宋朝此时无暇顾及自己，遂一边打着愿意归顺的旗号以迁延宋朝边将的攻势，一边更加肆无忌惮地侵扰宋朝边境。宋太宗见李继迁根本没有诚意归顺，最后采用宰相赵普的建议，起用李继捧来对付李继迁。

实际上，最初李继迁侵扰边境而宋军讨伐无功之时，已经有人向宋太宗举报李继捧，认为李继迁之所以能够对朝廷的围剿计划了如指掌，全都是因为李继捧泄密所导致的。宋太宗本就不信任李继捧，也就立即将其调离京城了。然而李继迁投靠辽朝后，势力不断壮大，只要有机会便骚扰宋朝西北边疆，令宋朝应接不暇。于是，在端拱元年（988 年）初，宋朝又任命李继捧为耀州感德军节度使（今陕西耀州），以便招徕李继迁。之后，宰相赵普建言道："李继捧镇守的耀州之地，与李继迁相隔甚远，不如令李继捧重回其银、夏故地，使其牵制李继迁。"宋太宗也别无他策，只得于同年五月，改任李继捧为定难军节度使、银夏绥宥静等州观察处置押蕃落使。为表示对李继捧的信任，又特赐李继捧国姓赵，改名保忠，授予其全权管辖夏、银、绥、宥、静五州民户、土地、钱粮之权。宋太宗还专门设宴为李继捧饯行，许诺若李继迁归附宋朝，必授予其官职。

李继捧重返夏州，对李继迁作为定难军节度使的"合法性"产生影响，部分已归附李继迁的党项部族再次持观望态度。面对不利局势，李继迁一面不断遣使赴辽，请求与辽朝公主尽快完婚，一面向李继捧示好，表示自己愿意改过自新、归附宋朝，进而为自己争取时间。李继捧立功心切，竟然相信了李继迁的说辞，于端拱元年（988年）十二月上奏朝廷，称李继迁已幡然悔悟、弃暗投明，希望朝廷赐予李继迁官职，以安李继迁之心。宋太宗虽然对李继捧所言有所怀疑，但北有契丹，西有党项，边将送来的急报已折磨得宋太宗心力交瘁，于是还是任命李继迁为洛苑使、银州刺史。

宋太宗此举正中李继迁下怀，李继迁本就无心归宋，所谓改过自新只是缓兵之计，一方面可以暂缓宋朝的政治、军事攻势，另一方面又可以借机要挟辽朝。果然，萧太后在收到李继迁请求辽朝同意自己与宋朝"和好"，接受宋朝官职，归附宋朝的奏章后，瞬间坐立难安。萧太后明知李继迁此举带有要挟之意，无奈此时辽宋对峙，需要党项人的势力来打破辽宋均衡的态势，随即于次年（宋端拱二年，辽统和七年，989年）三月，封王子帐节度使耶律襄之女为义成公主，下嫁李继迁，并赠马三千匹作为嫁妆，以壮大李继迁的实力。

李继迁成为辽朝的驸马后，政治地位进一步提高，西北诸部慑服，势力进一步壮大。李继迁本就不满宋朝仅授予自己一小小的银州刺史（与期望的节度使相去甚远），再加上，李继迁已得到辽朝的支持，遂断然拒绝宋朝与李继捧的招抚，再次起兵武力报复。

宋淳化元年（辽统和八年，990年）三月，李继迁与李继捧率军大战于夏州北约百里处的安庆泽，李继捧有宋军加持，李继迁不敌，中箭撤退。强攻不成，李继迁改变策略，派遣手下将领重遇贵等人前往夏州诈降，声称李继迁所部溃不成军，希望李继捧不计前嫌，接纳自己。李继捧轻信重遇贵所言，将重遇贵等人编入军中。十月，李继迁再次会合诸部兵突袭夏州，李继捧出城迎战，重遇贵等人阵前反戈，李继捧军溃败，仅以身免逃回夏州城，紧闭城门，坚守待援。

鉴于李继迁对于牵制宋朝的重要作用，为激励其继续对宋作战，使宋军西、北不能兼顾，进而达到消耗宋朝国力，疲敝宋朝的战略目的，宋淳化元年（辽统和八年，990年）十二月，辽朝正式册封李继迁为夏国王。此为夏州党项李氏称"夏国王"之始。宋朝同样对辽朝的意图心知肚明，时任宋工部侍郎，后担任陕西经略安抚使的张齐贤曾言："辽朝与我大宋为敌，考虑到李继迁感念我大宋的恩德，欲断我大宋左臂，故册封李继迁王爵，使其与我大宋离心。辽朝册封李继迁国王，则李继迁自然看不上我大宋授予其的刺史一职。而夏国王只是一个虚名，辽朝册封李继迁为国王，对其自身没有任何损失，却能使李继迁为其卖命，与我大宋为敌，辽朝此计甚是高明！"至此，李继迁通过依附辽朝，一步步壮大自己的势力，由原本只是宋朝境内的一处地方割据势力，发展为宋、辽两极势力之外的"第三极"。虽然李继迁的力量不及宋朝和辽朝，但在宋辽均势对峙的大背景下，却引得宋辽两朝争相拉拢，对于诸政权间的制衡关系起着不可忽视的作用。

四、依违南北，叛服无常

李继迁被辽朝封为夏国王，极大地提高了其政治地位。然而，李继迁的军事力量却不可能仅凭辽朝的一纸诰命而发生本质上的改变。这一时期，李继迁与宋军交战，虽然双方互有胜负，但总体来说还是胜少败多。并且，李继迁的军队即使获胜了，也无法长久地守住占领的城池。

宋淳化二年（991年，辽统和九年）初，李继迁得知宋朝派遣翟守素率军增援夏州，自知不敌，遂解除对夏州的包围，再次撤军。四月，李继迁借遣使谢恩辽朝册封夏国王之机，请求辽朝出兵，与自己共同夹击宋朝。不过，辽朝并未答应李继迁的请求。此时的宋朝和辽朝基本上处于势均力敌的状态，已经无法为李继迁提供实质性的援助。李继迁为了保存实力，谋求日后的长远发展，无奈只得再次使用缓兵之计，暂时与宋朝修好。

宋淳化二年（辽统和九年，991年）七月，李继迁又一次向宋朝谢罪。宋太宗久苦于西部战局，只想着怎样能够息事宁人，对于李继迁再次"归顺"请求，也就顾不得真假，立即任命李继迁为银州观察使，并赐姓名曰"赵保吉"。接着，宋太宗又赐予李继迁的弟弟李继冲姓名曰"赵保宁"，授绥州团练使；任命李继迁之子李德明为银州管内蕃落使。此前被曹光实俘获的李继迁之母罔氏被封为西河郡太夫人，作为人质留养京城。李继迁已被辽朝封为夏国王，自然瞧不上宋朝授予的银州观察使一职。只是，李继迁考虑到如果不费一兵一卒，就可以名正言顺地掌控银、绥二州，何乐而不为呢？于是便欣然接受了宋朝授予的官职。

李继迁获得银、绥两州后，没过多久便骄傲膨胀起来，率军驻扎在夏州北部的王庭镇，对夏州虎视眈眈，颇有得陇望蜀的架势。李继捧对李继迁的这一举动大为不满，决定先发制人，率众夜袭李继迁大营。李继迁立足未稳，面对突袭猝不及防，军队被打得七零八落。

俗话说，"墙倒众人推"。李继迁败退之时，遭到了貌奴、猥才二族的截击，牛马物资尽失。刚刚恢复了一点的元气又损失殆尽，李继迁只得放弃刚刚到手的银州，前往地斤泽躲避。李继迁去往环（今甘肃环县）、庆（今甘肃庆阳）地区的道路，又被熟仓族堵住。李继迁声称自己已归附宋朝，并被赐以国姓"赵"，试图诱骗熟仓族人放开一条通路，结果被熟仓族首领识破，坚决不予放行。李继迁恼羞成怒，亲自率军进攻，却被熟仓族击退。与此同时，已经归附李继迁的宥州御泥布、罗树二族，也被李继捧率兵消灭。

李继迁就这样被各路兵马打得到处躲藏，崛起之路再次受到阻拦。不过，宋朝这次派李继捧出面解决李继迁反复起兵的问题，也让李继迁趁机探到了李继捧的底。李继捧当年迫于内外压力纳土归宋，此次重返夏州勾起了内心深处对于故土的无限回忆，也暗暗感叹着如果能够恢复祖宗旧疆，称雄一方，该是何等的荣耀。李继迁敏锐地觉察到了李继捧的这点心思，准备利用李继捧对宋朝忠贞之心的动摇，来化解自身危机。

李继迁的聪明之处，在于他善于利用人心与时局。宋淳化二年（辽统和九年，991年）十一月李继迁遣使夏州，开始诱降李继捧。使者先以李继迁和李继捧的兄弟关系，动之以情；又举辽朝册封李继迁为夏国王一事作为引诱，晓之以理。使者称辽朝承诺只要李继捧归附辽朝，辽朝便立即恢复李继捧的爵位，并令其世袭罔替，永镇夏州。李继捧听罢，心动不已，当即答应归附辽朝。接着，辽朝册封李继捧为推忠效顺启圣定难功臣、开府仪同三司、检校太师、兼侍中，封西平王，并恢复他原本的姓名李继捧。当然，李继捧之名只是在与辽朝交往时使用，面对宋人时仍称赵保忠。

李继迁诱使李继捧归附辽朝后，极大地改善了与李继捧的关系，遂趁机率军返回银州。返回银州的李继迁在辽朝与宋朝之间混得如鱼得水。他一面向辽朝称臣纳贡，一面通过李继捧向宋朝表忠心，希望宋朝能够允许自己入朝进贡。实际上，李继迁希望向宋朝纳贡只是幌子，真实的意图在于宋朝可以允许在陕西"互市"，与宋朝开展边境贸易。由于党项人的衣食住行皆仰赖畜牧业，农业十分不发达，基本上完全依赖于中原的物产供应。而当时为迫使李继迁归顺，宋朝在边境地区关闭全部贸易通道，使党项人缺乏基本的生活物资。李继迁归附宋朝，经济问题也是主要原因之一。故李继迁声言："普天之下莫非王土，率土之滨莫非王臣，戎夷同样是天朝赤子。希望宋朝能够重开互市，以帮助边民解决物资匮乏的问题。"宋太宗为博得李继迁欢心，使其不再生谋反之心，便答应了李继迁的全部条件。

不过，李继迁朝秦暮楚的行为很快引起辽朝的强烈不满。萧太后下令派遣辽朝西南面招讨使韩德威率军至银州质问李继迁。不想李继迁借口西征，对韩德威避而不见。韩德威吃了闭门羹，勃然大怒，下令手下军兵在银州大肆掳掠。李继迁自知理亏，也知道不是辽军对手，只好任由辽军抢掠，待韩德威撤归后，李继迁才遣使赴辽哭诉韩德威劫掠一事。萧太后一方面甚是恼怒李继迁与宋朝暗通款曲的行为，另一方面又不想让李继迁彻底倒向宋朝，从而失去对宋朝的牵制，只得下诏安抚。李继迁暗地里投靠宋朝一事便不了了之。

李继迁处理好与宋、辽两朝的关系后，再次把目光转向夏州。不过这次李继迁先礼后兵，并未直接发动对夏州的攻击。李继迁遣使赴宋，希望宋太宗能够将宥、夏等州赏赐给自己。宋太宗虽然百般迁就李继迁，但也深知李继迁的野心，如得到原定难五州之地，必将发展成为心腹大患，遂一口回绝了李继迁的请求。李继迁借此号召手下道："银、夏、绥、宥、静五州土地，本便是我们祖先留下的遗产，开疆拓土全在我一人说了算！本人虽德薄才疏，但承蒙先祖恩泽，安抚诸路豪杰，怎能安于现状，久栖沙漠之中？望诸君与我一同努力，逆天改命。"

宋淳化四年（993 年），李继迁做好战略部署，任命李大信为蕃部都指挥使，率领数万人马偷袭宋庆州城。庆州城北面与沙漠相连，地形平坦，无险可守，本就易攻难守，再加上当时李继迁名义上已归顺宋朝，守备多有废弛。因此当四月，李大信的兵马突然出现在庆州城外之时，庆州军民十分惊恐。宋朝庆州知州刘文质深知"重赏之下必有勇夫"的道理，此时唯有厚赏将士，激励士卒拼死抵抗，才有一线生机。然而其他官员不敢未经请示，擅自挪用府银赏赐兵士，刘文质急中生智，将自己多年积蓄全部分赏给士兵。在刘文质的激励下，士兵们都奋勇杀敌，占尽天时地利的李大信部，原以为攻其不备，没承想宋军据城死守，置生死于度外。李大信未能得手，只好退回银州。八月，李继迁又侦察得知陕西地区遇灾歉收，遂乘机率军进入原州（今甘肃镇原），围攻牛栏寨。宋朝团练使石保普拼死抵御，双方激战数日，李继迁未能取胜，撤军返回银州。

眼见李继迁一再出尔反尔，宋朝决定再次对李继迁实施经济封锁。宋朝陕西转运副使郑文宝建议道："银、夏诸州以北为不毛之地，党项人只能靠着贩卖青白盐来换取我朝边民的粮食维持生计，请皇帝禁止青白盐交易，以断党项人生路，保证可以不战而降李继迁。"但宋朝只考虑如何制裁李继迁，却未考虑其他边民与部族的生存问题。结果宋朝的"禁盐令"，虽然断绝了李继迁的财源，但也使原先归附宋朝的其他部族无法生存，反而投奔了李继迁。同时关陇地区的人民无盐可食，引发边境地区骚乱。李继迁乘机召集四十二族首领会盟于杨家堡，然后率军一万三千人围攻环州石昌镇，屠小康堡。宋朝环州知州程德元出兵反击，却无法将李继迁击退。宋朝的禁盐令适得其反，不仅未能困住李继迁，反而使沿边老百姓无法生存，将更多的党项部族推到李继迁一边，增强了李继迁的实力。宋太宗无奈，只得于同年十月宣布取消盐禁，这才稍稍缓解了危机。但由于宋朝朝令夕改，失信于民，使得李继迁在西北边境的声望愈加高涨。

李继迁屡次进攻夏州等地，皆以失败告终，不得不重新进行战略布局。通过分析西北局势，李继迁做出暂缓攻击夏州，将攻击重点转向灵州（今宁夏灵武西南）一带的战略部署。宋淳化五年（994 年），李继迁大举进犯灵州、清远军（今宁夏盐池西南）等地，攻城略地，掳掠民众，抢夺物资。

当边州告急的文书再次送到京师开封后，宋太宗彻底暴怒，对群臣说道："李继迁叛逃沙漠已十余年，朝廷怀柔远人，始终持包容态度，未与其过多计较。不仅赐其国姓，还任命其为观察使，不吝赏赐，给他优厚的俸禄，同时开通边境互市，以保障其生活，并任命其亲族担任绥州、宥州等地长官，朝廷对其可谓是恩泽深厚。但其变本加厉，屡次触碰朝廷底线，是可忍孰不可忍，朕决意大举讨伐李继迁，不消灭誓不收兵！"当即任命马军都指挥使李继隆为河西都部署，统大军进讨李继迁。

李继隆（950—1005 年），字霸图，祖籍上党（今山西长治）。北宋初年名将、外戚，枢密副使李处耘长子、宋太宗明德皇后长兄。雍熙北伐时，随曹彬北征辽朝，并全师而还。真宗即位后，被解除兵权，加使相衔出守镇安军。澶渊之战时，与大将石保吉统军抵御辽军。景德二年（1005 年）去世，赠中书令，谥号"忠武"。乾兴元年（1022 年），配享真宗庙庭。南宋理宗时，定为昭勋阁二十四功臣之一。李继隆喜读《春秋左氏传》，礼待儒士，擅长骑射，智勇过人，为大宋征战南北数十年，立下赫赫战功。

李继隆此次出征，除消灭李继迁外，还兼有擒获李继捧的任务。李继捧自认为暗中勾结李继迁以及归附辽朝等事做得天衣无缝，实际上其所作所为皆在宋朝的掌握之中。此前，李继捧曾派遣部将李光嗣入朝进贡，不承想李光嗣抵达开封后立即背叛了李继捧，主动申请为宋廷担任卧底，随时汇报李继捧的一举一动。宋太宗便赐李光嗣国姓，称赵光嗣，授供奉官，随即迁升礼宾副使，令其返回夏州。当宋太宗接到李光嗣奏报李继捧暗中联络李继迁，甚至投降辽朝的奏报后，大怒道："不斩杀李继迁，会让其他人都像李继迁一样朝秦暮楚；不抓获李继捧，会让其他人都像李继捧一样首鼠两端。"故在李继隆出征之前，特强调先解决李继捧，然后再消灭李继迁。

与此同时，李继捧这边也嗅到了危险的气息，他发现此次大举讨伐的目标不仅有李继迁，而且可能还会危及自身。于是立即上书，声称自己已与李继迁和谈，请求朝廷撤军，并献上宝马五十四。李继捧的上书并未起到作用，宋朝大军已然蓄势待发。面对大军压境，李继捧急忙带领家人、亲信离开夏州城，在郊外驻扎，同时派遣牙将李光祚去给李继迁通风报信。李继捧自以为此举进可攻、退可守。若局势对自己有利，则迎接宋军，继续与宋廷讨价还价。若局势对自己不利，则与李继迁兵合一处，一起对抗宋朝。实在走投无路，还可以投奔契丹，坐享荣华富贵。

令李继捧万万没有想到的是，李继迁接到李光祚的报信后，立即在背后捅了自己一刀。其实李继迁早已有吞并李继捧的想法，无奈之前李继捧有宋军加持，李继迁多次以武力攻伐李继捧皆以失败告终。此刻见李继捧失去了宋朝这座靠山，意识到这正是千载难逢灭掉李继捧的良机。为避免走漏消息，李继迁先下令将李光祚五花大绑，然后亲率轻骑夜袭李继捧大营。李继捧毫无准备，于梦中惊醒，披头散发冲出营帐，只见外面火光冲天，李继迁的骑兵已直奔自己而来，自己的亲信也已四散奔逃，只能一人一马逃跑保命。李继捧的一众手下与物资辎重等，皆为李继迁所得。

李继捧逃回夏州城后，李光嗣立即将其逮捕，押送开封问罪。李继捧被押解回京城后，宋太宗本想将其处斩，但出于招徕远人之意，又将其特赦，诏授右千牛卫上将军，降封"宥罪侯"。此举标志着宋朝以李继捧对付李继迁的计策彻底失败。

李继迁听闻李继捧被擒的消息，为躲避宋军锋芒，决定放弃银州，逃入大漠。李继隆的裨将侯延广等人建议穷追不舍，以免李继迁又得到喘息机会，卷土重来。李继隆则否决道："李继迁远逃荒漠，我军若穷追到底，势必会粮草供应困难，目前唯有步步为营，择机再战。"就这样，宋朝的大举讨伐，再次因李继迁远遁沙漠而不了了之。

第二章

◎

姑务羁縻，以缓争战

沙漠的庇护使得李继迁每每能够东山再起。尽管宋朝大军将李继迁及其残部赶到沙漠之中，但是仍然无法产生致命一击使其完全不能侵扰西北边疆。这也令宋朝在处理西夏问题上陷入了一个两难的境地。随着宋太宗在位后期政治方针转向"守内虚外"，宋朝由进攻方转变为防守方。李继迁有机会再次翻身，并逐渐转守为攻。党项人终于迎来发展的黄金时期，为西夏建国打下了坚实的基础。

一、战略转向，守内虚外

众所周知，宋太宗通过非常手段夺得皇位，为了提高威望，巩固统治，进行了一系列拓展疆域的活动。宋太宗先后胁迫漳泉陈洪进、吴越钱俶纳土归降，又于太平兴国四年（979 年）亲自率军平定北汉，继而又试图收复燕云十六州，想要建立超过后周世宗及其兄赵匡胤的不世功勋。

　　然而，造化弄人，宋太宗不曾想到，一片大好形势之下，高梁河一战，宋军竟全线溃退，自己也不得不乘驴车逃走。雍熙三年（986年）宋太宗再次派遣二十万大军分兵三路北伐辽朝，又遭惨败。军事上的接连失败，使宋太宗威望大落，在政治上也不得不日趋保守，开始调整内外发展策略。宋太宗对大臣们说道："国家即使没有外患也必有内忧，外患不过边防之事，皆可以预防，唯有内忧，最为恐怖，帝王须时刻谨记。"以此为标志，自宋太宗淳化年间以后，宋朝国策开始转向"守内虚外"。

　　随着宋朝"守内虚外"政策的出炉，宋太宗不仅放弃了夺回燕云十六州的念头，甚至也没有了彻底消灭李继迁的想法。太宗开始有意将西北边防战线向内地收缩。淳化五年（994年），太宗以夏州远在沙漠，容易成为奸雄割据自立之地为由，下诏损毁夏州故城，将夏州居民迁往绥州、银州等地。宋朝以此开启了在其西部进行军事收缩的策略。

　　与此同时，李继迁试图再次积蓄力量，寻机作战，遂于淳化五年（994年）七月，再次入贡宋朝修好。八月，李继迁又派遣其弟李廷信入朝谢罪，进献骆驼、名马，将当初反叛宋朝的罪过一股脑儿全部推到李继捧身上。宋太宗召见了李廷信，当面抚慰，并赏赐厚礼令其带回。

　　其实，在李继迁与宋朝修好之前，关于李继迁的母亲罔氏还有一段故事。当初李继迁起兵反宋失败，其母亲罔氏被宋军抓获，押送至延州（今陕西延安）。关于如何处置罔氏的问题，宋朝君臣进行了一番讨论。参知政事寇准请求将罔氏于保安军（今陕西志丹）北门外斩首，杀鸡儆猴，以儆效尤。但宰相吕端反对道："以前楚汉相争之时，项羽俘获了汉高祖的父亲刘太公，并要烹煮他以要挟汉高祖。汉高祖说道，'我的父亲就是你的父亲，如果你要烹煮我们的父亲，记得给我留一碗肉羹！'可见成大事者都不考虑自己的亲属，更何况李继迁这种悖理暴虐的反叛之人呢？再说了，就算今天把罔氏给杀了，难道明天就能够抓获李继迁吗？如果不能的话，只是白白树敌，更加坚定李继迁的反叛之心罢了。不如将罔氏安置在延州，好好照顾她，以此来招降李继迁。虽不能立即降服李继迁，也可以稳住他的心，因为他母亲是生是死始终掌握在我们手里。"宋太宗最终听从了吕端的建议。试想，如果当初宋朝杀了罔氏，可能李继迁与宋朝的关系又是另一番景象了。

至道元年（995年）正月，李继迁又派遣心腹左都押衙张浦入宋朝贡。宋太宗不仅召见了张浦，还带其观看宋军演习武艺，以炫耀军力，震慑党项。去年李延信入朝之时，宋太宗赏赐的礼物中有三张强弓，李继迁认为这是宋太宗有意在党项人面前示威，其实并没有人能真的拉开这些弓。而事实是，张浦亲眼看见宋军将士不仅将硬弓拉开，还尚存有余力。宋太宗笑着问张浦道："党项人敢与我大宋将士比试一下箭法吗？"张浦回答道："西夏弓箭射程短，不敢与大宋较量。"宋太宗接着说道："西北边陲，贫苦之地，衣食住行条件都很差，没什么可留恋的，李继迁为什么还不乖乖投降，归顺朝廷，以永葆荣华富贵呢？"张浦闻听此言，立即磕头谢罪。宋太宗深知张浦是李继迁的重要谋士，便特授其银青光禄大夫、检校工部尚书、郑州刺史兼御史大夫、充本州团练使等官职，令其留守京师开封，不准返回到李继迁身边。

或许是宋廷扣留了张浦，李继迁认为宋朝对他大概是放心了，于是在同年六月，李继迁遣使向宋朝上表，希望宋朝能够将夏州之地赐予自己。有了前车之鉴，宋太宗不希望李继迁的势力复兴，这次便只授予其鄜州节度使。李继迁觉得鄜州（今陕西富县）川原平坦，地近宋境，随时面临宋朝的军事威胁，容易受朝廷控制，并不接受宋太宗的任命。不仅如此，李继迁还决定进攻乌白池（今宁夏盐池县），以迫使宋太宗答应归还夏州故地的请求。只是，宋朝乌白池守将刘用善于用兵，提前侦探到李继迁即将袭击乌白池的消息后，预先在李继迁的必经之路上设置伏兵，重创李继迁部。

面对李继迁三番五次侵扰边境，宋朝既不能完全剿灭，也不能完全收服，实在进退两难。在与辽朝作战不利的背景下，宋太宗逐渐倾向于"守内虚外"，在对待李继迁的问题上也转向被动防御。宋太宗计划在古威州地（今宁夏同心）建设一座军事堡垒以控扼李继迁出入通道，借此阻挡李继迁的进攻。为此，宋太宗专门派遣内侍冯从顺征求陕西转运副使郑文宝的意见。

这位转运副使郑文宝是文武全才，曾先后十二次亲自带队从环庆（今甘肃环县与庆阳一带）穿越沙漠，督运粮草到灵州，通晓当地语言和风俗，深受百姓拥戴。郑文宝指出："威州地理位置虽好，且土壤肥沃，但是威州距离清远（今甘肃环县西北）太过遥远，足足有八十里。李继迁侵扰我大宋边境之时，若率领三千人据守清远这一险要隘口，然后分兵阻断各交通要道，则我大宋从环州至灵州七百里土地便尽在其控制之下，一个威州城显然无法防范，臣请建议先建清远等城，徐图西部。"宋太宗最终采纳了郑文宝的建议，令郑文宝前往清远实施计划。

至道元年（995年）九月，郑文宝一行人来到贺兰山下，亲自监督修筑城堡工程的实施。郑文宝又以金银和丝织品诱降李继迁的亲信崑罗等人，令其暗中刺杀李继迁，承诺事成之后授以刺史一职。郑文宝甚至还准备了一个油漆木匣以盛放李继迁的首级，并令民夫拉来一块巨石至清远，用以事成之后勒石记功。

郑文宝显然低估了崑罗等人对李继迁的忠心。崑罗等人先佯装答应，转头便将郑文宝的计划一五一十全部告诉了李继迁。李继迁得知后，一面上表宋朝，控诉郑文宝诱降自己的部众，一面派遣骑兵千余人进攻郑文宝所在的清远军。虽然李继迁派去进攻清远军的兵马被郑文宝与守将张延击退，但他所告御状却收到意外成效。由于修筑清远城不仅未能收到预期效果，反而引发边境骚乱，为推卸责任，宋太宗于十月将郑文宝贬为蓝山令，以平息李继迁的"怒火"。宋朝的姑息退让，又激起了李继迁复兴的决心，试图将灵州收入囊中。

灵州位于黄河上游、河套以西，历史上土地肥沃，水草丰美，农牧两宜，是兵家必争之地。唐玄宗开元九年（721年），于灵州置朔方节度使。唐末五代时期，灵州地处汉族、党项、甘州回鹘、吐蕃诸部四战之地，成为各族争夺的焦点。由于战火不绝，至北宋初年，灵州地区的自然生态环境遭到严重破坏，灵州军民补给全部仰赖关中供给，故李继迁攻取灵州的第一步，便是摧毁连接关中与灵州的粮道。

至道二年（996年）初，宋朝为加强灵州防御，命洛苑使白守荣、马绍宗等人率兵护送四十万石粮食赶赴灵州。为防止李继迁偷袭，宋太宗命白守荣等人将辎重分作先后三个粮队，每个丁夫皆手持弓箭自卫，护粮的士卒布阵前进，交叉掩护，遇到敌人时，作战相互策应，以保万无一失。同时宋太宗还命令会州观察使田绍斌率军接应，以为后援。

当时从清远军至灵州城之间，有浦洛、耀德两座废城，为前代屯兵守护粮道之所。李继迁担心宋朝修复浦洛、耀德二城，驻军扼住自己的命脉，便放出风去，声言"宋朝如果修复浦洛城，我一定会奋力争夺"，并先发制人，派遣手下兵卒驻守此地。受到李继迁威胁，再加上浦洛、耀德二城深入大漠，后勤补给与兵力驻守问题始终无法解决，故宋朝虽知此二城位置重要，却也始终未能修复。

三月，宋将田绍斌率部与辎重部队会合，以周仁美为前锋，向北进发。李继迁获知宋朝运粮的消息后，立即派遣三千骑兵前往枝子平截击。宋军按照太宗的命令，结成方阵护卫辎重，交叉掩护，且战且行，至耀德废城时，已消灭李继迁手下千余人，但党项兵仍尾随宋军不放。行至浦洛河（今宁夏吴忠南，北流入黄河），田绍斌亲自率领三百名骑兵、三百名弓箭手与党项兵交战，终于击退李继迁派来的追兵。

见党项军退去，宋军放松了警惕，负责粮草转运事务的转运副使卢之翰命令白守荣等人改变太宗授予的计策，将三队合为一队前行。李继迁见宋朝行军队列有变，仿佛又有了可乘之机，无奈田绍斌率军仍随行护卫，故而他也不敢贸然出击。

正当李继迁着急之时，田绍斌竟因与白守荣意见不一致，遭到白守荣排挤，田绍斌一怒之下率领所部人马离去。这是天赐的良机，岂能错过。李继迁立即在桑乾河畔设下伏兵，然后以老弱骑兵引诱宋军，等到宋军被引入埋伏圈后，李继迁指挥人马出击包围，将白守荣率领的护粮军兵全部歼灭，夺取了宋军的四十万石粮食。宋将周仁美身中八创，仍力战不屈，率所部三千人掩护仅存的丁夫突围，回撤清远军。白守荣也狼狈逃回清远城。

李继迁成功夺取宋朝运往灵州的粮饷之后，兵威大振，加之此时宋朝灵州知州、兵马都部署、大将侯延广已生病去世，李继迁感觉时机成熟，遂以索还被宋朝扣留在京师的张浦为名，动员党项诸部数万兵马进围灵州城。

李继迁这次公然劫掠宋军粮草、围攻灵州，激起了宋朝君臣的愤怒。宋太宗决定再次起用李继隆为环、庆等州都部署，率军进剿。定下进军计划后，宋朝在进军路线和战略安排上出现了分歧。宰相吕端建议，应兵分三路，一路出麟府（今陕西神木、府谷），一路出鄜延（今陕西富县、延安），一路出环庆（今甘肃环县、庆阳），三路大军直捣李继迁老巢，用围魏救赵之策，迫使李继迁放弃围攻灵州。这样一来，还有机会在李继迁回军途中一举将其歼灭。但宋太宗指出三路大军深入沙漠，士卒多达数万人，无论在军队统帅、协同，还是后勤供应上均存在困难。并且沙漠深处荒无人烟，三路大军会师处的选址也是个问题，因而否定了吕端的建议。

参知政事张洎揣测宋太宗应当是想放弃灵州，遂附和宋太宗道："现在正值盛夏，沙漠中水源缺乏，后勤辎重转运困难，三路大军讨伐李继迁一策利少弊多，陛下圣明。"并于次日呈上一封奏章，提出弃守灵州的建议。
令张洎没有想到的是，宋太宗最初考虑到粮草转运困难的负担，确有放弃
灵州的想法。但是放弃灵州会使宋朝的西北边境线大幅南退至环州、庆州
一带。与自己想要建功立业、流芳千古的追求比起来，粮草困难仅算得上
是一个小问题。或许是对张洎识破自己最初的真实想法而不悦，宋太宗不
仅退回张洎的奏章，还对其说道："你所汇报的内容，朕一句都看不懂。"
张洎的建议自然也就被否定了。

经过综合考量，宋太宗下诏命都部署李继隆兵出环州，容州观察使丁
罕兵出庆州，殿前都虞侯范廷召兵出延州，殿前都指挥使王超兵出夏州，
西京作坊使张守恩兵出麟州。制定了五路大军分兵进讨，分进合击，先解
灵州之围，再会师于乌白池的战略方针。这一战略方针体现着宋朝"将从
中御"的既定国策。宋太宗将军权授予诸将之后，还告诫他们在作战中应
多设强弩阵地，射击党项骑兵。

八月，环庆铃辖卢斌向李继隆建议道："由灵州前往乌白池，需要一个
多月时间方可抵达，而若自环州出发，直抵李继迁老巢，只需十日路程便
可到达。"李继隆久经沙场，处事果决，一听卢斌言之有理，仗着自己身为
太宗皇后之兄的外戚身份，立即派遣其弟李继和入京上奏太宗："原定计划
路程遥远且缺乏淡水，末将请从青冈峡（今甘肃环县北）直捣李继迁巢穴，
来不及救援灵州。"宋太宗接到李继隆的奏报后大怒，急忙下诏阻止，但李
继隆以"将在外，君命有所不受"为由，已经发兵启程了。李继隆在行军
途中，又与兵出庆州的丁罕会师，一路寻找党项军主力决战。然而李继隆、

丁罕部行军十余日，也未能发现敌人的踪迹，只得率军撤回。

原来，李继迁面对宋朝五路大军讨伐，自知实力悬殊，不敢正面决战，遂解灵州之围南撤。撤退途中与军出麟州的宋将张守恩部相遇，宋军胆怯，未及交战便立即撤退。李继迁又与军出延州、夏州的宋将范廷召、王超部相遇，双方在铁门关（今宁夏盐池东）展开激战。王超之子王德用，年仅十七岁，身先士卒，率领宋军将士万余人布阵迎敌，依照太宗临行时所授方略，命令士兵准备强弓硬弩。一时间万箭齐发，党项骑兵瞬间死伤无数。王超、范廷召乘胜追击，至无定河边。

追至无定河畔的宋军渴得嗓子眼儿直冒烟，然而此时正值盛夏，无定河河床干涸，滴水不见。幸亏河东转运使索湘用大车拉来上千把大铁锹，众将士顾不上疲惫，立即动手掘井取水。将士们挖到几处泉水，人马得以痛饮一番。

休整过后，王超、范廷召继续率军前行，军至乌白池终于与李继迁主力相遇。面对声势浩大的党项军，王超畏头畏尾，不敢应战。可叹王超之子王德用真乃将才，关键时刻主动请缨，率领五千精兵出战。宋军与党项军血战三日，前后共计十六战，李继迁最终抵挡不住，下令撤军。此时其他三路兵马皆已回师，王超、范廷召两部已成孤军深入之势，且人困马乏，无力继续追击，故王超、范廷召决定撤军。王德用则反对道："军队在撤退途中最容易发生混乱，然后给敌人以可乘之机。"亲自率军扼守距离夏州五十里处的险要隘口，同时下令："凡有人敢扰乱行军队形，一律杀无赦！"宋军整肃撤退，就连王德用的父亲王超也不敢违抗。正如王德用所预料的那样，当时李继迁的确率兵尾随在宋军身后，但宋军队伍严整，始终未露出破绽，李继迁不敢贸然出击，宋军得以顺利撤回。

虽然此次宋军大举围剿李继迁取得了一定战果，尤其是范廷召、王超两路兵马破敌于乌白池，斩杀党项军五千人，生擒二千余人，抓获李继迁手下指挥使二十七人，缴获战马二千匹，兵器铠甲无数，但与彻底消灭李继迁所部的战略目标相去甚远。果然，仅一个月后，李继迁便卷土重来。十月，李继迁率军进逼夏州，由于当地地震，李继迁不敢停留，撤军而退。十二月，李继迁再次派兵数千人进攻延州石堡寨，以阻止宋军修复防御工事，被宋朝麟延巡检使张思钧击退。至道三年（997 年）初，李继迁因不满自身势力范围内的一些部族归附宋朝，调兵遣将屯守各交通要道，以阻绝西北部族与宋朝之间的联系。都部署李继隆得知后，派遣副部署刘承蕴、田敏率军反击，斩杀李继迁部数千人。

面对李继迁变本加厉地侵扰边境，宋太宗决意再次发兵进剿。然而与恼羞成怒的宋太宗形成鲜明对比的是，由于李继迁对灵州、夏州地区的袭扰，牵制了宋朝的大量兵力，为激励李继迁不断向宋朝发起进攻，辽朝于统和十五年（宋至道三年，997 年）三月，加封李继迁为西平王。就在这时，宋太宗病逝，宋朝再次讨伐李继迁的计划搁浅，其子赵恒即位，是为宋真宗。宋朝与党项的关系步入宋真宗时代。

二、反战风起，灵州陷落

作为大宋朝的第三位皇帝，宋真宗的继位过程，可谓一波三折。当初宋太祖赵匡胤驾崩后，宋太宗凭借"金匮之盟"登上皇位。然而，宋太宗即位后，背弃了金匮之盟中"三传约"的誓言，即太宗去世后传位于其弟赵廷美，赵廷美去世后再传位于宋太祖之子赵德昭。

为了能顺利传位于自己的儿子，宋太宗先逼迫赵德昭自刎而死，又诬陷赵廷美密谋造反，将赵廷美废为庶人，迁居房州（今湖北房县）。宋太宗长子赵元佐不忍四叔赵廷美被迫害，出面向太宗申辩。可惜的是，赵元佐的申辩并未起作用。赵廷美死后，赵元佐受到刺激而导致精神失常，纵火烧宫，被太宗废为庶人。而宋太宗随即刻意培养的次子赵元僖，也于淳化三年（992 年）无疾暴死，年仅二十七岁。宋太宗伤心至极，故直至至道元年（995 年），即宋太宗去世前三年，才将第三子册立为太子，改名赵恒（本名赵德昌，后改名赵元休、赵元侃）。

至道三年（997 年）二月，宋太宗病重，朝廷中为谋立新君之事展开明争暗斗。李皇后与太宗的心腹宦官王继恩不希望赵恒即位，故趁太宗病危之时，暗中串通参知政事李昌龄、知制诰胡旦、知枢密院事赵镕、殿前都指挥使李继隆等朝中文武大臣多人，密谋废赵恒，立太宗长子赵元佐。三月二十九日，宰相吕端入宫问疾。此时太宗已处于弥留之际，吕端见太宗身边只有王继恩和李皇后二人，不见太子赵恒，不觉担心其中有诈，急忙返回政事堂，安排心腹速速催促太子入宫，以防不测。然而未等赵恒入宫，宋太宗已经驾崩，李皇后命王继恩与吕端商议由谁继位之事，吕端知道有变，便将王继恩骗入书阁，反锁阁门，命人严加看管。随后吕端入见李皇后，李皇后向吕端表示当由长子赵元佐继位，吕端反驳道："先帝当初册立太子，正是为了今日之事，岂容我等异议！"李皇后无言以对，宋真宗最终得以继位。

宋真宗继位后，在内政外交上继承其父宋太宗的衣钵，正如参知政事王旦所言："遵行祖宗之法，谨慎做出改变。"此时宋朝朝堂之上，对于如何处置李继迁，形成三种不同的意见：

第一种以张齐贤、李继和、刘综、何亮等人为代表，认为应坚守西部重镇灵州，对西部其他与李继迁有利害冲突的部族首领加官晋爵，厚加赏赐，给予经济援助，从而建立一种臣属式的军事联盟，以对抗李继迁。

第二种以吴淑为代表，认为应仿照西汉断匈奴右臂的做法，通西域，开屯田，置城邑。

第三种同时也是占据主流的观点，认为应将夏州、灵州等地赐予李继迁。如王禹偁指出，夏州地处荒漠塞外，是无用之地，不如赐给李继迁，使其感恩内附，以达到不战而屈人之兵的效果。田锡认为，由于舍弃灵州则战争停止，战争停止则无须转运物资，不再转运物资则关中安宁、人民安居乐业，人民幸福则国家安定，国家安定则四夷自然内附，故放弃灵州以纾解民困应为首要要务。

放弃夏州、灵州观点的提出，是太宗淳化年间以来"守内虚外"政策的实施以及朝中日渐高涨的反战论的延续。持反战论调的大臣们高举"修德以怀远""屈己为人""息兵安民"等观点，终于导致宋真宗"姑务羁縻，以缓征战"政策的出台，而这一政策更是直接导致了灵州的失守。

至道三年（997年）十二月，李继迁命部下为宋太宗穿白戴孝举哀，派遣牙将李光祚至开封重修贡表，借为太宗守丧之机再次索要夏州。对于李继迁叛服无常的行为，宋朝君臣自是恼怒不已，但宋真宗初登大宝，为稳定内外局势，宋真宗遵循宋太宗"守内虚外"之策，下诏将夏、绥、银、宥、静五州之地赐予李继迁。诏授李继迁为夏州刺史，充定难军节度使、夏银绥宥静等州观察处置押蕃落等使，复赐姓名赵保吉，赏赐甚厚，并将扣留在开封的李继迁心腹张浦加郑州防御使，放还李继迁身边。据说当时宋真宗命翰林学士起草给李继迁的诏书，但对内容皆不满意，只有宋湜揣测上意，知道宋真宗想把将夏州等五州之地赐予李继迁的决定说成是宋太宗的意思，果然宋湜起草的诏书深得宋真宗欢喜，不久之后便被擢升为参知政事。

咸平元年（998年）正月，李继迁依照张浦所献计策，派遣押牙刘仁谦入朝奉表请辞定难军节度使的恩命，表示自己才疏学浅、能力不足，不敢接受宋朝的封赐，表面上客气一番。宋真宗也依照惯例不准李继迁推辞，并赐刘仁谦锦袍、银带，以示关怀。四月，宋真宗为笼络李继迁，诏令将绥、银诸州流民遣还夏州，并每家给米一斛。为此，李继迁又遣其弟李继瑗入朝献马谢恩。宋真宗特授李继瑗为亳州防御使，加封李继迁生母卫慕氏为卫国太夫人，其子李德明为定难军节度行军司马。

但是，李继迁获得夏、银等五州，只是其为建立"万里之国"而迈出的第一步而已。李继迁并未就此罢兵休战，而是以定难故地为根据地，袭扰宋朝西部的范围进一步扩大，战线自原先的夏、银、宥等州一线，向南推进至绥州、延州、保安军（今陕西志丹）一线。同时李继迁所部转战麟州、府州地界与宋朝河西等地，对宋朝陕西、河东地区的威胁日渐严重。是年九月，李继迁袭击宋朝鄜延地区，被宋将钤辖张崇贵、都监王荣击败，丧失战马数十匹。又转攻位于夏、银二州间的石堡城，遭到知州韩崇训痛击，辎重尽失，退守贺兰山。

咸平二年（999年）六月，李继迁率领一万余骑攻掠河西（今宁夏平原），与宋朝虎翼指挥使李璠所部激战于隘口，并率众将李璠团团包围。李璠虽力战冲杀，亲自斩杀党项兵数十人，但终因寡不敌众，最后战马中箭跌倒，李璠身中数枪战死。

八月，李继迁又率众进攻麟州，宋朝府州守将、洛苑使折惟昌与其从叔同巡检使折海超、弟供奉官折惟信率兵增援，不料进入李继迁设下的埋伏圈。折惟昌中箭后突围，折海超、折惟信等将战死。九月，李继迁攻府州，被折惟昌、钤辖宋思恭等人击败。十二月，李继迁出兵万余骑围攻延州城，为宋朝陕西转运副使张佶率军击退，李继迁又率众转攻镇戎军（今宁夏固原）。镇戎军为宋太宗至道年间，都部署李继隆于古原州之地修筑的城堡，作为环、庆、原、渭、仪、秦诸州的北面屏障。但由于前年李继迁"归附"宋朝，宋真宗下令将镇戎军撤守，不设防的镇戎军城被李继迁夷为平地，李继迁遂乘胜南下攻掠至渭州（今甘肃平凉）安国镇北二十里处才引兵北返。

咸平三年（1000年）二月，李继迁命令万子族、米逋族、西鼠族出三千余名骑兵扼守素有"泾原襟带，灵武咽喉"的萧关（今属宁夏固原），为日后夺取原州（今甘肃镇原）、渭州（今甘肃陇西）、灵州、环州做准备。

五月，李继迁又出兵进攻麟州浊轮寨，被守将刘文质击退。九月，宋朝新任命的灵州知州、陇州刺史李守恩与陕西转运使、度支郎中陈纬押运粮草赶赴灵州。此前宋朝灵州守军的粮食补给，均是每年冬天至第二年春天由庆州经过沙漠地带运来。这一惯例为李继迁所侦获，便以逸待劳，设伏劫夺，使得宋廷大伤脑筋。宋朝向灵州运粮过程中，因转运粮草辎重而死伤的军兵民夫不下十万人，而粮草也仅有不到三成能够运抵灵州。故宋廷决定改为秋凉时，从庆州发兵护送粮食至灵州。

宋廷这次运粮计划实施之前，素与李继迁打交道的殿中丞郑文宝曾提醒，李继迁会在途中劫粮，务必小心。可是，负责护送二十五万石粮食的邠宁环庆清远副都部署、滨州防御使王荣不仅不懂军事，也不派遣侦察兵严密监视沿途党项军动向。当队伍行进至积石河时，遭到李继迁手下万余人夜袭，王荣所部瞬间大乱。泾原环庆都部署、博州防御使徐兴与邠宁环庆铃辖、封州刺史李重海率领所部步兵奋力抵抗，无奈党项人早有准备，且占据天时地利，宋军终究抵挡不住，伤亡惨重，李守恩、陈纬等战死，所运粮草损失殆尽。

宋军惨败的消息传至京师开封，朝野震惊。十月，宋真宗特赠李守恩洪州观察使、陈纬工部侍郎，录用其子弟，而将王荣流放均州、徐兴流放郓州、李重海流放光州，以示不放弃灵州的决心。

然而宋朝保卫灵州的举措更多的只是停留在口号上，如当陕西转运使刘综请求修复浦洛城时，宋真宗以"建立城郭，则需屯驻兵马，若屯兵数量不多，则敌人来犯时无力出城迎敌，只能闭关自守，若屯驻大量兵马，则物资转运又成问题，得不偿失"为由，予以拒绝。宋朝并未对灵州战局给予实际有效支援，只是大加封赏西州回鹘可汗王禄胜、凉州吐蕃六谷部大首领折逋游龙钵等人，试图借助河西其他政治力量来牵制、抗衡李继迁的势力发展。此外又于环、庆二州部署大量兵马，以为灵州声援，但此举使得灵州战场陷入远水难解近渴的尴尬局面。

反观辽朝，其统治者在得知李继迁再次劫夺宋军军粮，成功阻绝瀚海之路后，立即任命李继迁之子李德明为朔方军节度使（治灵州）。此时辽宋关系紧张，辽朝此举无疑是为了激励李继迁攻取灵州，继续向宋朝施加压力，使宋朝腹背受敌。

咸平四年（1001年）八月，李继迁发兵五万围攻灵州城，灵州城守军已无力出城反击，只能据城死守，等待援军。李继迁见一时拿不下灵州城，便对灵州城实施长围久困之策，调兵遣将，控扼灵州城外山川险要，同时令部族屯驻榆林、大定间土壤肥沃之地，开垦耕耘，屯田养兵。自己则率军进攻清远军，被宋将刘隐、丁赟等人击退。

面对日益恶化的西北战局，宋真宗紧急任命兵部尚书张齐贤为泾、原、仪、渭、邠、宁、环、庆、鄜、延、保安、镇戎、清远等州军安抚经略使，知制诰梁颢为副使，赶赴陕西前线负责救援灵州事宜。但张齐贤本就是持反战论调者，不仅未能救灵州于水火，相反自陕西归来后，强调"灵州是一座孤城，必难固守，坚守灵州徒使军民六七万人陷于危亡之地"。宋朝君臣的不作为，进一步助长了李继迁的气焰，李继迁的侵扰越来越频繁，灵州附近城寨相继失守。

咸平四年（1001年）九月，李继迁偷袭定州（今宁夏平罗）得手，遂顺势进攻怀远镇（今宁夏银川）。怀远镇守将李赞下辖士兵不足百人，仍奋起抵抗，坚守多日，无奈寡不敌众，兵士死伤殆尽。李赞眼见怀远城破，积薪自焚而死，与城池共存亡。李继迁攻下怀远镇后，又接连攻取保静（今宁夏永宁东北）、永州（今宁夏银川东南）等城寨。随后马不停蹄，再次直奔清远城而来。

清远城筑城于积石岭上，居高临下，周围是悬崖峭壁，易守难攻。地理位置上，清远城距离灵州、怀州各三百余里，宋朝于此屯兵积粮，具有重要的战略地位。李继迁之前多次试图攻取清远城，均被守将刘隐、丁赞击退。此次面对势在必得的李继迁，刘隐、丁赞不敢轻敌，一面分兵据守，一面派人走小路赶赴庆州请求救援。

灵、环、清远十州军驻泊副都部署、郦州观察使杨琼接到求援信，本应命令全军出击，无奈杨琼畏敌如虎，只命副部署潘璘、都监刘文质率领六千士兵前去救援，并大言不惭地说："我随后就到。"然而，杨琼始终躲在庆州，迁延不发兵。潘璘、刘文质见主力部队不到，又见李继迁人多势众，不敢硬拼，只能紧闭城门，死守待援。

再看清远城外，李继迁的大军将清远城围困得水泄不通。李继迁命令其子李德明率军猛攻北门，还亲自擂鼓指挥士兵攻打南门。党项军填平了护城河和壕沟，猛攻七日，宋军渐渐不敌，士气低落。最终，宋朝兵马都监段义献城投降，清远城陷落。

可笑的是，直到此时，杨琼才派遣钤辖、严州刺史李让率领区区六百人前来援救。而杨琼自己，竟与其他几位同样患有"恐继迁症"的将校商议后，焚毁青冈峡诸寨，退保洪德寨（今甘肃环县北），将宋朝环、庆、鄜、延、麟、府等州以外近河西一带的土地拱手让与李继迁。只可惜面对杨琼等宋朝将领的"好意"，李继迁并不领情。十月，李继迁乘胜奔袭唐隆镇，计划攻取麟、府二州，但在唐隆镇镇西柳拨川，被麟州副部署曹璨击退，伤亡惨重，党项军偏将被宋军生擒四人，李继迁败逃三十余里才摆脱宋军追击。

眼见宋朝已无力制御李继迁，宋真宗遂下诏西北各部族："有能破夏州者，授以节度使，赐银、绢、茶六万；举族内附者，赐予田地、房屋。"在宋朝高官厚禄的诱惑下，西北许多部族，甚至李继迁的部将中，都有人投靠宋朝。为对抗真宗诏令，李继迁于十二月率军进攻灵州河外寨。河外寨守将李琼苦战坚守十余日，李继迁知其已达到极限，遂遣人招降，李琼举城投降李继迁。

咸平四年（1001年）间，李继迁发动的攻势取得了辉煌的战果，至此，李继迁彻底拔除了灵州外围的全部据点，同时截断了宋朝援助灵州的粮道，灵州只剩下一座孤城，陷落只是时间早晚的问题了。

咸平五年（1002年）三月，李继迁集结数万大军对灵州城发起总攻，灵州知州裴济在内无粮草、外无救兵的形势下，又苦苦支撑了两个月。此时灵州城中满目疮痍，生灵涂炭，米价昂贵，斗米价格已飙升至十贯钱。若不是知州裴济富有才干，在党项军来袭之前鼓励百姓开荒种地，屯田练兵，灵州城早已陷落多时。

　　为保卫大宋疆土，保护灵州城中百姓，裴济亲写血书向朝廷求救。宋真宗见灵州城危在旦夕，断然拒绝反战论者弃守灵州的论调，以六宅使、顺州刺史康延英为永兴军钤辖，率禁军五千人屯驻京兆府（今陕西西安），为大举增援灵州做准备。又命马步军都虞候王超为西面行营都部署、环庆路部署张凝为副都部署、入内副都知秦翰为西面行营钤辖，统领步兵、骑兵共计六万余人救援灵州。环庆路部署张凝率先领兵自白豹镇（今陕西吴旗县西南白豹镇）深入敌界，焚毁党项族人二百余帐，斩首五千余级，俘虏九百余人，焚毁粮草八万石，缴获牛羊、辎重、器械无数，以牵制李继迁的攻势。与此同时，宋真宗又以右仆射张齐贤为邠、宁、环、庆、泾、原、仪、渭、镇戎军经略使，判邠州，命环庆、泾原两路及永兴军驻军皆受张齐贤节制调度。

　　然而正当宋廷援助灵州的计划如火如荼地开展之时，宋朝"持重""将从中御"的弊病再次出现。张齐贤被任命不足十天，宋真宗担心其权力太大，故罢去其经略使之职，改判永兴军府兼马步军都部署。同样王超在出征之前向真宗进呈两张阵图，一张示意将粮草置于军队中间，四周布置重兵护防，使党项军没有偷袭机会；一张示意若行军途中遭遇敌军，则立即变阵为方阵，方阵之外布置骑兵与弓弩兵，合力迎敌。王超声称此阵图吸取唐初名将李靖"辎重法"之精髓，然而如此结阵而行，行动迟缓，延误战机，但由于布防严谨持重，深得宋真宗欣赏。

　　果然，在"持重"阵法的影响下，王超所部行军缓慢。加之李继迁早已推算出宋军的必经之路，派人在沙漠中切断了王超的进军路线，王超所统大军竟在瀚海中寸步难行。反而是王超手下偏将张煦领兵出镇戎军，进入夏州地界，再由白豹镇进抵柔远川，突破李继迁布置的七百名党项骑兵的阻击，星夜驰援。

再说灵州城下，李继迁得知宋朝援军的消息后，担心再等下去会贻误战机，决定立刻攻城。此时灵州守军早已死伤殆尽，在党项军的最后一击之下，终于被攻陷，裴济也战死于乱军之中。张煦闻知灵州失陷，只得收兵撤退。

鉴于灵州城为虎踞龙盘之地，战略地位十分重要，李继迁在攻取灵州城后，决定将其西平王府自夏州迁至灵州城。李继迁之弟李继瑗反对道："银州、夏州地区乃是我们祖先多年来苦心经营之地，同时也是祖宗陵寝的所在地，目前我们才刚刚从宋朝手中夺回银、夏等地，贸然将政治中心迁往他处，恐人心动摇。"李继瑗之言道出了当时党项众将的心里话，对此，李继迁解释道："自古以来成就大事者，从不苟安于现状。建立不世之功者，从不屈从于庸人的想法。灵州北控河、朔之地，南扼庆、凉诸州，实为西陲战略要地。若我们修建城池，加固城防，操练士卒，积草屯粮，有朝一日，当我们以灵州为中心，纵横四出之时，关中地区根本无法防备。同时灵州地区的人民深受华风熏陶，崇尚礼义，善于学习。我将以灵州作为称霸四方的基石，为我党项族人开创王霸之业，灵州的重要作用，岂是偏居一隅的夏州能够比得上的？"两人的这番对话充分显示出李继迁的雄才大略，也充分说明占据灵州地区对于后来西夏得以建国的关键作用，为迁居灵州扫清了一切障碍。

咸平六年（1003年）正月，李继迁以其祖先世爵西平王，同时李继迁本人又受辽朝册封为西平王，故改灵州为西平府，建为都城，置官立衙，党项历史发展步入新纪元，宋夏关系同样掀开新的篇章。

三、景德和议，军备懈弛

李继迁攻占灵州后，立即向辽朝遣使告捷，并进献良马、骆驼等。为了继续扩大战果，咸平五年（1002年）六月，李继迁假装声言攻取仪州（今甘肃华亭）、制胜关（今甘肃泾源），进而由此大举入宋境。宋真宗得知消息后，命令将仪州的老弱妇孺、粮食物资等转移至内地。仪州知州卢鉴急忙向朝廷上奏："这是李继迁的奸计，如果令民众转移，正好向敌人暴露出我们的软弱和妥协。"于是，卢鉴一面暂缓奉诏，一面做好战守准备。

李继迁知此计不成，又派遣二万骑兵突入河东，围攻麟州。副都部署曹璨率军奋力抵挡党项军的进攻，同时派人前往开封请兵增援。宋真宗仔细审视地图后指出："麟州地势险峻，三面孤绝，只要我军将士同心协力，拼死守卫，一定能够守住，只是城中缺水，令人担忧。"当即命令金明巡检李继周领兵星夜驰援。

只是，此时李继迁已攻占麟州城水寨，党项军从四面向麟州城发起总攻，麟州军民拼死抵抗已达五日之久，仍不见援军到达。就在第五日麟州城即将陷落之时，麟州知州卫居实出奇兵突击党项军。李继迁没有料到麟州守军竟有胆量发动反击，一时阵脚大乱。卫居实趁热打铁，又于当日夜间从城墙上缒下敢死队袭击党项军营，城上同时击鼓呐喊，弩箭、乱石如雨点般飞向党项军。党项军以为宋朝援军来袭，四散逃命，黑暗中自相践踏，死伤数万人。李继迁最终不仅未能攻下麟州城，反而遭受了重大损失。

李继迁在麟州碰壁后，便回头把目标折向河西西凉府（今甘肃武威）。西凉府扼守河西走廊东端，战略地位十分显要。宋朝虽然早在建国初年便设置西凉府，但实际掌控西凉府的是吐蕃的六谷部以及折逋氏家族。早在宋太宗淳化年间，宋朝派殿直丁惟清前去西凉买马，了解当地情况之时，正巧遇见吐蕃前往开封朝贡，请求宋朝派遣官员到西凉，宋太宗遂任命丁惟清为西凉知府。咸平四年，时任吐蕃六谷部首领的潘罗支曾通过知镇戎军李继和向宋朝归顺，表示愿意协助宋朝讨伐李继迁。宋真宗任命潘罗支为盐州防御使兼灵州西面都巡检使。由于吐蕃六谷部分左、右厢，左厢副使折逋游龙钵手握实权，故宋真宗又任命折逋游龙钵为宥州刺史，其他首领皆为怀化将军。

正因宋朝和吐蕃六谷部之间的这层关系，当咸平五年（1002年）十月，李继迁恐二者联合断了自己用兵买马的必经之路，而向六谷部遣使送箭，希望其叛宋归附，以打通西进之路之时，潘罗支断然拒绝。随后，为表示对宋朝的忠心，潘罗支将李继迁派遣的使者一戮一执，并上奏给宋廷。

咸平六年（1003年）二月，潘罗支派遣蕃官成逋前往镇戎军请求合兵讨伐李继迁，由于成逋没有携带文牒，宋朝边将误以为是李继迁派来的间谍，就要被执送至部署司。成逋因害怕策马逃跑，不慎马失前蹄，坠崖而死。后来，误会解除，宋真宗命厚葬成逋。

李继迁见吐蕃与宋朝的关系越来越紧密，害怕二者联合起来对付自己，遂再次派遣使者送铁箭给潘罗支，声称自己已归附宋朝，希望与吐蕃修好，结为同盟。潘罗支识破李继迁的计谋，立即予以拒绝，并于同年三月派遣蕃官吴福圣腊入贡宋朝，声言灵州防御薄弱，自己感激朝廷恩典，愤恨李继迁侵扰，已集结六万骑兵，希望会合朝廷的军队一同收复灵州。宋真宗考虑到潘罗支多次与李继迁交战，胜多败少，若能使吐蕃诸部就近控御，待朝廷出兵之时，共同合击李继迁，一定能够扭转西北战局的不利局面。于是，宋真宗加封潘罗支为朔方军节度使、灵州西面都巡检使，又任命吴福圣腊为安远将军，其他首领为怀化将军，命其同心协力，出兵共击李继迁。

然而吴福圣腊在返回途中，经过西平府（灵州）地界时，遭到李继迁人马的截击。吴福圣腊仅以身免，宋朝赐予潘罗支的牌印、官告以及宋真宗赏赐的衣服、器械全被李继迁的手下缴获。

李继迁夺得潘罗支的牌印、官告后，得知潘罗支已被宋朝任命为朔方军节度使，李继迁决意用武力夺取西凉府，以绝后患。但吐蕃六谷部实力强劲，硬拼即使获胜也必将损失惨重，于是李继迁审时度势，采用声东击西的计策，声称自己与西凉素来和平相处，只是由于万山等族从中挑衅，才造成此前的不愉快局面。如今吐蕃六谷部兵威势大，自知不敌，以后再也不敢前去进犯。为使潘罗支相信自己的说辞，李继迁随即调兵遣将，四处攻掠，但皆避开西凉府。

在李继迁一连串烟幕弹的迷惑下，潘罗支放松了警惕。咸平六年（1003 年）十月，李继迁于盐州（今陕西定边）大会诸族兵马，声称要入侵宋境抄略。西凉府守军得知消息后，并未怀疑李继迁的攻击目标。实际上，党项军主力已迅速西进，逼近西凉府。面对来势凶猛的党项军，西凉府守军猝不及防，仓促应战，西凉府很快陷落，知府丁惟清被杀。李继迁改西凉府为西凉州，并决定乘胜消灭吐蕃六谷部。

十一月，李继迁亲统大军讨伐潘罗支。潘罗支见李继迁兵势正盛，便立即遣使请降。李继迁被胜利冲昏了头脑，不疑有他，欣然接受。张浦怀疑其中有诈，连忙阻止道："用兵务须慎重，须仔细审查敌情。潘罗支一直不肯归附，而今他在实力并未遭受巨大打击的情况下，却突然前来归顺，这一定是诈降，不可相信。不如将计就计，趁其不备，突然发动袭击，将其一举擒获，其他首领自然会降附我们。若孤军深入，胜负难料。"此时的李继迁正沉浸在胜利的喜悦中，哪里听得进去张浦的劝谏，反对道："自我夺取西凉府以后，潘罗支的实力已被大大削弱，他这是迫于我军的压力而投降，怎么能叫诈降呢？况且杀掉前来投降的人是不祥之兆，你不要再猜疑了，你这样会阻碍其他人归附于我。你还是先返回西平府吧，我留在这里安抚潘罗支的部众，以免后患。"张浦没有办法，只好返回西平府。

李继迁不听张浦的劝谏，果然中了潘罗支的诈降之计。就在李继迁准备接管潘罗支部众之时，潘罗支已暗中调集六谷诸族与者龙族兵马数万人，对李继迁实施包围，李继迁这才明白自己中计，但为时已晚。混战中，李继迁被流矢射中鼻子，连夜带伤逃回西平府，西凉府得而复失。

咸平六年（1003 年）十二月，李继迁不顾伤势，聚兵于浦洛河，声言将攻打环州，终因伤势过重，未能实施。景德元年（1004 年）正月二日，李继迁自知将不久于人世，临死前，他将儿子李德明、亲信张浦等人叫到身边，叮嘱李德明道："你要坚定不移地上表宋朝请求归附，一次不行就两次，即使上表一百次没有得到宋朝允许，你也要继续上表，在宋朝同意之前一定要反复上表请求。"又嘱托张浦等人道："你们和我一起征战多年，情同手足。德明自幼生长在军中，知晓创业之艰难，现在让他统率灵、夏兵马，虽不能与南（宋朝）、北（辽朝）争衡，但希望你们尽心竭力辅佐他，审时度势，守住家业，光宗耀祖，我就死而无憾了。"交代完后事后，李继迁便撒手人寰，享年四十一岁，后追尊为太祖应运法天神智仁圣至道广德光孝皇帝，庙号武宗。

李继迁自二十岁起兵，纵横捭阖，与宋朝周旋作战二十二年。其间，虽屡遭挫败却又始终倔强不屈，最终迫使宋朝归还定难故地，进而攻克西北战略重镇灵州，为西夏立国奠定基础。

李继迁去世后，其子李德明继位。李德明为李继迁妻野利氏所生，时年二十三岁，史称李德明"为人深沉有器度，多权谋"。李德明嗣位于李继迁灵柩前，自称定难军留后，任命左都押牙张浦兼行军左司马，绥州刺史赵保宁兼右司马，指挥使贺承珍兼左都押牙，刘仁勖为右都押牙，破丑重遇贵为都知蕃落使，白文寿、贺守文为都知兵马使，何宪、白文赞为孔目官，郝贵、王旻等为牙校，又任命李继瑗为夏州防御使，李延信为银州防御使，其他人皆封赏有差。

景德元年（辽统和二十二年，1004 年）二月，李德明遣使告哀于辽朝，辽圣宗追赠李继迁为尚书令，遣使吊祭慰问。同月，李继迁的死讯传至宋朝京师开封。值此党项政权易位，又遭麟州、西凉府两次大败，元气大伤之时，宋朝本应趁机经略西北，然而此时恰逢辽朝大规模南下前夕，宋朝北境面临契丹军队的压力与日俱增。仅咸平六年（1003年）望都一战，宋军全军覆没，殿前都虞候、云州观察使王继忠被辽朝俘虏，宋廷朝野震动。宋真宗权衡利弊，决定执行"先河北、后西北"的战略方针，遂采纳辅臣们的建议，招抚刚刚继位的李德明。

此时的党项政权内部，自从李继迁去世后，许多党项部族并不服从年少的李德明管束，加之连年征战，人力、物力损失巨大，使得本就不富庶的定难诸州经济状况不断恶化，宋朝采取的严厉禁止边境贸易的举措，更是使得基本生活用品皆仰仗边境贸易的党项诸部经济濒临崩溃的边缘。面对此等危局，李德明深知其父命其归附宋朝的深谋远虑。此时宋、辽双方打得不可开交，宋朝形势甚为吃紧，若自己适时上表归附，使得宋人避免陷入双线作战的困境，也有利于与宋朝讨价还价。

为了能在与宋朝的谈判交涉中占据主动地位，李德明将目光投向了西凉府。景德元年（1004年）六月，潘罗支计划与宋军合击党项兵于贺兰山。李继迁的老部下迷般嘱、日逋吉罗丹二族首领率众假装归顺者龙族，实则潜伏在者龙族之中，择机袭杀潘罗支以报李继迁死亡之仇。迷般嘱暗中送信于李德明，让李德明派遣军队进攻者龙族，以引诱潘罗支赴援。潘罗支闻讯，果然急忙率领百余名骑兵驰援。正当潘罗支与迷般嘱、日逋吉罗丹等人商议如何退敌之时，二人趁潘罗支不备，拔剑刺杀潘罗支于帐内。潘罗支遇害后，西凉大乱，六谷诸部共推潘罗支之弟厮铎督为首领。

六谷诸部易主的消息传到宋朝，宋真宗诏赠潘罗支为武威郡王，任命厮铎督为盐州防御使、灵州西面缘边都巡检使，随即又将潘罗支的官爵赐予厮铎督，任命其为朔方军节度使、灵州西面巡检、西凉府六谷大首领，继续联结吐蕃以制党项。

与此同时，趁西凉人心不稳，李德明再次率军进攻西凉府，吐蕃折逋游龙钵等部归附。李德明复取西凉府，不仅报了杀父之仇，而且又得到西北另一处战略要地，对日后西北形势的发展以及西夏建国影响至深。清人吴广成在《西夏书事》中指出，李德明攻取西凉府后，"西夏势成而灵州永固"。因为平夏地区以绥州、宥州为首，灵州为腹，西凉为尾。占据灵州则壮大了绥、宥二州的势力，占据西凉则巩固了灵州的根基。加之西凉府物资充裕，足以供给军需民用，西凉府的失而复得，对西夏有着重要的战略意义。

景德元年（1004 年）十二月，宋、辽双方在战略态势均衡的状态下，签订了"澶渊之盟"，结束了长达数十年的攻战。宋朝解除了来自北方的军事威胁后，便准备调集全部力量处理西北边事。

李德明此时的处境也并不是非常乐观。自己已继位近一年，辽朝却始终未予封册，名不正则言不顺，许多西北部族不仅持观望态度，甚至时有内附宋朝的事情发生。故行军司马赵保宁进言道："自从先王去世后，人心不安，如果我们不借助辽朝的威令以震慑诸部族，恐人心离散，后果不堪设想。"李德明采纳了赵保宁的建议，于次年（宋景德二年，辽统和二十三年，1005 年）正月，派遣赵保宁出使辽朝"献方物"，并请求封册。因统和七年（989 年）时，辽圣宗封王子帐节度使耶律襄之女为义成公主，下嫁李继迁，故李德明名义上为辽圣宗的外甥，辽圣宗遂下诏挑选良辰吉日册封李德明。同年七月，辽圣宗派遣北院枢密副使萧承德正式册封李德明为西平王。

在争取辽朝支持的同时，张浦向李德明建议道："先王临终时嘱咐我们应向宋朝修表，请求内附，理当如此。然而无缘无故地前去求和，只会显得我们软弱，被宋朝瞧不起。现在我们收复了西凉府，声威大振，正是提出归附的大好时机。"李德明权衡利害，于景德二年（1005 年）六月派遣牙将王旻入贡宋朝，并以李继迁临终嘱托与宋修好的遗嘱为由，请求归附。李德明在表文中称道："父亲在临终时嘱咐我务必要归顺大宋，我归附之心已久，只是一直在为父守丧，不得进表。希望皇帝陛下不计前嫌，能够接纳我，我必将感恩不尽。"

宋真宗看过表文后，一面赏赐王旻锦袍玉带，并诏谕边州将士"若李德明不再侵扰边境，则任何人不许主动出击进攻李德明部"。一面又命鄜延钤辖张崇贵与王旻谈判，指出因李继迁昔日里多次出尔反尔，故李德明必须立下誓约，答应归还灵州、活动范围仅限于平夏地区、派遣亲族子弟入京宿卫（即以亲属为人质）、尽数遣散蕃汉兵马、送还被掳掠的宋朝官吏与兵民、边疆发生纠纷时须服从宋朝管理等七个条件后，宋朝才会答应李德明提出的任命其为定难军节度使、给予内地节度使薪俸、每年颁赐岁赐、允许贸易往来以及放行青白盐等五项要求。宋朝经过与党项李氏的长期交战，身心俱疲的宋真宗君臣决意对李德明实行"姑务羁縻，以缓争战"

的政策，故接受李德明的求和。而宋真宗提出的议和要求，显然效仿宋辽"澶渊之盟"，即通过输送经济利益来换取和平。

李德明见宋朝如此轻易地便答应议和，知道宋朝提出的条件一定还有商量的余地，于是便派遣张浦与张崇贵面议，但只是自顾自地提出许多要求，并不肯答应宋朝提出的条件，更无意与宋朝订立誓约，和谈自然不成。

九月，宋真宗见李德明誓约未定，便任命知永兴军向敏中为鄜延都部署、兼知鄜州，负责此事。向敏中派人诏谕李德明，于是李德明在之后的时间里接连派遣使者入宋修贡，但对于宋朝提出的七项议和条件，尤其是其中归还灵州及遣子弟入京宿卫两项，拒不接受。眼看谈判陷入僵局，宋真宗退了一步，同意李德明可以不归还灵州，但是必须派遣子弟入朝宿卫，必须严禁攻掠西北其他部族，党项人与其他部族出现争端之时，必须由朝廷裁决，除此以外的其他要求宋朝可以全部废除。但宋真宗也留了个后手，同样拒绝了李德明提出的允许贸易往来及放行青白盐两项请求。同时为迫使李德明就范，宋真宗以厮铎督族帐及姻亲者五十余人为检校官，分别担任本族首领及郎将等。又接应夏州妙娥、熟嵬等族以及此前被李继迁掠往绥州安置的诸族内附，并加强军备，不给李德明侵扰边境以可乘之机。

据说有一天，宋朝渭州的十余名戍卒叛投李德明，李德明此时正想了解宋军在边境上的军事部署，见有宋兵前来投奔，喜出望外，便收留了他们。宋朝安插在李德明身边的密探得知这一情况后，急忙向都钤辖曹玮汇报。曹玮正在和几位客人下棋，闻听密探的报告后，假装发怒道："这十几个士兵是我派去李德明处做内应的人，你大声当众嚷嚷，生怕别人不知道吗？"不久，消息传入李德明耳中，李德明十分恼怒，立即命人将那十几个叛卒全部斩杀，并把他们的首级置于边境之上，曹玮这招"借刀杀人"果然奏效，沿边士卒再也不敢叛逃入夏境了。

迫于宋朝多方面压力，李德明无奈只得遣人面见向敏中，提出宋朝其他要求皆愿遵守，只有派遣子弟入京宿卫一项，实在难以答应。宋真宗出于怀柔远人之意，再次降低了对李德明的要求，诏谕向敏中道："如果李德明实在不同意令其子弟入京宿卫，则其提出的允许贸易往来及放行青白盐两项请求朝廷一并不许，在此基础上，可以给予其册封。"经过反复拉锯与讨价还价后，李德明见宋真宗无意再做退让，遂于景德三年（1006年）九月派遣右都押牙刘仁勖向宋朝进奉誓表，称自己"遵承父亲遗命，对宋朝永无二心"，针对宋朝拒绝开放贸易与放行青白盐一事，李德明称"虽暂时未获得准许，但发誓一定会为宋朝效力，期待立功后宋朝将此两条要求赏赐给自己"。

九月二十八日，李德明誓表送达宋廷，宋真宗赐诏嘉奖。十月一日，宋真宗任命李德明为定难军节度使，册封西平王。并派遣内侍左右班都知张崇贵、太常博士赵湘充旌节官告使，赐给李德明衣物、锦带、银鞍宝马以及白银一万两、绢一万匹、铜钱三万贯、茶叶二万斤。

然而，宋真宗君臣奉行的"姑务羁縻，以缓争战"政策，并不为守卫在边关的武将所认同，特别是他们不愿意失去因李继迁的死亡而出现的剿灭夏州党项李氏的大好时机。景德三年（1006年）五月，知镇戎军曹玮上书反对朝廷与李德明议和，指出"李继迁控制河套地区二十余年，使大宋始终有西顾之忧。如今其国危子弱，部族离心，如果不趁此良机将其消灭，以后必然会更加强悍难制。希望朝廷命臣出兵，出其不意，将李德明擒送阙下"。曹玮（973—1030年），字宝臣，真定灵寿（今河北省灵寿县）人，北宋名将，宋朝开国大将曹彬第四子，十七岁便入西北为将，久在军中，深谙边务。但宋真宗仍坚持以恩典招揽李德明，遂拒绝了曹玮的提议。明人王夫之对宋真宗的"姑务羁縻"政策大加批判，认为宋朝君臣苟且偷安，丧失了消灭夏州党项李氏的最佳时机。

景德和约是宋朝自宋太宗执政后期以来保守政治发展的产物，虽然宋真宗对李德明的姑息政策，在一定程度上使得宋夏边境地区迎来了一个较为稳定的和平环境，但对宋朝边防而言，却产生了无法估量的消极影响。一方面，宋朝为了确保西北无事，有意懈弛军备。宋朝在西北边境上除布置少量步军戍守外，将主力尽数内撤。同时对那些主张抗击李德明的文臣武将予以压制和打击，任命所谓"不妄生事者"担任边防主将。另一方面，宋朝纵容李德明对河西地区部族的兼并，最终使李德明实现其"西掠吐蕃健马，北收回鹘锐兵"的战略。宋真宗君臣这种一味姑息、不修边政的做法无异于自毁长城。

第三章

◎

西夏建国，全面开战

景德三年（1006 年）和约是宋朝与夏州党项李氏之间缔结的第一个和约。和约签订后，西夏迎来了一个相对和平的外部环境，解除了来自东部的威胁，得以有机会抚平与宋朝长年战争所带来的创伤，恢复了发展社会经济。西夏通过向宋朝朝贡，获得大量回赐，并利用朝贡之便进行贸易活动，促进了党项族的经济发展与财富积累。政治稳定、农业发展、商业繁荣、军事力量的增强为李元昊称帝建国奠定了基础。

一、元昊偏霸，立国称帝

当时的李德明为向宋朝表示自己"归顺"的诚意，专门下令在绥州、夏州两地修建承恩馆与迎晖馆，用以接待宋朝使者；并修治整饬道路、桥梁，每逢宋朝使者抵达，必遣亲信重臣郊迎于道左；还将宋朝新修的《仪天历》颁行于境内。

事实证明，李德明的选择于党项是十分有利的。与宋朝约和之后，李德明所获好处确实明显。此前西北部族投奔宋朝者甚多，李德明屡屡深入宋境追赶，依然无法阻止。李德明上表宋真宗，声言"臣所管辖下的部族，近日里因曹玮等人招纳不已，多发生投奔镇戎军的事件。如今臣已归顺朝廷，希望朝廷加以制止"。基于宋夏双方关系的缓和，宋真宗自然答应了李德明的请求，明令禁止边将收纳归降部族。当李德明辖境内发生灾荒时，宋朝还特许李德明派人采购粮食。此外，李德明还经常向宋朝进献马、牛、羊、骆驼等畜产品，宋朝则大量回赐金银、绢帛、布匹、茶叶等物，用以满足党项统治者的需要。

景德三年（1006 年）十一月，和约签订后不久，李德明便派遣使者前往开封请求俸赐。按照宋朝制度规定，如李德明之类"外蕃遥领节度使者"是没有俸禄的，但是宋真宗为笼络李德明，特下诏赐予李德明与宋朝内地节度使一样的俸禄。李德明急忙遣使奉表"感恩"，再进献马匹五百匹、骆驼三百头。作为回赐，宋真宗又在定额俸禄之外，加赐李德明袭衣、金带、器币等。

景德四年（1007 年），李德明请求在保安军（今陕西志丹）设置榷场，宋真宗准许。宋朝以缯帛、罗绮，交易驼马、牛羊、玉、毡毯、甘草；以香药、瓷漆器、姜桂等物，交易蜜蜡、麝香、毛褐、羱羚角、硇砂、柴胡、苁蓉、红花、翎毛。同时李德明派出大量使者前往宋朝，使者在途中与宋朝百姓私下进行交易，卖不出去的货物，由宋朝朝廷代为收购。不仅如此，李德明还命使者在宋朝购买违禁物品，在内地打造成批的武器，带回西夏，又在边境私设榷场，贩卖禁品，进行走私活动，偷税漏税，以获取更多利益。面对李德明种种不法行为，宋朝为示"羁縻"之意，皆睁一只眼闭一只眼，听之任之。

宋真宗为营造四方来朝、天下太平的盛世景象，大中祥符元年（1008年）正月，宋真宗将仅赐予宰相、枢密使的功臣号"守正"赐予李德明，以示宠信。同年十月，李德明闻知宋真宗东封泰山，立即遣使入贡，宋真宗赐李德明兼中书令。大中祥符四年（1011年）四月，宋真宗又赐李德明衣带、鞍马、器币等，进官中书令。大中祥符五年（1012年）十二月，加李德明太保衔。大中祥符七年（1014年）二月，宋真宗将赐予皇子、皇亲的功臣号"宣德"赐予李德明。天禧元年（1017年）正月，宋真宗改元，大赦天下，加李德明守太傅。天禧三年（1019年）三月，宋真宗又将仅赐予亲王、重臣的功臣号"崇仁"加赐给李德明。乾兴元年（1022年）正月，又加赐李德明"纯诚"功臣号。

乾兴元年（1022年）二月，宋真宗驾崩，宋仁宗即位，于次年（天圣元年，1023年），加李德明尚书令。宋明道元年（1032年）五月，为进一步笼络李德明，宋廷以李德明恭顺称臣三十年，特派遣使臣册封李德明为夏王，车服、旌旗仅比天子低一等。至此，宋朝赐予李德明的完整结衔为：推忠宣德崇仁保顺纯诚亮节守正翊戴功臣、定难军节度使、夏银绥宥静等州观察处置使、开府仪同三司、检校太师、太傅、中书令、尚书令、上柱国、夏王。

在宋朝不断加封李德明的过程中，辽朝统治者也没有闲着。辽圣宗于统和二十八年（宋大中祥符三年，1010 年）九月，册封李德明为夏国王。又于开泰十年（宋天僖五年，1021 年）七月，派遣金吾卫上将军萧孝诚册授李德明尚书令，晋封大夏国王。李德明可谓荣极人臣，风光无限。

随着经济水平与政治地位的不断提高，李德明虽表面对宋、辽称臣，在其辖境内实则以帝王之尊来统御下属。大中祥符三年（1010 年），李德明会集数万民夫于鳌子山（今陕西延川县西），大起宫室，绵亘二十余里。大中祥符六年（1013 年）二月，鳌子山宫殿建成，李德明自夏州前往鳌子山途中，公然使用只有皇帝才有资格使用的大辇方舆、卤簿仪卫等天子礼仪。大中祥符九年（1016 年），李德明又依照大臣刘仁勖的建议，追上其父李继迁的尊号为"应运法天神智仁圣至道广德光孝皇帝"，庙号"武宗"。

天僖元年（1017 年）六月，有传言说在怀远镇北的温泉山上出现一条大龙，消息传至李德明耳中，李德明以此为祥瑞之兆，便派人前去祭祀，计划将都城迁往怀远。怀远县始建于后周时期，宋初废县为镇。怀远县易守难攻，李德明在与部下商议是否在此建都之时，众人皆表示："西平府虽水土丰腴，民风淳厚，但地处四战之地，咱们可以往，别人也可以来，很难坚守。而怀远西北有贺兰山可以凭险固守，黄河环绕其东南，西平府作为其屏障，物产富饶，真可谓是成就万世基业的根本。况且现在屡次出现祥瑞，上天保佑，天人合一，应尽快在此处修筑新都，以承天命。"李德明遂命令贺承珍总管建都事宜，征发民夫筑城，修造宫殿，并改怀远镇为兴州，于天僖四年（1020 年）十一月自西平府迁都兴州（今宁夏银川）。

李德明一方面在自己的势力范围内俨然以皇帝自居，另一方面，又继续向宋、辽两朝朝贡，在稳定东部的同时，极力向河西走廊一带开疆拓土，以实现李继迁提出的"西掠吐蕃健马，北收回鹘锐兵"的战略目标。

河西走廊地处甘肃西部，东起于甘肃乌鞘岭，南北介于南山（祁连山和阿尔金山）和北山（马鬃山、合黎山、龙首山）之间，北靠巴丹吉林沙漠、腾格里沙漠，因位于黄河以西，又形似走廊，故地理学上称为河西走廊。河西走廊地区水草丰美、绿洲众多，自古以来就是适合农牧业发展的理想场所。这一地区，多民族迁徙融合杂居，是历代兵家必争的战略要地，中西交通的必经孔道，同时，也是历代政权脱离中央、经略西域，割据自保的根据地。

在李继迁统治时期，就曾对河西走廊有所行动。对于现在的李德明而言，若久居河西的吐蕃、回鹘诸部归附宋朝，则会从西、南两面牵制党项，成掎角之势，不能全力攻宋。而若臣服于西夏，西夏则获得一个丰饶的粮食物资基地，限制中原王朝的战马进口，并可威胁宋朝关中地区。李德明综合考虑下来，河西走廊必为先取之地，在此后的日子里，征服河西也确实成为其最重要的军事目标。

大中祥符元年（1008 年）正月，李德明派遣张浦领兵进攻甘州回鹘。甘州回鹘指回鹘汗国崩溃后，其部族为黠戛斯人所逐，分三支西迁，其中迁往河西的回鹘人以甘州为中心建立甘州回鹘国，掌控河西走廊。面对来自吐蕃、党项与沙州归义军的威胁，甘州回鹘采取远交近攻的策略，积极发展与五代、宋、辽之间的关系。后随着党项势力的不断壮大，甘州回鹘统辖的甘（今甘肃张掖）、凉、瓜（今甘肃安西东南）、沙（今甘肃敦煌）、肃（今甘肃酒泉）等州相继被李德明、李元昊父子攻取，甘州回鹘最终纳入西夏管辖。

天圣六年（1028年），李德明命长子李元昊率军进攻甘州，李元昊率军长途奔袭，马不停蹄，以迅雷不及掩耳之势杀到甘州城下，然后一鼓作气，攻破城池。回鹘可汗夜落隔见党项军有如神兵天降，无法应战，只得仓皇出逃。

明道元年（1032年）九月，李德明命李元昊统兵西进，收复大中祥符九年（1016年）被回鹘人夺去的凉州。不过，攻凉州之前，李德明担忧进攻之时，宋朝会命吐蕃六谷部前去增援，便又采取声东击西的策略。李德明先令部众侵扰宋朝的环州、庆州，将宋朝的注意力转移至环庆一带，宋仁宗甚至还命令边将派人致书警告李德明。就在送信人尚在途中之时，李元昊率领的大军已兵临凉州城下，驻守凉州的回鹘人势单力薄，突然遭到袭击，无力支撑，只得弃城而去。

重新收复凉州，对于西夏建国具有极为重要的意义。凉州战略地位重要，西夏立国兴、灵诸州，若不占据凉州，则无法打通河西走廊，无法进占敦煌、酒泉等地。且凉州土地肥沃，水草丰美，是西北农业、畜牧业的重要产区，素有"凉州畜牧甲天下"之誉，故史称李德明"其毕世经营，精神全注于此（指凉州）"。随着凉州的收复，李德明基本奠定了后世西夏的版图。

然而"祸兮福之所倚，福兮祸之所伏"，收复凉州城后仅过一个月，明道元年（1032年）十月，李德明就因病去世，享年五十一岁。西夏建国后，李元昊追赠李德明谥号为光圣皇帝，庙号太宗。

李德明逝世后，其子李元昊继位，时年李元昊二十八岁。李元昊出生于咸平六年（1003 年），传说李德明与其妻卫慕氏游览贺兰山时，一天夜里，卫慕氏梦见白龙绕体，不久便怀孕了。十二个月后，李元昊降生，当天正是五月五日端午节。李元昊出生之时，啼哭声非常响亮，双目奕奕有青光，李德明十分喜爱，取小名"嵬埋"（党项语称"惜"为"嵬"、"富贵"为"埋"）。

李元昊性情刚毅，谋略过人，精通兵法。李元昊十余岁时，见其父李德明用马匹与宋人交易汉地物品，一旦不满意所得物品，便将派去交易的使者杀掉，遂劝谏李德明道："我们党项人以游牧为生，马匹才是必需品，如今用必需品交易不急用之物，已非良策，却又因此动辄杀人，那么以后谁还愿意为我们所用呢？"李德明闻言，深感自己儿子小小年纪就有如此见识，心情大悦。

李元昊长大后，屡屡劝说李德明不要向宋称臣。李德明答道："为父征战多年，早已精疲力尽。何况我们党项族人三十多年来能够享受到锦衣玉食的生活，都是宋朝的恩惠，不可以忘恩负义。"李元昊却不以为然道："身穿皮毛，从事畜牧生产，本身就是我们的生活习性。英雄生来便当有称雄称霸的雄心壮志，怎能迷恋锦衣玉食的生活呢？"李德明虽未依从，却也赞叹李元昊的远见卓识与英雄气概，认为李元昊必将能够带领党项人走向更大的辉煌，遂于天圣六年（1028 年）李元昊率兵袭破甘州后，将其立为太子。

与此同时，为了稳固李元昊的太子身份，李德明将李元昊的生母卫慕氏立为王后。又于次年（宋天圣七年，辽太平九年，1029年）遣使赴辽为李元昊请婚，得到了辽圣宗的准允。只是由于天圣九年（辽太平十一年，1031年），辽圣宗驾崩，其子耶律宗真继位，是为辽兴宗。直到是年十二月，辽兴宗才承父命封宗室女为兴平公主，下嫁李元昊，并授李元昊驸马都尉，爵夏国公。

李元昊继位后，遣使向宋、辽两朝告哀。明道元年（1032年）十一月，宋仁宗派遣工部郎中杨告一行人前往兴州，诏赠李德明太师、尚书令兼中书令，册封李元昊为定难军节度使、西平王。但宋朝使者抵达兴州后，李元昊将其安置在馆驿之内，迁延时间，不肯出迎。见到使者后，李元昊又不肯拜受宋仁宗诏命，屡经催促之下，李元昊才勉强受诏谢恩。起身后，李元昊对众人说道："先王大错，有如此强盛的国家，却要向别人叩拜称臣！"面对李元昊的种种无礼之举，杨告等人虽知其心怀异志，却始终不敢责问。之后辽朝也遣使册封李元昊为夏国王。

即便如此，李元昊并不满足于现状。在李德明末年，其实已基本实现西掠吐蕃健马，北收回鹘锐兵，建成了一个粗具规模的王国，因党项政权羽翼尚未丰满，面对李元昊拒绝向北宋称臣纳贡的建议时，李德明只能加以拒绝。李元昊继位后，开始有步骤、有目的地实施其王霸之业。首先，李元昊不满足于宋朝和辽朝册封给他的定难军节度使、西平王或夏国王称号，而是要立国称帝。在筹备建国的过程中，李元昊并未完全照搬中原王朝，而是有意突出党项人的民族意识和民族特点。

李元昊认为自己作为北魏王室后裔，姓李或姓赵皆不够尊贵，故改用党项姓"嵬名"，并且"嵬名"一姓只允许党项王族使用，以显尊荣。同时李元昊废去宋、辽所封西平王等称号，用党项语称"兀卒"，意为青天子，即"可汗"之别称。"兀卒"也作"吾祖"，李元昊此后在与宋朝交往中，偏偏使用"吾祖"两字，显然意向宋人示威。元昊又更名曩霄，自称"邦泥定国兀卒"，意即"白上国青天子"，而称宋朝皇帝为"黄天子"，欲与宋朝平起平坐之意昭然若揭。

改称号之外，李元昊还发布秃发令，恢复党项故俗，下令国人在三日之内一律秃发，有敢违抗命令者，一律立即处死。明道二年（1033年），李元昊又以避讳其父李德明名讳为由，改宋朝年号"明道"为"显道"，开始使用自己的年号。景祐元年（1034年），更是依照谋士杨守素建议，改元"开运"，废去那个半真半假的"显道"年号。

值得一提的是，李元昊还亲自主持创制了党项族自己的文字"蕃书"，即后来所称的西夏文。蕃书成为李元昊治下境内的官方文字，为推广蕃书的使用，李元昊专门派人到民间教习传授，使民众记事写作皆用蕃书。西夏文的创制和推广使用，是李元昊突出民族自觉意识和民族特色最为重要的标志。

除去保持本民族的特色，李元昊还积极模仿中原王朝的政治体制，建都城，设官制，逐步完善国家机器。明道二年（1033年），李元昊升兴州为兴庆府，并仿效宋朝创建各项制度，设置中书省、枢密院、三司、御史台、开封府、翊卫司、官计司、农田司、群牧司、文思院等机构。其中开封府是负责管理京城兴庆府事务的机构，但取名开封府，背后同样暗含着李元昊意图与宋朝并驾齐驱的政治隐喻。此外还有专门授予党项人的宁令、谟宁令、丁卢等官职，其中尤以谟宁令最为尊贵，多由太子、朝廷重臣出任。

地方上，景祐四年（1037年）五月，李元昊整饬行政区划，以夏、银、绥、宥、静、灵、盐、会、胜、甘、凉、瓜、沙、肃诸州作为建国根基，将石堡、洪门诸镇升为洪州（今陕西靖边西南）、威州（即韦州）、定州、龙州（今陕西靖边县南）四州，又以肃州为蕃和郡，甘州为镇夷郡、并置宣化府，凉州置西凉府。至此，西夏疆域正式奠定，东至黄河，西至玉门关，南接萧关，北控大漠，地方万余里。

军事方面，李元昊根据本民族的特色，确立较为完善的兵制体系，扩军备战。党项部落居住在帐幕之中，一家称一帐，小部数百帐，大部千余帐。景祐三年（1036年），李元昊定兵制，规定男子年满十五为丁，入军籍，兵民合一。平日里从事生产，战时依据各部落大小出丁从军作战。士兵分为正军、负担（杂役）两类，二者合为一"抄"，即一个小的战斗单位。以四丁为两抄，合住一帐幕。李元昊将党项族人编为"族内兵"，从被俘汉人中挑选勇敢善战者编为"族外兵"，号"撞令良"。

野战部队建设层面，李元昊设立十万擒生军，其中三万正军，七万负担，装备精良，是为夏军精锐。李元昊又挑选党项豪族子弟中善骑射者五千人组成侍卫军，号"御园内六班直"。此外夏军中还设有重装骑兵三千人，号"铁军"，乘良马、披重甲，刀枪不入，战斗力极强。另有炮手二百人，号"泼喜"，发射拳头大的石弹攻击敌人。

地方驻军建设层面，李元昊以黄河为界，分立左、右厢，设立十二处监军司（军区）：左厢有神勇军司，驻天都山；祥佑军司，驻石州；嘉宁军司，驻宥州；静塞军司，驻韦州（今宁夏同心县东北）；西寿保泰军司，驻柔狼山北；卓罗和南军司，驻黄河北岸。右厢有朝顺军司，驻夏州弥陀洞；甘肃军司，驻甘州；西平军司，驻瓜州；黑水镇燕军司，驻黑水城；白马强镇军司，驻盐州；黑山威福军司，驻河套西北。各监军司分设都统军、副统军、监军使各一员，由党项贵族担任。其下设指挥使、教练使、左右侍禁官等数十人，由党项人和汉人分别担任。

西夏号称总兵力五十余万人，除野战部队外，地方驻军以七万精锐拱卫首府兴庆府，五万镇守东南方向的西平府，五万驻守西北方向的贺兰山。左厢宥州屯兵五万，以防备宋朝鄜、延、麟、府四州方向；右厢甘州驻军三万，以防备吐蕃、回鹘诸部；另有五万大军以防备宋朝环州、庆州、原州、镇戎军方向，七万驻军以防备辽朝，堪称内外并重，布防较为合理。每当西边用兵之时，则自东方调集军队向西；若东边用兵，则自西方调集军队向东；若中路用兵，则东、西两路军队皆向中部集合。李元昊采取的军事措施，大大增强了党项军队的攻击、防守与协同作战能力，此后西夏兵力虽与宋军相比处于劣势，但战斗力与机动性占优，故在与宋军作战中经常能够以少胜多、以弱胜强。

努力推进内部发展的李元昊，此时虽仍向宋朝称臣纳贡，但并不甘心久为人臣，一有机会便趁势扩大自己的领地，向宋朝边境用兵，并借以刺探宋朝的底线。

景祐元年（1034年），李元昊开始对宋朝大规模用兵，二月至五月间，派军大肆侵扰府州，宋仁宗诏令河东诸州加强防备，严阵以待。七月，李元昊又派兵进攻宋朝庆州、环州一带，杀掠居民，抢夺财物，并修筑白豹城（今陕西吴旗县西南）。白豹城东接金汤（今陕西吴旗县东南），北邻叶市和后桥诸寨，深入宋境一百余里，隔绝宋延、庆二州之间的道路，地理位置十分重要。李元昊修好白豹城后，又派人重修后桥寨。宋朝得知消息后，命庆州柔远寨蕃部巡检嵬通，发兵攻破后桥诸寨与白豹城。李元昊以此为借口，声言必报此仇，便在侵掠环州之后，亲自统兵直扑庆州而来。面对李元昊率领的大军，宋朝缘边都巡检杨遵、柔远寨（今甘肃华池县）监押卢训率领七百名骑兵在龙马岭阻击李元昊，因敌我力量悬殊，无法取胜。宋朝又派遣环庆路都监齐宗矩、走马承受赵德宣、宁州都监王文领兵赴援，行至节义峰时，遭遇党项军队伏击，宋军溃败，齐宗矩被俘。

景祐二年（1035年）三月，因宋朝环州知州高继嵩作战勇敢，指挥果断，在边境军民中威望极高，成为李元昊攻取环州的最大阻碍，李元昊遂决定使用离间计。李元昊命手下找到一支高继嵩使用过的箭，在箭上系上一封书信，书信的内容为高继嵩已投靠李元昊等，李元昊派人将这支箭投到宋延州境上。宋朝鄜延路部署司得到这支箭后，认为此事非同小可，立即禀报朝廷。高继嵩也听说了这件事，明知是李元昊暗中施展的计谋，却也无能为力，内心惶恐不安，便上表请求回京述职。

不过，这种雕虫小技瞒不过宋朝的右司谏韩琦，他识破了李元昊的阴谋，向宋仁宗进言道："假如高继嵩叛变，而李元昊忠于朝廷，那么李元昊应秘密向朝廷揭发，何必将高继嵩的箭投至延州境上，来证明高继嵩的罪名呢？这一定是反间计，不可信。"宋仁宗同意韩琦的观点，命高继嵩继续留任原职，李元昊处心积虑设计的反间计未能奏效。

韩琦（1008—1075年），字稚圭，自号赣叟，相州安阳（今河南安阳）人，是北宋时期著名的政治家、词人。韩琦为宋仁宗天圣五年（1027年）进士，历任将作监丞、开封府推官、右司谏等职，又为宋仁宗、宋英宗和宋神宗三朝宰相。他曾奉命救济四川饥民，治理蜀地。与范仲淹率军抵御西夏，并与范仲淹、富弼等人一同主持"庆历新政"。韩琦为相十载、辅佐三朝，为北宋的政治、经济与社会发展做出了突出贡献，被欧阳修称赞为"措天下于泰山之安，可谓社稷之臣"。宋神宗熙宁八年（1075年），韩琦去世，享年六十八岁。宋神宗为其御撰"两朝顾命定策元勋"碑，追赠尚书令，谥号"忠献"，配享英宗庙庭。宋徽宗时追封魏郡王。至清代，更是先后从祀历代帝王庙及孔庙。

反间计未能成功，李元昊恼羞成怒，又派兵去宋朝环州、庆州一带抢掠。而宋朝面对李元昊的屡屡发兵犯境，竟仍采取妥协退让的办法，以宋仁宗加尊号为名，进授李元昊中书令，以达到息事宁人的目的。面对宋朝的软弱无能，李元昊愈加倨傲不恭，加快建国进程。

宝元元年（1038年）七月，李元昊于贺兰山会集大军，计划攻取宋朝鄜州、延州地区。李元昊早有心谋取宋朝的鄜、延二州，只是因为部下向背不齐，始终未敢贸然行动。至此，他感觉时机成熟，遂决意对宋朝用兵，诸首领中有敢劝谏者，当即杀之以立威。然而发兵前夕，其手下有人建议道："未正式建立名号，不足以服众。"李元昊听罢觉得很有道理，遂暂时停止进攻。

就在此时，党项统治集团内部在是否攻宋的问题上产生分歧，发生分裂。李元昊的叔父山遇（又名惟亮），与弟弟惟永分掌党项左、右厢兵，他们的叔伯兄弟惟序亦为李元昊所重用。但山遇反对李元昊叛宋之举，屡次劝说李元昊不要与宋朝为仇作对。

山遇认为："宋朝地大物博，兵多将广，环、庆、鄜、延诸州占据险要地势。一旦这些州军加固城防，修缮城池，增强攻守能力，我们党项人的骑射本领便难以施展，我们出产的牛羊也无法进行交易，不出一两年，我们必将穷困潦倒，内外交困。不如安守藩臣之礼，每年享受着巨额岁赐，这才是正确的行为。"李元昊不仅听不进去山遇的劝谏，反而憎恨山遇不服从自己。李元昊对惟序说道："你去告发山遇反叛的罪行，我将山遇的官爵转赠与你。你若不照做，我灭你全族。"惟序不忍山遇遇难，便将李元昊即将对山遇下手一事尽数告知。山遇眼见此地不能再留，便想投奔宋朝。惟永反对道："宋朝不了解李元昊的所作所为，他们不会相信你所说的话，到时候必将陷入进退两难的困境。"山遇回答道："事已至此，投奔宋朝实为无奈之举，如果宋朝有福气，自然会接纳于我。"

山遇下定决心后，遂遣人与宋朝金明寨巡检李士彬联络，然后带着妻子野利罗罗、儿子阿遇以及亲属二十二人投奔宋境。九月，山遇一行人抵达宋朝保安军（今陕西志丹）。延州知州郭劝闻讯后，与铃辖李谓商议道：

"李德明向朝廷称臣纳贡已有四十余年，凡是有内附的党项人，我大宋皆予以遣返，咱们还是别破先例，以免李元昊以此为借口侵扰边境。"于是拒绝接纳山遇等人。山遇等坚决不肯回去，李渭等宋将怀疑其投降有诈，便命人将山遇等人绑缚，由监押韩周带兵将其送还夏州。

再观这时的李元昊，唯恐山遇投奔宋朝后，引导宋朝大军讨伐自己，急忙亲赴宥州布防军队。不料宋人却将山遇主动送还，宋朝的"寡谋"使得李元昊愈加轻视。于是李元昊拒不接纳，斥责韩周道："延州知州引诱我的手下，我特来兴师问罪，你们当于知州厅前举行仪式，将叛臣交还于我，不然我是不会接受的。"韩周反复解释，百般劝导，李元昊才勉强同意。为了起到杀一儆百的作用，李元昊命弓箭手当场射杀山遇父子，此事传开后，再也无人敢来投奔宋朝了。

李元昊杀山遇立威后，称帝建国的时机完全成熟。在野利仁荣、杨守素等谋臣的策划下，宝元元年（1038年）十月十一日，李元昊在兴庆府的南郊高筑祭坛，正式称帝，自称"世祖始文英武兴法建礼仁孝皇帝"，是为西夏景宗。建国号"大夏"，因其地处西北，故称之为西夏。改年号为"天授礼法延祚"，以兴庆府（今宁夏银川）为国都，立野利氏为宪成皇后，子宁明为皇太子，封赏文武百官有差。自此，西夏与宋、辽形成三足鼎立之势，并与宋朝开始了长达数十年之久的激战。

二、三川口下，宋军惨败

宋宝元二年（西夏天授礼法延祚二年，1039年）正月，李元昊派遣使者前往宋朝，告知自己已称帝建国，要求宋仁宗正式予以承认。

面对李元昊如此僭越之举，宋廷上下几乎所有人都表示"李元昊区区一跳梁小丑，请朝廷立刻发大军征讨，不日即可将其荡平"。只有右正言吴育认为，"李元昊虽名为藩臣，但是其征收的赋税没有一丝一毫进入我大宋的国库，而且李元昊深处大漠，叛服无常，朝廷应不予理睬，以示其微不足道，不足以令我朝恼怒。况且李元昊现已僭越称帝，夸示于酋豪，他一定不会主动削去帝号，我们应援引国初宋太祖册封南唐皇帝为江南国主一事，更改一下其割据自立的名号，待日后再将其降服，而不应像对待叛臣那样，立即出兵攻讨"。著作郎张方平同样主张暂时容忍，待条件成熟后，再兴兵征剿，争取一战成功。然而此时宋廷上下正沉浸在必须将李元昊除之而后快的愤怒中，吴育和张方平的建议换来的只有讥讽和嘲弄，甚至有人认为他俩是姑息养奸。

同年六月，宋仁宗下诏削夺赐给李元昊的姓氏与官爵；下令关闭榷场，全面禁绝与西夏的互市贸易；命知永兴军（今陕西西安）夏竦兼泾原、秦凤路缘边经略安抚使、泾原路都部署，知延州（今陕西延安）范雍兼鄜延、环庆路缘边经略安抚使、鄜延路都部署，由二人负责陕西方面军务，做好出兵讨伐西夏的准备；派遣庞籍为陕西体量安抚使，协调夏竦、范雍备战。同时在边境上贴榜悬赏，宣布凡能斩杀李元昊者，授定难军节度使，赏钱二百万；能捉到西夏间谍者，赏钱十万；西夏官员举族降宋者，论功行赏等。

面对宋朝的悬赏，宝元二年（1039年）十二月，李元昊听从大臣杨守素的计策，将一封书信和宋朝过去册封李元昊时的旌节诏书以及宋朝悬赏的官告，放在一个盒子里，派遣贺永年放至延州一带的边界上，向宋朝挑衅。延州守将得到盒子后，连忙派人八百里加急送至开封。

盒子到达开封，仁宗君臣看到其中的内容后，群情激愤。只见信中写道：宋军士兵擅长逃跑，导致西夏缴获无数的旗鼓刀枪，现在仓库已经放不下了。宋军将领无能，夏军出奇制胜，斩杀俘虏的宋朝官兵不计其数。听说宋朝引诱我的手下谋害于我，恐怕不是宋仁宗皇帝您的主意，必定是您那群酒囊饭袋的公卿大臣的计策，堂堂大国用如此下三滥的手段，有伤国体。宋仁宗皇帝您之前册封我的诏书和悬赏要我人头的敕榜内容完全不同，可见您之前册封我官职之时言不由衷，可见你们大宋朝丝毫没有信义可言。李元昊信中如此讽刺、谩骂的言辞比比皆是，宋朝君臣在这一席言语贬低之下，却也无可奈何。李元昊登基建国后志得意满、趾高气扬的神情跃然纸上。

李元昊在与宋朝打笔墨官司之前，为减少攻宋时的阻碍，已经开始不断用金钱、官爵收买、招诱沿边各部族及宋朝驻军将领。宝元二年（1039年）十一月，李元昊派人前往宋朝保安军（今陕西志丹），以金币和王爵诱降保安军诸族巡检刘怀忠。刘怀忠忠于宋朝，毁掉李元昊送来的印信并斩杀来使。李元昊大怒，集中大军进行报复性打击，刘怀忠战死。宋朝鄜延路钤辖卢守勤收到消息后，急忙派遣巡检指挥使狄青领兵拒敌。

狄青（1008—1057年），字汉臣，汾州西河县（今山西吕梁文水县）人，北宋时期名将。狄青出身寒门，年少入伍，因面有刺字，人称"面涅将军"。宋仁宗时，凭借战功，累迁延州指挥使。皇祐五年（1053 年），领兵夜袭昆仑关，平定侬智高之乱。此后历任枢密副使、护国军节度使、河中尹，迁升枢密使。后受到文官集团排挤，于嘉祐元年（1056 年），被免去枢密使之职，加同中书门下平章事之衔，出知陈州。嘉祐二年（1057 年）三月，狄青抑郁而终，年仅四十九岁。获赠中书令，谥号武襄。

狄青善骑射，在与夏军作战时，常做先锋，驻守宋朝西北边陲的四年间，与党项作战大小二十五次。此时听闻李元昊再次犯边，狄青面戴铜面具，披散头发，逆击夏军，杀入敌阵，往来冲杀如入无人之境，勇猛异常。李元昊一看不是狄青的对手，急忙退兵。撤军途中，李元昊命令手下士卒故意将一些极其钝拙无法使用的攻城器械一路抛弃，企图以此麻痹宋朝边将，使其轻视夏军，疏于戒备。

李元昊攻保安军不克，随即率军三万围攻延州东北的承平寨（今陕西子洲县南）。宋寨将出战，被夏军擒获。宋朝鄜延部署许怀德、兵马都监张建侯率领一支千余人的劲旅突出重围与夏军交战。夏军骁将骑马出阵，据鞍谩骂，许怀德张弓搭箭，一箭便将敌将射落马下，夏军大骇而退。两军相持六日，宋环庆钤辖高继隆、同知庆州张崇攻取后桥堡（今甘肃华池东），淮安镇都监刘正、走马承受石全政截断十二盘口，进攻宋朝泾原路陇竿城（今宁夏隆德）的夏军也被宋将刘兼济击退。败报传来，李元昊担心归路被宋军切断，遂引军北返。

为进一步提高"国威"，提振士气，李元昊决定对宋朝边境发起大规模进攻，迫使宋朝承认西夏的地位。李元昊手下有两位重要的谋士，一位名叫张元，一位名叫吴昊，二人的经历也颇具传奇色彩。据说二人曾经是宋朝关中华州（今陕西华县）的读书人，最初名字不详，只知道一个姓张，一个姓吴。此二人才智超群，风流倜傥，有合纵连横之才，却时运不济，连年参加科举考试，皆落第而归。郁闷之余，二人结伴游历塞上，饱览山川风俗，慨然有经略边塞之志。张姓书生曾在一首诗中写道："有心待掇月中兔，更向白云头上飞"，足见其豪放豁达的品格与非凡的抱负。又传说张姓书生除暴安良，为民除害，盗匪听闻其名，便望风而逃。然而张、吴二人苦于无人引荐，甚至一次由于冒犯地方官，被捕入狱。二人在宋朝怀才不遇，听说李元昊素有问鼎中原之志，便一路向西，越境进入西夏（一说张姓书生被宋朝地方官陷害而逃往西夏），立志做一番惊天动地的大事业。

二人进入西夏后，认为不出奇不足以打动李元昊。于是在酒肆中畅饮一日，醉后在墙上大书"张元、吴昊在此饮酒"等语。"元""昊"二字明显犯了夏帝名讳，二人很快便遭到西夏官兵的逮捕。因西夏自李继迁时期便注重招揽、起用自宋朝投奔而来的失意书生，故夏兵将二人执送至李元昊面前。元昊责问其为何入国不问避讳，胆敢随便书写皇帝的名字。不料二人反问道："你连姓什么都不在乎，还在乎叫什么名字吗？"张元、吴昊此语，意在讽刺李元昊曾经接受宋朝赐给的赵姓。李元昊闻听此言，立即意识到二人绝非等闲之辈，当即释放二人，加官晋爵，成为李元昊的重要谋士。宋人洪迈于《容斋随笔》中称李元昊与宋朝交战，多依靠二人出谋划策，己方的人才反为敌方所用，不禁令人喟然长叹。

宋朝得知张元、吴昊二人在西夏受到重用，并每每为李元昊出谋划策后，为招揽二人，宋廷决定每月给张、吴两家各十石米、两万文钱，并以张元之弟张秉彝为华州长史，侄子张起、张仲经为文学令，许诺只要张、吴二人返回宋朝，不再为李元昊效力，皆给予优厚待遇和赏赐。无奈张元、吴昊感激李元昊的知遇之恩，任凭宋朝如何示以怀柔之意，二人丝毫不为所动。宋廷恼羞成怒，下令把二人的亲属全部押解在随州，把张秉彝、张起的族人全部遣送至房州。幸得房州知州陈希亮求情，才将张秉彝、张起的亲属释放，而张元、吴昊的亲属始终被关押在随州。后来西夏经过周密策划，伪造宋仁宗诏书，派遣使者前往随州假传圣旨，终于将二人的家人接至西夏。经过宋朝这一折腾，张元、吴昊更加死心塌地地为李元昊效忠。

张元、吴昊二人为李元昊分析战争局势，指出在西夏南部边界与宋朝毗连相接之处（今陕西北部），有一条横山山脉，横山山脉自东北向西南方向延伸，在东起麟州（今陕西神木北）、府州（今陕西府谷），西至原州（今甘肃镇原）、渭州（今甘肃平凉）两千余里的边境线上，形成一条天然分界线，称作"山界"。对于宋、夏双方而言，占据横山北可威逼兴、灵二州，南可俯瞰八百里秦川，宋、夏均沿山界重重设防，控扼险要。

为突破宋军防线，李元昊经过多年试探性进攻与遣人侦察，终于摸清了宋朝沿边各地的防御情况。宋朝环州（今甘肃环县）、庆州（今甘肃庆阳）一带（即环庆路），其地山川险固，北御羌戎，南临关陇，故宋朝于此遍布边寨堡垒，且有刘平、赵振等重将把守，加之"蕃部素不知其山川道路"，西夏很难由此打开缺口。泾州（今甘肃泾川）、原州（今甘肃镇原）一带（即泾原路），外控河朔，拥卫关辅，素有"关陇锁钥"之称，尤其是镇戎军、渭州城两处军城，地处要冲，壁垒坚固，屯兵众多，甲骑精强，若以此为突破口，也很难稳操胜券。熙州（今甘肃临洮）、河州（今甘肃临夏西南）一带，又有吐蕃族首领瞎毡率兵驻守，并与宋朝联盟，牵制西夏。相比之下，陕西鄜州（今陕西富县）、延州一带（即鄜延路），虽东临黄河，西控灵夏，屏卫关中，但宋朝在此地区的防御却是地广寨疏，驻军稀少，缺乏精兵强将，加之延州知州范雍怯懦无谋，作为宋朝西北防线上的明显薄弱环节，是比较理想的突破口。经过张元、吴昊二人的详细分析，李元昊最终决定以宋朝鄜延路的首州延州作为此次的战役目标，而金明县便成为战役发起的起点。

金明县（今陕西安塞）为延州北面门户，地势险要，周围又有塞门（今陕西安塞县西北）、安远（今陕西安塞县北）、栲栳（今陕西志丹）等三十六寨互为依托，易守难攻，堪称宋朝鄜延一带的屏障。宋朝化州刺史、金明县都监李士彬在此镇守，李士彬人称"铁壁相公"，足见其能征善守。李元昊不想正面强攻金明县，于是再次使用离间计，将自己的亲笔信与锦袍、金带一同包好，掷于金明县境上，约定李士彬的献城时间。宋朝诸将得知此事后，不少人开始怀疑李士彬与李元昊之间是否真的达成什么"交易"。唯有鄜延副都部署夏随（夏元亨）指出："这一看便是李元昊使用的离间计，李士彬与党项人有世仇，如果真的有什么私约、馈赠，必将绝密行事，哪里会公之于众，让大家都知道呢？"为打消李士彬的疑虑，夏随专门设宴款待李士彬，安慰他不要介意，朝廷清楚知道他的忠心。李士彬感激得热泪盈眶，发誓一定会立功报效朝廷恩德。

见离间计不成，李元昊又派遣使者进入金明县境内诱降李士彬。李士彬当即将使者斩首，命使者的随从回去告诉李元昊，自己绝无二心。李元昊见离间、诱降行不通，内心焦急，手下向李元昊建议道："听闻李士彬平日里治军严格，对待部下十分苛刻，稍不如意，便从重处罚，士兵们虽表面上很顺从，但只是迫于无奈，内心里一定有怨气。"于是李元昊派人暗中用金钱、官爵收买李士彬的部下，一些人抵挡不住诱惑，同意为李元昊做内应。成功在李士彬所部中打入自己的眼线后，李元昊再施一计，命手下部族假装投降李士彬。李士彬将此情况上报给知州范雍，希望将这些部族迁徙置于内地，但范雍不许，令全部编入李士彬麾下，分置沿边诸寨，想借此增强军力。李元昊又命令西夏将士如果遇到李士彬，务必要不战而退，高喊"我们听到铁壁相公的威名，莫不肝胆坠地，吓得魂飞魄散，无力抵抗"，李士彬听后越发骄傲，更加不把李元昊放在眼里。

李元昊见时机成熟，遂于宋康定元年（西夏天授礼法延祚三年，1040年）正月，亲统十万兵马自塞门川（今延河上游）大举南下，声言进攻延州城，实则目标直指金明县。为麻痹宋朝，李元昊先派遣亲信贺真至延州，声称欲改过自新，范雍本便是怯懦无谋之辈，闻听李元昊大举来犯，早已吓得魂飞天外，急忙上奏朝廷请求增援，并命令李士彬分兵把守金明县周围三十六寨，严阵以待。此时面对李元昊遣使"求和"，顿时喜出望外，不辨真伪，随即上书朝廷报喜。贺真借"诈降"之机来到金明县，暗中联络已归顺西夏的李士彬手下，以为内应。随后，李元昊声东击西，明攻保安军，暗取金明县。范雍果然中计，又命令延州宋军主力驰援保安军，命李士彬整兵备战，随时出发。李士彬所部一直等到夜半子时仍未收到消息，于是命令手下释甲休息。不料次日凌晨，夏军已悄然抵达金明县外围，内应打开城门，里应外合，擒杀李士彬父子。

攻取金明县后，西夏军队士气旺盛，李元昊乘胜率领军队南下安远、永平、塞门诸寨。在进攻安远寨时，起初一切顺利，很快攻下第一道与第二道寨门，在进攻第三道寨门时，监押邵元吉率领敢死队缒下寨墙出战，拼死反击夏军，夏军攻击受挫。围攻永平寨（今陕西延川西北永坪）时，永平寨寨主见夏军来势凶猛，便想率军逃跑。寨内指挥使史吉晓以大义道："您走了，百姓和粮草物资怎么办？将来朝廷问罪，临阵脱逃可是死罪，您如果执意要走，就先杀了我再走吧！"永平寨寨主见史吉义正词严，率领部队返回寨中守卫。永平寨军民受到史吉感染，抢占制高点，拼死抵抗，打退了夏军一波又一波的进攻。

李元昊见夏军在安远寨、永平寨的战斗迟迟不能结束，遂命令军队撤出，集中全部兵力，直扑此次行动的最终军事目标——延州。延州作为宋朝西北边境的军事重镇，地势险要，易守难攻，但其城墙矮小，缺乏防御工事。加之副都部署石元孙领兵在外，此时仅有钤辖、内侍卢守勤部数百人守备。面对李元昊数万大军来攻，惊恐失措的范雍一面下令紧闭城门，一面四处调集人马增援。西夏军兵四面围攻，延州城危在旦夕。卢守勤早已被吓破了胆，面见范雍哭泣道："赶快派遣都监李康伯去向李元昊求和。"但李康伯宁死也不肯前往。

驻守庆州的鄜延路副都部署刘平起初接到增援塞门寨的命令后，立即率领部下三千精锐赶赴保安军，与鄜延路副都部署石元孙合兵，疾驰塞门寨。行至中途，又接到范雍回师救援延州的命令。刘平作战骁勇，素来小觑夏军，闻听李元昊倾巢而出，进犯延州城，欲借此机会一举击溃夏军，便与石元孙率军星夜兼程，赶赴战场。

部队行进至万安镇时，刘平嫌步军行进速度太慢，便率领骑军突进，步军继至，当夜行至三川口（今陕西延安西北，延川、宜川、洛川三条河流交汇处）西边十里处扎营，并立即派遣部分骑兵先行赶去延州争夺城门。此时鄜延路驻泊都监、内侍黄德和与碎金谷巡检万俟政、郭遵等部，亦奉范雍之命回援延州。次日清晨，刘平因步军仍未赶至，便与石元孙逆行二十余里接应步兵，并与黄德和、万俟政、郭遵所部会合。五路人马步骑共计万余人，行至距离延州城仅二十里之地时，已是傍晚。忽然有人自称是范雍的部下前来宣读范雍的命令："延州范太尉已在东门等候众人，然而晚上大部队进城唯恐会混入奸细，请分批次，一队一队放入人马。"刘平、石元孙信以为真，于是调拨人马，每当一队人马行出五里后，再放行下一队人马，一更过后，已放行五十余队。就在这时，刘平、石元孙突然发现"使者"不见踪影，二人暗道不妙，急忙派人前去侦察。不一会儿，派出去的探马回报道："延州城上并无灯火，前队已不知所终。"二将大惊，才明白"使者"是李元昊派人冒充，己方白白损失掉五十队人马。刘平急忙与黄德和、万俟政等部列阵而行，又走出不到五里，进入了夏军的埋伏圈。

此时正值岁初严寒，平地积雪数寸，夏军以逸待劳，事先列好偃月阵等待宋军。见宋军进入埋伏圈，李元昊令步军涉水变阵，以横阵冲击宋军，被宋将郭遵击退。李元昊又令步军持盾结阵冲锋，并令手下骁将单挑宋将郭遵，夏将不敌郭遵，被郭遵挥舞手中的大铁杵击碎脑门。双方将士随即厮杀在一起，宋军小胜，但刘平的脖子右侧和左耳不幸被流箭所伤。李元昊见宋军主将受伤，稍作休整，便在日暮时分派遣精锐骑兵冲击宋阵。宋军因连日来昼夜兼行，人困马乏，始终未得到充足休息，再加上恶战一整日，眼看就要支撑不住。躲在阵后督战的黄德和见夏军人多势众，转而率所部逃跑，终使宋军全线崩溃，郭遵被夏军乱箭射杀。

刘平、石元孙且战且退，收集残兵退至西南山中，修筑防御工事坚守。入夜，李元昊派人前来挑战，刘平告诫军士勿予理睬。李元昊又派人假扮成宋军尝试潜入，也被刘平识破擒诛。到了四更时分，李元昊命手下向宋军喊话道："你们就剩下这点残兵败将，只有投降这一条路，你们还在等什么？"天亮后，李元昊又派人继续喊话道："你们如果再不出降，我现在就发兵将你们彻底消灭。"刘平一概不予理睬。李元昊失去耐心，于是一声令下，夏军向残存的宋军发起总攻，将宋军拦腰截断，一分为二，分割包围，各个击破。刘平、石元孙等人力竭被擒，宋军全军覆没。

李元昊取得围城打援胜利之后，乘势集中优势兵力围攻延州城，延州守军拼死抵抗，激战七日坚守住城池。忽然天降大雪，寒风刺骨，夏军因连日来持续作战，早已疲惫不堪，无力再战。加上此时宋朝鄜州都教练使折继闵、柔远寨主张岊、代州钤辖王仲宝等率军攻入西夏境内，李元昊只得下令回师。

宋军在三川口遭受惨败的消息传入京城，宋廷上下一片哗然。黄德和逃归宋朝后，诬告刘平、石元孙阵前降敌，导致宋军全军覆没。两位高级军官阵前叛变，堪称重大恶性事件，于是宋仁宗立刻下令将刘平、石元孙二人家属下狱。令黄德和没有想到的是，有两名宋军士兵侥幸逃出夏军包围圈，回到宋朝说出事情真相，加之朝中官员不断为刘平、石元孙等人鸣不平，宋仁宗遂命殿中侍御史文彦博在河中府置狱审讯，并派庞籍前往调查。庞籍报告称"黄德和临阵脱逃，依法当诛，刘平、石元孙力战而死，应加恤其子孙"。又有延州官民称"刘平被抓后，大骂李元昊，拒不投降，绝食多日，最终被夏人杀害"。至此，真相大白，宋仁宗下诏将范雍贬职，将黄德和腰斩，枭首于延州城下。释放刘、石两家，并诏赠二人官爵。由于此时宋朝以为刘平、石元孙二人已经战死，故追赠刘平朔方军节度使、兼侍中、谥"壮武"，赠石元孙忠正军节度使、兼太傅，子孙、兄弟皆优加赏赐、升迁。

追赠之后没过多久，事情又出现反转。据归附宋朝的党项人报告，刘平不仅没有以身殉国，反而投降了西夏，并在兴州娶妻生子。宋人不信，直至宋夏约和后，西夏将石元孙送还宋朝，证实刘平确实没有杀身成仁。幸而刘平此时已病逝于夏境，使得宋朝得以将这份"尴尬"隐藏下去。对于石元孙，虽然无数御史、谏官纷纷要求将其"斩于塞下"，以宣示"国法"，但宰相贾昌朝持不同意见，指出石元孙虽兵败降敌，但并未为西夏效力攻宋，如果今日被杀，必将使得日后被俘虏的宋军将士死心塌地为敌效力。宋仁宗采纳了贾昌朝的建议，将石元孙安置于全州（今广西全州）。

再说李元昊方面，取得三川口大捷后，夏军上下士气大振，稍加休整便直扑之前尚未攻下的塞门寨而来。塞门寨，南距金明县二百里，由李士彬的父亲李继周镇守金明县时修筑。金明县被李元昊攻占后，塞门寨与延州相距甚远，途中又有河流阻隔，已成孤立无援之势。李元昊自延州退兵时，便派遣骑兵七百余人驻扎在塞门寨附近，以彻底隔绝塞门寨与延州之间的联系。塞门兵马监押王继元与寨主内殿承制高延德率领千余名宋兵死守塞门寨，并多次派人向鄜延总管赵振告急求救。

赵振这边面对一封封告急文书，却始终犹豫不决，不肯发兵。李元昊在出兵进攻塞门寨之前，再次使用离间计，命手下士兵赵义"叛逃"至延州，面见赵振报告高延德"投降"李元昊事宜。赵振中计，遂始终未派遣援军。此时见军情紧急，高延德不像叛变的样子，但又举棋不定，思索再三，决定派出一支百余名的骑兵小队赶去救援。这点救兵无异于杯水车薪，还没见到塞门寨的影子，便被夏军全部歼灭。消灭宋朝援军后，李元昊命士兵向塞门寨守军喊话道："宋朝早已放弃塞门寨，你们不过是宋朝的弃子、炮灰，你们还守什么？"见寨内守军仍拒绝投降，李元昊命令夏军总攻。宋军本便势单力孤，又无外援，面对李元昊率领的夏军主力，塞门寨失守，王继元死于乱军之中，高延德被俘，西夏军队缴获了寨中全部的武器粮草。

随后，李元昊乘胜攻下安远、栲栳、黑水等寨，虽延州未落入李元昊之手，但金明县等三十六寨大多已被夏军攻取，延州以北、横山一带自此处于李元昊控制之下。

三、好水定川，宋军连败

三川口之战惨败，宋朝朝野震动，为重整西北防务，宋康定元年（西夏天授礼法延祚三年，1040 年）二月，宋仁宗下诏，将范雍撤职，贬为安州知州，以夏守赟为陕西都部署兼缘边招讨使，内侍王守忠为都钤辖。五月，因夏守赟平庸怯懦且胸无方略，宋仁宗诏还夏守赟与内侍王守忠，以户部尚书夏竦为陕西都部署兼经略安抚使，韩琦、范仲淹并为副使，辅佐夏竦处置陕西军机事务，韩琦主持泾原路，范仲淹主持鄜延路。八月，范仲淹兼任延州知州，全权负责重新构筑延州一线防务。

范仲淹（989—1052 年），字希文，祖籍邠州，后移居苏州吴县。北宋时期杰出的政治家、文学家。大中祥符八年（1015 年），范仲淹苦读及第，授广德军司理参军，后历任兴化县令、秘阁校理、陈州通判、苏州知州、权知开封府等职，因秉公直言而屡遭贬斥。宋夏战争爆发后，康定元年（1040 年），与韩琦同任陕西经略安抚副使，采取"屯田久守"的方针，巩固西北边防。西北边事稍宁后，范仲淹回朝，任枢密副使，后拜参知政事，上《答手诏条陈十事》，发起"庆历新政"，推行改革。不久，新政受挫，范仲淹自请出京，历知邠州、邓州、杭州、青州。皇祐四年（1052 年），改知颍州，在上任途中病逝，享年六十四岁。宋仁宗为其亲书碑额，累赠太师、中书令兼尚书令、魏国公，谥号"文正"，故世称范文正公。清代以后，相继从祀孔庙及历代帝王庙。范仲淹的"先天下之忧而忧，后天下之乐而乐"思想，对后世影响深远，成为无数仁人志士的座右铭。

范仲淹到任后，首先改革军队管理体系。当时延州一带驻扎的宋军数量近十万之众，分属于诸路部署、钤辖、都监等统领。宋制部署统兵万人，钤辖统兵五千，都监统兵三千，敌军来犯时，按照官职由低到高率军出战。范仲淹指出："不论敌军人数多少，却始终按照官职高低作为出战的先后顺序，这是失败的原因之一。"范仲淹将延州精锐分属六将，每将领三千人，分别加以训练，按照敌军数量派遣相应的军队出兵迎战。范仲淹此举很快在西北战场上广泛推行。

其次，范仲淹认为，与西夏作战，应采取"防守反击"的策略，不可深入大举进讨。范仲淹指出，宋军人数虽众，但缺乏精兵强将，夏军兵力虽少，但兵强马壮，战斗力强。加上西夏境内山川险恶，沙漠广袤，都城兴庆府又远在黄河以北，若贸然兴兵深入，则漫长的补给线极易被西夏截断，一旦粮饷不济，宋军必有被全歼之危。故不宜深入敌境、大举进攻。然而西夏有其致命弱点，即经济基础薄弱，粮食无法做到自给自足，大多战略物资与生活物资均须从外部输入。因此，宋军只需整军备战，加固城壕，对西夏实施经济封锁，在夏军大举进攻之时据险坚守，使其劳师无功。长此以往，宋朝可不战而胜。但是当时宋朝上下正沉浸在必须以武力消灭西夏的呼声之中，即便宋仁宗欣赏范仲淹，也仅仅采纳范仲淹建议的一半，即命令沿边军州修筑城堡要塞，强化防线。范仲淹遂命都监朱吉率军驻守延安寨，防御东路；指挥王信、张建侯、黄世宁等部驻守保安军，控扼中路；巡检刘政率兵驻扎德靖寨，控御西路；指挥张宗武等部分屯各要害之地。

此外，范仲淹还实施招纳流民、屯田练兵、加强与沿边部族首领之间的联系等举措。在范仲淹、韩琦的努力下，西北战局得到稳定，故当地人传唱道："军中有一韩，西人闻之心胆寒；军中有一范，西人闻之惊破胆"，大大提振了宋朝军民的士气。

可惜的是，在西北战场上虽韩、范并称，但二人在对夏战略上却是意见相左。范仲淹主张筑城守寨，谨慎浅攻，打防守反击；韩琦却主张集中优势兵力，深入敌境寻找敌人主力进行战略决战，打歼灭战。宋仁宗君臣认为，打持久防御战，连年屯兵运粮，人力、物力、财力耗费巨大，同样希望毕其功于一役，一举解决西夏问题，故决定采取韩琦的攻策，这为宋朝在好水川、定川寨的惨败埋下隐患。

随着军队部署的顺利完成，范仲淹开始收复被夏军占领的各沿边要塞。金明县作为宋夏边境要冲，成为宋朝首先收复的目标。宋康定元年（西夏天授礼法延祚三年，1040 年），宋朝鄜延钤辖张亢、都监王达率军突袭金明县，夏军措手不及，被迫撤出。宋军收复金明县后，延州兵马都监周美向范仲淹建议道："李元昊最近势头正盛，一定很快便会卷土重来。金明县是兵家必争之地，如不尽快修复防御工事，恐怕又会被夏人夺走。"范仲淹采纳了周美的意见，命周美全权负责城防事宜。接下来，周美调集官兵日夜加紧修筑防御工事，终于在李元昊反攻之前修复完毕。

几天后，李元昊果然派兵前来攻打金明县，在距离延州城北三十里处与周美部三千余人对阵激战，双方打得难解难分，战至傍晚仍未分出胜负。周美见援军未至，天色渐黑，便命部队悄悄转移至山的另一侧，在山间多处设置疑兵，造成援军已经赶到的假象。夏军中计，以为宋朝救兵已至，遂撤出战斗。夏军休整片刻后，便再次冲锋，与周美部展开夜战。周美令士兵手持火把，分多路从小路上山，然后四面八方擂鼓大喊，夏军以为中了宋军埋伏，慌忙撤退，损失辎重、兵器、铠甲甚多。

夏军在金明县受挫并未影响到李元昊的攻宋计划，同年九月，李元昊亲自率军攻打三川寨（今宁夏固原西北），意在攻取泾（今甘肃泾川北）、原（今甘肃临泾），打通镇戎军至渭州、邠州（今陕西彬县）一线。夏军在李元昊的率领下，来势凶猛，不仅斩杀宋朝镇戎军西路都巡检使杨保吉，击败泾原路都监刘继宗、李伟、王秉等部，而且进攻狮子堡、定川堡，在宋将三班借职郭纶的拼死抵抗下，夏军又转攻刘璠堡（今宁夏海原西南），宋朝守将指挥王遇、都虞候刘用投降夏军。夏军乘势连下乾河、乾沟、赵福三座城堡，兵围镇戎军。

宋朝泾州驻泊都监王珪率领三千骑兵从镇戎军南的瓦亭寨赶来增援，在狮子堡附近陷入夏军重围。王珪一马当先，终于在日暮时分杀出一条血路，突围而出。王珪对部下说道：“兵法云‘以寡击众，利在暮’。”遂继续与夏军交战，双方皆伤亡惨重，王珪部率先撤出战场，引军退去。李元昊纵兵大掠三日，直到听说宋朝泾原钤辖郭志高带领大队人马正直奔三川寨而来，欲切断夏军归路，才退兵。

正当李元昊率兵围攻镇戎军之时，宋朝安抚副使韩琦派遣环庆路副部署任福率领七千人马，表面上以“巡边”为由，自庆州东路华池、凤川镇（今甘肃华池）急行军七十里抵达柔远寨，设宴犒赏各部族首领，实则暗地里却悄悄命诸将夜袭白豹城（今陕西吴旗县西南白豹镇）。宋军将白豹城围得水泄不通，黎明时分攻入城中，击溃荡骨咩等四十一族，活捉西夏团练使一名，守将多人，躲在土窑中的士兵被任福下令放火烧死，粮仓、房屋、官廨等亦被宋军焚毁。

白豹城位于延州、庆州之间，东接金汤寨（今陕西志丹），北邻叶市、后桥诸寨。西夏占据此地，便可深入宋朝境内百余里，阻绝延、庆二州间道路。宋朝据有白豹城，则可以使延州、庆州宋军合兵，向北威胁西夏都城兴州。故李元昊得知白豹城陷落的消息后，急令回师救援，赶至白豹城时，宋军已经撤退。李元昊令骑兵追击，宋朝庆州北路都巡检范恪在山崖边设伏，夏军败退。范恪因此战擢升内殿承制，任福升任鄜延路副都部署。

为进一步稳定鄜延地区防线，范仲淹决定适当出击，采取积极防御战略。由于夏州一带富含铁矿，李元昊在夏州东部置铁冶务，专门负责锻造夏军铠甲。西夏铁甲皆经冷锻而成，光滑坚固，非强弓硬弩不可穿透，极大提升了西夏士兵的防护与作战能力。为了在接下来的战斗中更多杀伤夏军的有生力量，截断西夏矿藏，范仲淹决定派兵攻打西夏铁冶务。宋康定元年（西夏天授礼法延祚三年，1040年）十月，范仲淹派遣泾原路副都部署葛怀敏率军对西夏发起试探性进攻，取得一定战果后，派遣葛怀敏与麟府都监朱观兵分六路进攻夏州。起初一切进展顺利，宋军连战连捷，攻破西夏十余寨，击溃族帐二十余处。然而深入夏境后，面对夏军结寨固守，依附李元昊的各部族频繁骚扰，包抄宋军后路，葛怀敏等部损失惨重，不得不先后撤回宋境。

同时，范仲淹发现芦子平（今陕西志丹县北与靖边县交界处）地处要冲，李元昊派兵驻守，遂派遣侍禁黄世宁率军攻下芦子平，却面临因地远无法戍守的困境。为此，鄜州判官种世衡建言道："延安东北二百里处有座名叫宽州的废城（今陕西清涧），请在它的故址上修筑城池以阻挡夏军。此城修好后，向右可强化延安的防御力量，向左可转运河东的粮食，向北可以以其为基础逐步收复银州、夏州旧疆，可谓一举三得。"范仲淹采纳了种世衡的建议，遂上奏朝廷，获得宋仁宗的批准后，便令种世衡负责修城事宜。

种世衡不负众望，很快筑城完毕，取名青涧城，以种世衡知城事。李元昊得知后，为拔除清涧城，多次派军前来争夺，皆无功而返。李元昊没有办法，遂在绥州界外修筑遮鹿、要册二寨，以防备宋军反攻。范仲淹立即派遣兵马监押马怀德率部进攻，不仅一战击杀夏军守将，还攻下西夏要册、海沟、茶山、安化等寨。

李元昊在鄜延、泾源处处碰壁，又于宋康定元年（西夏天授礼法延祚三年，1040年）进攻宋朝的庆州。结果再次失利，遭到宋朝庆州守将范恪的殊死抵抗，不仅连庆州的城墙都没见到，反而导致几个依附西夏的部族在宋军的打击下举族北迁。宋军乘胜进攻，又于次年（1041年）正月，泾原都监桑怿领兵成功偷袭西夏黑山威福军，焚毁族帐、缴获战利品无数。在三川口之战后将近一年的时间里，宋军在范仲淹、韩琦的指挥下，调兵遣将，强化各路防卫，附之以主动出击，使得李元昊不仅未占到便宜，反而损失颇重。

　　夏军接连失败，李元昊意识到既然来武的不行，那便来文的。于是派人将此前在塞门一战中俘获的宋将高延德护送至延州，并附上书信一封，向范仲淹约和。范仲淹见李元昊并未呈上正式的奏表，且李元昊在信中仍使用自己的年号，显然没有议和的诚意。于是范仲淹一面上报朝廷，一面亲自书写回信给李元昊。范仲淹在信中首先肯定了李元昊"休兵息民"的议和举动，回顾了自宋真宗景德初年以来宋夏间的友好往来。批评了李元昊撕毁合约，僭越建国的行为，指出战争给边境人民带来的苦难。最后晓以利害，提出停战、和谈的基本原则。

　　范仲淹知晓李元昊所谓的议和只是释放的烟幕弹，意在为调兵遣将、整军备战争取时间，因此在回信商讨和谈的同时，并未放松戒备，命令宋朝边军将士严加操练，加强守御，随时防备西夏的突然袭击。面对范仲淹的文武全才，西夏军中流传着一句话："别打延州的主意了，现在不比往日，小范老子（范仲淹）胸中自有数万甲兵，不像大范老子（范雍）那样好欺负。"

　　李元昊见一时拿延州没有办法，遂于宋庆历元年（西夏天授礼法延祚四年，1041 年）二月，率军转攻渭州（今甘肃平凉）。进攻之前，李元昊依旧释放和谈烟雾，派人前往泾原路请和。韩琦告诫部下道："夏人无故请和，其中一定有阴谋。"随即令沿边各堡寨加强戒备，并亲赴高平（今宁夏固原北）巡边。

　　韩琦前往高平途中，接到线报，夏军兵锋已进逼怀远城（今甘肃平凉北），于是急忙赶至镇戎军（今宁夏固原），抽调驻军二千人，并招募勇士八千人，合计一万余名士兵，由环庆路副都部署任福统领，耿傅参谋军事，泾原路驻泊都监桑怿为先锋，大军经怀远城向西至德胜寨（今宁夏西吉将台乡），然后向南至羊牧隆城（今宁夏西吉兴隆乡），迂回敌后，前去救援。钤辖朱观、泾原都监武英、行营都监王珪各率所部，协同作战。

然而夏军此次大举南下，摆出一副直取渭州的架势，其真实军事目标却仍是围点打援，重创泾原宋军主力。故李元昊在怀远城驻军数日，在得知任福统军西来后，便亲自统领十万精兵星夜赶赴羊牧隆城，又派遣偏师数千人翻越六盘山，做出继续直逼渭州的态势以迷惑宋朝。

任福率军出镇戎军后，和宋朝镇戎军西路巡检常鼎、刘肃与夏军战于张家堡，轻松将夏军击溃。因探马汇报夏军人马不多，任福便放松警惕，命桑怿率轻骑兵穷追猛打，自己亲统主力跟进。当任福、桑怿追击至六盘山下的好水川（今宁夏隆德北）时，人困马乏，决定扎寨宿营。朱观、武英等部与任福部隔陇山扎营，相距约五里，屯兵笼络川，约定明日兵合一处，继续进军。

其实，夏军在张家堡之战中根本不曾溃败，只是为了诱敌深入，引诱宋军追击至包围圈中。任福等宋军将领并未识破李元昊的计谋，次日清晨，继续穷追夏军不止。并且宋军因山高路远，后勤不继，粮草匮乏已有三日，而夏军在"溃退"路上遗弃大量马匹、牛羊、辎重等，宋军将士为尽可能多地获取夏人遗留的物资，定好的合兵追击计划亦未执行，仍分道追击，朱观部在北，任福部在南，沿好水川西行。而佯装败逃的夏兵则始终距离宋军四五里之遥，若隐若现，引诱宋军穷追不舍。

第二天清晨，当宋军绕六盘山行至羊牧隆城（今宁夏西吉县南）南五里处时，先锋桑怿的部下发现路边放着一些泥封的木盒，里面有声音传出，不知是什么东西，众人感觉诧异，不敢轻动。任福闻报前来查看，下令打开木盒，顿时数百只鸽子从盒中飞出，在宋军上空盘旋。原来李元昊见宋军中计，早已将十万精兵埋伏在好水川口，只待鸽子腾空而起，便可确定宋军已进入埋伏圈。

至此，西夏伏兵四起，将宋军团团围住。李元昊站在山顶之上，用长二余丈的鲍老旗指挥战斗，只见旗向左挥，左边的伏兵杀出，旗向右挥，右边的伏兵冲出。李元昊命西夏大将克成赏率领五万人马围攻朱观、武英等部宋军，自己亲率主力对阵任福、桑怿、刘肃等军，欲将宋军分割包围，依次歼灭。桑怿一马当先，领兵迎战，欲为任福指挥宋军众将士列阵争取时间。然而李元昊在与宋朝长期作战中，早已熟知宋军的战斗方式，怎会给宋军列阵留出时间，命令西夏铁骑冲杀，宋军列阵不成，仓促迎战，夏军居高临下，势不可挡，宋朝官兵坠崖、踩踏，死伤惨重。

任福急忙组织宋军突围，怎奈李元昊早已分兵数千截断了宋军的归路。桑怿、刘肃和任福之子仁怀亮等宋军将领战死，任福身中十余箭，仍死战不退。部下刘进劝任福投降西夏以保全性命，任福说道："我身为宋朝大将，兵败，当以死报国！"于是毅然挥动四刃铁简冲入敌阵，在几十名夏兵的围攻下力战而死。

李元昊消灭任福、桑怿等部后，又合兵围攻朱观、武英等部。危急时刻，王珪率宋军后军四千五百人自羊牧隆城赶至战场，保护住朱观、武英所部的右翼，渭州驻泊都监赵津亦领骑兵二千余人赴援，保护住朱观、武英所部的左翼。王珪率军冲锋，无奈实力相差悬殊，夏军阵脚纹丝不动。加之宋军激战多时，人困马乏，已成强弩之末，故左冲右突，始终无法突破夏军包围。随着包围圈越来越小，越来越多的夏军纷纷赶来参战，宋军最终惨败，宋将武英、赵津、王珪、耿傅等将校数十人战死，士卒战死万余人，仅朱观率领千余人冲出重围。

好水川一战，夏军大捷，西夏宰相张元在边界的寺壁上题诗一首："夏竦何曾耸，韩琦未足奇。满川龙虎辇，犹自说兵机"，落款为"太师、尚书令兼中书令张元随大驾至此"，其志得意满之情不言而喻。

夏竦出任陕西经略使以后毫无建树，为夏人看轻。据说夏竦上任后曾在边境上张榜悬赏："有献李元昊首级者，赏钱五百万贯。"李元昊得知后针锋相对，派人将一个小箱子送给夏竦，里面也有一张榜文，称"得夏竦首级者，赏钱三千文"。李元昊对夏竦极尽嘲讽，惹得夏竦又羞又怒，却也只能听之任之。

好水川宋军几乎全军覆没的消息传至开封，朝野震动，宋仁宗为之宵衣旰食。诏令撤去夏竦的职务，改判河中府，免除韩琦陕西经略安抚副使一职，改为秦州知州，范仲淹贬为耀州知州。随即又下令沿边诸州采取持重守御之策，禁止主动进攻西夏。

再观西夏一方，取得好水川大捷后，李元昊遂乘胜进攻宋朝沿边军州，攻陷宁远寨（今陕西府谷西北）、丰州，守将战死，又大掠永安、来远、保宁三寨。但此时宋朝沿边守军，较为严格地执行宋廷规定的"禁止进入夏境，如果夏军来袭，只允许防御，禁止主动进攻"的策略，使擅长运动战的夏军失去大规模围歼宋军的机会，攻城作战并非夏军所长，西夏兵马损失不断增加。

宋庆历元年（西夏天授礼法延祚四年，1041年）七月，李元昊为打通东出道路，调转兵锋，命夏军进攻宋朝麟州、府州等地。结果在麟州城下，遭到麟州都监王凯的顽强抵抗，加之并州知州高继宣亲自率军赴援，李元昊只得撤兵。进攻府州城时，府州知州折继闵率领士卒据险死战，夏军在死伤一千余人后，无奈撤出战场。九月，夏军再次将麟、府二州团团围住，同时派兵不断截击宋朝运粮车队，试图隔绝二州与宋朝之间的联系，使其成为两座孤城。随着城中粮食、饮水日渐困难，百姓人心惶惶，驻军斗志逐渐削弱。宋仁宗任命张亢为并代都钤辖、管勾麟府军马公事，与麟州巡检使张岊合兵防守麟、府二州。

张亢（998—1061年），字公寿，京东临濮（今山东菏泽西北）人，北宋名将。张亢少时便展现出与众不同的军事素养，进士及第后曾向宋仁宗进言攻守之计，得宋仁宗欣赏。调任陕西前线后，曾率军多次击败西夏军队，成功压制夏军攻势，提升宋军士气。嘉祐六年（1061年）九月，张亢病逝于徐州（今江苏徐州）部署任上。元朝史臣编修《宋史》时称赞道："张亢起儒生，晓韬略，琉璃堡、兔毛川之捷，大快人心。区区书生，功名如此，何其壮丽哉！"

张亢到任后，于十月率军袭击府州北面琉璃堡（今陕西府谷县北）夏军驻地，并攻破永安、来远、保宁三寨，夏军将领耶布移守贵败走。李元昊不甘心自己进攻麟、府二州的计划失败，遂于十一月攻陷麟州、府州之间的建宁寨，以进一步阻绝二州之间的联系。十二月，张亢收复建宁寨，李元昊从兔毛川调兵，拼命反攻，试图夺回建宁寨。张亢命张岊率领"虎翼军"及弓箭手埋伏在山后，自己亲率"万胜军"迎敌。

当时张亢手下有两支人马，一支名"万胜军"，为新近招募，缺乏训练，装备一般，战斗力较差，为夏兵所瞧不起；一支名"虎翼军"，久经沙场，经验丰富，装备精良，勇猛彪悍，令夏军闻之色变。张亢深知夏人心理，命人偷偷将万胜军与虎翼军的军旗调换。夏军见"虎翼军"冲杀至阵前，只一个回合便向山后"万胜军"处转移，试图在"万胜军"处打开缺口，迂回包抄"虎翼军"。待夏军冲至"万胜军"阵前，以为可以轻松获胜时，张亢一声令下，弓弩齐射，真正的"虎翼军"将士们从天而降般杀入夏军之中，夏兵只有招架之功而无还手之力，最终惨败，李元昊尽数撤还各路人马，停止对麟、府二州的攻击。

好水川之战后，宋仁宗君臣意识到速战速决之策的不可取，大军尚未进入夏境便一败涂地，若深入进讨，后果不堪设想。惨痛的教训使得宋仁宗终于认识到范仲淹持久防御战略的正确性，遂于庆历元年（1041 年）十月，对西北边防重新进行调整。将沿边陕西府州分为秦凤、泾原、环庆、鄜延四路，以韩琦管勾秦凤路部署司事兼知秦州（今甘肃天水），王沿管勾泾原路部署司事兼知渭州，范仲淹管勾环庆路部署司事兼知庆州，庞籍管勾鄜延路部署司事兼知延州，各兼本路马步军都部署、经略安抚缘边招讨使，分区防御，各专其职。

宋朝此举看似天衣无缝，范仲淹、韩琦、庞籍到任后，积极加强防务，选将练兵，筑堡建寨，招抚边民，使得夏军无隙可乘，然后寻机进攻，逐步收复横山地区。实际上，宋朝在边将选任上出现了问题。起初对于宋仁宗任用王沿主持泾原路军务，知谏院张方平提出异议道："泾原路是抵御李元昊的第一线，王沿作为主帅，资质、能力皆不达标，应选派其他有能力者担此重任。"当时的宋仁宗并未采纳张方平的建议，果然这一弱点后来被李元昊所利用。

李元昊攻取宋朝河东路麟、府二州失利后，屯兵天都山（今宁夏海原南）下，积极寻找战机。天都山地邻宋朝泾原路，山川平旷，利于骑兵疾驰，从天都山至宋渭州，骑兵用时不到一日，大有地利之便，故李元昊每次出兵之前，都会到天都山点集人马。宋庆历二年（西夏天授礼法延祚五年，1042 年）九月，因战事连绵，西夏境内经济凋敝，加上旱灾、蝗灾相频发，李元昊急需一场对宋战争的胜利以转移内部矛盾，遂与宰相张元商议大举攻宋之策。张元提出应攻打镇戎军，李元昊详问缘由。张元答道："宋朝的精锐骑兵皆聚集在各边关重镇，关中兵力空虚。如果我们以重兵围困边城，使宋朝驻扎在边关的精兵无法出战，我们便可以乘虚深入。攻占镇戎军可以向东阻绝潼关方向的援军，隔绝来自两川的贡赋，那么攻取长安便如同探囊取物般易如反掌。"李元昊连连称是。

镇戎军距离天都山只有百里左右的距离，西北有三川、定川、刘璠（今宁夏海原西南）等寨；东路沿边有天圣（今宁夏固原东北）、乾兴（今宁夏固原东北）、东山（今宁夏固原东）、彭阳（今甘肃镇原东南）四城，与原州的平安、开边等寨相交错；东南便是渭州瓦亭寨与狮子、拦马、平泉三堡，无险可据。于是李元昊在天都山点集左、右厢兵十万人，于闰九月出兵，分东西两路，一路出刘璠堡，一路出彭阳城，合击镇戎军，然后由此直下渭州，底定关中。

李元昊再次大举入侵的消息传来，宋朝泾原主帅王沿派遣泾原路副都部署葛怀敏率军迎敌。葛怀敏奉命率军至五谷口屯驻。临行前，王沿书信告诫葛怀敏切勿深入敌阵，只需背城设营，用老弱残兵诱敌至近前，然后以伏兵攻其不备，围而歼之，必可获胜。这种命令难以得到武将们的认可，众将士摩拳擦掌，欲一战彻底击败夏人。葛怀敏率领环庆路都监刘贺、缘边都巡检使向进、刘湛、赵瑜等部进至瓦亭寨，未见敌兵，遂领兵越过安边寨、开远寨，从西南直奔养马城。知镇戎军曹英，泾原路都监李知和、王保、王文，镇戎军都监李岳、西路都巡检赵麟等宋将各率所部前来会师。

李元昊得知宋军主力出动，命夏军进至新濠外列营。宋军方面，葛怀敏召集诸将商议军情。部将赵珣提议："夏军远道而来，他们一定希望速战速决，况且他们的兵力数倍于我军，不可正面硬拼。为今之计，我们应出奇制胜，一方面扼敌归路，另一方面固守镇戎军，只要镇戎军在我军手里，则粮饷物资便可以源源不断运来，我们只待夏军士气衰落之时一击必胜，否则胜负难料。"虽然赵珣根据眼前形势做出了较为合理的建议，但葛怀敏打心眼儿里瞧不起夏军，认为他们只是一群乌合之众，不足挂齿，遂下令次日清晨与夏军决战，命诸将分四路前往定川寨（今宁夏固原西北）。其中刘湛、向进出西水口，赵珣出莲华堡（今宁夏隆德西），曹英、李知和出刘璠堡，葛怀敏亲率主力出定西堡。

次日，刘湛、向进部与夏军在赵福堡遭遇，夏军获胜，刘湛指挥残部退保向家峡。葛怀敏急令正赶往定川寨的赵珣、曹英、李良臣、孟渊等将改道增援赵福堡。增援行动尚未展开，夏军已拔栅越濠，攻击至定川寨北，葛怀敏传令赵珣等将率部疾驰定川寨。中午时分，宋军各部先后进入定川寨。结果，宋军又中了李元昊诱敌深入、聚而围歼之计。待宋军全部进入定川寨，夏军随即毁去板桥，截断宋军归路，兵分二十四路，列阵合围定川寨。李元昊又下令截断定川上流水源，葛怀敏派遣环庆路都监刘贺率所部欲阻止夏军切断水源，结果被夏军击溃。宋军口渴难耐，士气很快低落下来。

无奈，葛怀敏只得亲率中军防守定川寨门东，知镇戎军曹英等部防守定川寨东北。黄昏时分，李元昊指挥夏军发起总攻，先以精锐冲击葛怀敏中军，未能突破，遂调头攻击曹英等部。突然，狂风大作，沙尘滚滚，伸手不见五指，宋军阵脚一阵骚乱。夏军借此为掩护，一举攻破曹英等部军阵，曹英亦被流矢所伤。随后李元昊又集中力量击溃葛怀敏的中军，葛怀敏在混乱中跌落马下，差点被踩踏而死。赵珣等将率军死战，幸亏莲花堡的骑军及时赶回，终于暂时击退夏军，将葛怀敏救回寨中。

至夜，宋军外围阵地全部被夏军夺取，夏军将宋军死死压制在定川寨中，宋军斗志全无，葛怀敏决定全军向镇戎军方向突围。次日鸡鸣时分，宋军以曹英、赵珣为先锋，刘贺、许思纯为左右翼，李知和、王保、王文殿后，葛怀敏亲统中军，将士们死战冲杀，终于杀出一条血路，向东南方向突围二里有余，正以为终于冲出重围之时，没想到长城濠挡住了去路。长城濠原为阻挡夏军所用，濠深、宽各六七丈，濠上的桥梁早已被夏军提前截断。宋军正在慌乱之时，夏军追兵已至，将宋军分割包围，葛怀敏至死不降，曹英、李知和、赵珣、王保、王文、刘贺、李岳、张贵、赵璘、许思纯、李良臣、杨遵、姚奭、唐斌、霍达等四十余名将校皆战死，宋军近万名士兵成为夏军俘虏，只有少数将士幸免于难。

定川寨大捷后，李元昊乘胜挥师南下，直抵渭州城下，破栏马、平泉二城，计划由此东下关中。李元昊又令张元作"露布"（报捷文告），上有"朕今亲临渭水，直据长安"之语，威震关中，关中居民非常害怕，不少人逃到山谷里避难。但李元昊在进军潘原（今甘肃平凉东）途中，被宋朝原州知州景泰率领五千精兵于彭阳城西（今甘肃镇原东南）击败，李元昊又听闻范仲淹派军自庆州赶来支援，担心自己占领关中的计划无法轻易实现，遂大掠渭州及沿边地区，然后退回夏境。

战后，有部将向景泰请教："李元昊率兵入侵，能击败葛怀敏的数万大军，却无法战胜您的五千精兵，这是什么原因？"景泰回答道："夏军最初进入宋地的时候，目的是为了抢东西，所以各自为战，所向披靡。等他们抢了足够多的东西，只想着如何能将战利品顺利带回去，所以斗志全无。彭阳城西之战，本来夏军已人困马乏、疲惫不堪，面对我布置的疑兵，李元昊根本无心恋战，所以被我军击败。"

景泰对自己能够战胜李元昊的原因解释得颇有道理，但这不是李元昊无法扩大战果的根本原因。自康定元年（1040年）起，三年之间，李元昊发起三次大规模进攻，三战三捷，在三川口、好水川、定川寨皆取得辉煌胜利，然而每次的结局却都是李元昊无法占领大片宋朝领土，只是大掠沿边诸州一番后匆匆退兵。究其根本原因，还是宋朝与西夏综合国力的较量。据宋朝典制体史书《宋会要》记载，当时在陕西地区，鄜延路屯兵六万八千，环庆路驻军五万，泾原路驻军七万，秦凤路驻军二万七千。西夏国力远逊于宋朝，兵力不足，粮草紧缺，无法支撑更大规模、旷日持久的战争。西夏这种"杀敌一千，自损八百"的惨胜，使得李元昊意识到，与宋朝对抗无异于螳臂当车、蚍蜉撼树，遂决定改弦更张，以攻战佐和议，用胜利为自己在谈判桌上争取更多的利益。反观宋朝，三战皆败北，宋仁宗君臣则提出了"用金钱换和平"的绝招。宋朝和西夏诉求上的高度一致，促使着双方和谈局面的到来。

第四章

◎

庆历和议，整饬边防

塞下秋来风景异，衡阳雁去无留意。四面边声连角起，千嶂里，长烟落日孤城闭。

浊酒一杯家万里，燕然未勒归无计。羌管悠悠霜满地，人不寐，将军白发征夫泪。

范仲淹的《渔家傲·秋思》，道出了他镇守西北边疆、抵御西夏期间，身处军中的所见所闻、所感所想。不仅抒发了边关将士的壮志难酬之意与思乡忧国情怀，更是用近乎白描的手法，描摹出一幅寥廓荒僻、萧瑟悲凉的边塞鸟瞰图，将战场的艰苦生活与战争给将士带来的创伤体现得淋漓尽致。而西夏在经历长年累月的战争后，陷入疲敝之中，加之宋朝经济封锁，使得西夏境内物价飞涨，国人"饮无茶，衣帛贵"，民怨沸腾。长期战争造成的种种伤害，将宋夏双方推向议和的道路。

一、庆历新政，和议展开

宋夏战争撕掉了宋朝"承平盛世"的假象，严重激化了宋朝的社会矛盾与阶级矛盾。因防御西夏，紧迫的边防使得宋朝军队数量激增至一百二十五万九千的巨大数额，沉重的军费加之其他繁冗的政府开支，导致财政到了濒临破产的地步，宋廷只得一面剥削、压榨农民，一面不断增加各项苛捐杂税，致使天下骚动，物力穷困，民心不满。

而自宋初以来为强化皇权专制而施行的政策措施所带来的弊端，也在对夏战争中彻底暴露。范仲淹、韩琦等人主持朝政后，严重的边患问题，让他们意识到必须改革内政。虽然此前一些有识之士，已就宋朝政治、军事、经济等方面存在的问题建言献策，提出许多针砭时弊的建议，如宋祁针对宋朝的"三冗""三费"之弊（三冗指冗官、冗兵与天下无数之僧道，三费指道场斋醮之费、寺观宫殿土木之费和大臣罢官后以虚衔领厚俸），建议天子应裁减军队数量、后宫应节俭不浪费等，但此类主张大都只是就官兵冗员、国用不足等表象进行批评，如隔靴搔痒，并未触及问题的本质与根源。

严重的内外局势迫使宋仁宗不得不开始进行改革。庆历三年（1043年）八月，宋仁宗以枢密副使范仲淹改任参知政事，资政殿学士富弼擢任枢密副使，与宰相章得象、晏殊同执朝政；枢密副使韩琦担任陕西宣抚使，主持西北边务。积极支持范仲淹的欧阳修、余靖、蔡襄、王素等官员出任谏官。

九月，宋仁宗开天章阁，赐手诏令范仲淹、富弼等人措置改革事宜。范仲淹认为："历朝历代的纲纪制度，时间久了皆会出现问题。问题出现了而不改正，则一定会出现祸乱，因此必须通过改革内政以实现'自救'。"于是范仲淹进呈《答手诏条陈十事》作为其改革的基本思路。范仲淹所言十事分别为明黜陟、抑侥幸、精贡举、择官长、均公田、厚农桑、修武备、减徭役、覃恩信、重命令。十事中，除"厚农桑"一条外，余皆着眼于整顿政府机构与整顿吏治。同时，范仲淹认为改革现有制度中存在的弊病，必须秉持"欲正其末，必端其本，欲清其流，必澄其源"的原则，故范仲淹等人在第七项"修武备"中，力图用唐代寓兵于农的府兵制，改革宋朝衣粮赏赐皆仰仗政府供给而兵员素质却很差的禁军招募制度，借此以加强宋军的战斗力。但"修武备"一条遭到宰臣反对，认为府兵之法已不合时宜，故未获颁行。其余九条皆于庆历三年（1043 年）十月至次年五月间，先后通过诏令形式颁行全国，号称"新政"，即历史上著名的"庆历新政"。

庆历新政由于触动官僚贵族的既得利益而遭到保守势力的强烈反对，仅维持一年左右便宣告失败。庆历五年（1045 年）正月，主持新政的范仲淹被解除参知政事，出知邠州（今陕西彬县），富弼被免去枢密副使，贬知郓州（今山东东平），新政措施随即被一一废弃，但范仲淹、韩琦制定的对夏战略，却为后世所继承。

自宝元元年（1038 年）李元昊挑起事端，宋夏战争爆发之日起，宋廷朝野人士在议论主战与主守政策的同时，还就如何防御西夏的进攻和改变北宋国防虚弱的现状，提出若干对策和措施。宋史学者李华瑞依据张方平、夏竦、范仲淹、陈执中、田况、王尧臣、贾昌朝等七人有关备边的议论，总结出十一个要点：一、修筑沿边城寨；二、招募士兵和蕃汉弓箭手；三、组建蕃兵；四、绥抚沿边熟户蕃落；五、联络唃厮啰、河西回鹘，牵制西夏；六、兴屯田，置营田；七、选将练兵；八、减骑兵，增步兵；九、令商人入中实边；十、令诸路应援；十一、和好契丹。以上十一个要点，基本代表了自宝元初年至李元昊愿意称臣期间，宋朝加强国防和防御西夏进攻对策的主要观点，同时也是被宋朝最高决策集团所采纳，并付诸实施的主要观点。

然而我们可以看出，上述十一个要点基本以防御西夏作为其主要思路，范仲淹的观点除防御外还有进攻的一面，只不过范仲淹提出的"渐复横山"的策略当时并未被宋廷采纳。范仲淹、韩琦认为："与李元昊谈判是一件困难的事，不与其和谈则是一件简单的事；不进行和谈则危害少，与李元昊和谈则危害多。"主张应选将练兵，逐渐收复横山一线，凭借武力打败西夏，以实现真正的和平。

收复横山的计划最早由刘平于宝元二年（1039 年）提出，然而刘平的奏议尚未送到朝廷，刘平便兵败被执，但他开启宋朝谋取横山以控扼西夏的先河，为范仲淹等人吸取和发扬。庆历四年（1044 年）五月，范仲淹、韩琦在《上仁宗和守攻备四策》中，对谋取横山作了完整而又具体的阐述：

臣等请于鄜延、环庆、泾原三路各选将佐三五人，使臣一二十人，步兵一万，骑兵三千，以为三军，用新式阵法加以操练。待新军训练精勇后，伺机以三军攻取横山地区。横山地区的部族若归附于我，则优加赏赐，各安生业；若有反抗者，合兵进击，一举将其消灭。如鄜延路兵马先行出击，则西夏必兴兵抵抗，那么我军退守边寨，据守险要，避敌兵锋，不与其交战。不过数日，敌军必将粮草断绝，被我军一举击溃。那时我环庆路兵马再行出击，则敌军必将再出师抵抗，则我泾原路兵马伺机而出，使敌疲于奔命，自顾不暇。如此数次，则敌人必将陷入内部分裂之中，我大宋则乘胜追击，一举收复宥、绥二州，金汤、白豹、折姜等寨。横山一线离元昊的大本营较远，元昊救援不及，我朝以坚城据守，以精兵反击，到那时横山地区的部族全部归附于我朝，二三年间，便可尽取横山之地，这便是春秋时期吴用三师破楚之策。元昊失去横山，可谓断其右臂，用不了几年，朝廷便可从根本上解除边患造成的危机。

范仲淹、韩琦这一以防御为主、防中有攻、积极进取横山地区之策，真正实现了在战略上防御，战术上以攻为守，始终将战场主动权掌握在自己手中。虽然由于宋夏不久订立和约，双方停战，而未能付诸实施，但其中筑城渐进、收复横山的战略，在宋英宗朝以后得到宋廷的高度重视，成为经制西夏的主要策略被贯彻执行，同时成为王安石变法时改革军事的先河。

约与宋朝内部进行政治改革相同时，宋朝的外部形势也遭受剧烈变化。辽重熙十一年（宋庆历二年，1042 年），辽兴宗耶律宗真见宋朝在与西夏的作战中节节败退，而自身经济发展、国富兵强，遂决定趁火打劫，收复五代、宋初时被中原政权夺走的州县。于是派遣南院宣徽使萧特末、翰林学士刘六符出使宋朝，要求宋朝归还"瓦桥关以南十县之地"。

为向宋朝施加压力，辽兴宗又命令南院枢密使萧惠与皇太弟耶律重元率军进驻燕京（今北京）地区，对宋朝进行政治、军事讹诈。宋朝此时正被李元昊弄得焦头烂额，无力两线作战，更不敢得罪辽朝，只能屈辱妥协，表示愿意增加岁币，或以宗室女和亲以换得与契丹继续"和平相处"。闰九月，宋、辽双方达成共识，在澶渊之盟的基础上，宋朝此后每年增加给辽岁币银十万两、绢十万匹，且岁币当称"纳"。宋仁宗迫于无奈，只得勉强接受。

宋、辽订立新约后，宋廷中有人提出，应趁此良机以重金贿赂辽朝出兵攻夏，以解宋朝西北困局。这种观点虽实属想当然，但随着宋辽双方达成共识，辽朝本就不希望西夏力量过于强盛，因此其态度立刻由声援西夏转变为诏谕停战，充当宋、夏之间的调停人，一时间李元昊的处境大为孤立。加之宋军吸取此前由于主动出击导致惨败的经验教训，改变对夏战略，以防守反击为主，坚壁清野，严守城寨，不与西夏正面交锋，使西夏在军事上难有新的作为；辅之以经济封锁，使得西夏本就十分脆弱的经济趋于崩溃，开始出现宋人所期望的那种困乏局面。同时宋朝加强与唃厮罗、回鹘等部的联系，相约出兵抄略夏境，西夏所受外部压力日渐增大。

李元昊在发动战争前，每年从宋朝获得"岁赐"银万两、绢万匹、钱二万贯，这是西夏的重要经济来源之一。在沿边榷场，党项人还用境内所产青白盐及畜产品换取北宋的粮食、茶叶和其他手工业产品，这些物资都是西夏人民的生活必需品。战争爆发后，宋朝停止"岁赐"，关闭榷场，不允许青白盐入境，导致西夏境内物价飞涨，民穷财尽。西夏百姓甚至编写

《十不如》歌谣表达自己的怨愤之情："一不如，年年征战，田园荒芜野草长；二不如，岁岁歉收，灰条白蒿当食粮；三不如，青壮征丁，牛羊瘦弱无人牧；四不如，尺布百钱，饥民身上无衣裳；五不如，榷场冷落，不见昔日繁华样；六不如……"

形势的发展越发对西夏不利，李元昊决定趁着新胜之际向宋朝进行勒索，攫取经济上的实惠，以巩固初建的政权，于是派遣手下教练使李文贵向宋朝延州知州庞籍试探议和可能，但李文贵被庞籍扣留。同年底，辽兴宗派遣耶律敌烈、王惟吉出使西夏，诏令李元昊与宋朝议和，李元昊随即提出请求，希望辽朝能够派人向宋朝转达自己停战罢兵的想法。

宋庆历三年（辽重熙十二年，1043 年），辽朝使者抵达开封，向宋仁宗建议道："北朝（辽朝）曾经册封李德明为夏国王，允许其自置官属。今南北两朝亲如一家，已命李元昊向宋朝请罪归附，若宋朝能够像辽朝那样册封李元昊，以彰显怀柔远人之心，则李元昊一定会洗心革面，改过自新。"宋仁宗此时正苦于宋朝深陷战争泥潭，得知李元昊有求和意愿后，立即密令庞籍负责招抚李元昊。

宋仁宗在给庞籍的密诏中授意道，只要李元昊愿意向宋朝称臣，一切都好商量，哪怕李元昊依旧僭越称王也没有关系。当然宋仁宗也提到，如果李元昊能改称"单于""可汗"一类称呼，则更好。庞籍在收到皇帝的密诏后考虑再三，认为李元昊刚刚取得定川寨大捷，正是趾高气扬之时，若宋朝先派人前去求和，只会使得李元昊更加贪得无厌，漫天要价。就在这时，庞籍突然想到了之前李元昊派来的使者李文贵，希望通过他与西夏和谈。

庞籍将李文贵召至面前，对其说道："你们西夏先主与李元昊起初归顺我大宋，我朝对你们优加礼数，后来尔等妄称尊号，导致战乱频仍，百姓生灵涂炭，这全是你们的罪过。你们无故犯边之初，我大宋承平日久，民不习战，故使你们侥幸取得几次胜利。如今边民皆勤加操练，战斗力大大提升，你们岂能还像之前那样屡战屡胜？我大宋富有四海，偶尔遭受挫折，无关大局。你们若失败一次，必将伤筋动骨，危及社稷。你回去告诉李元昊，如果他真心悔过称臣，我大宋给予他的优待一定比此前更优厚。"李文贵连连称是："您说得极是，这也是我们西夏人所日夜盼望的。"于是庞籍便让李文贵回去转告李元昊，令其派使者奉誓表前来宋朝议和，宋、夏间和议谈判由此开始。

李元昊得知宋廷同意议和，大喜过望，立即释放此前逮捕的宋朝间谍王嵩，摆酒设宴，厚礼相待，并令李义贵与王嵩一道前往延州商议和约。在确定宋朝的确有意议和后，李元昊正式派出六宅使、伊州刺史贺从勖，会同李文贵等人到延州请和。庞籍打开来书，见上写"男邦泥定国兀卒曩霄上书父大宋皇帝"。所谓"邦泥定国"，即西夏自称"白上国"的党项语音译；"兀卒"即"青天子"，义同"可汗"，又写作同音字"吾祖"；李元昊更名"曩霄"且拒不称臣。庞籍指责李元昊议和诚意不足，贺从勖辩解道："子事父，犹如臣事君。如果天子不允许，再作商议。"为使刚刚开启的和谈不至于中断，庞籍遂上报宋仁宗，指出"李元昊叛乱之后，虽屡次获胜，但丧失互市之利，百姓困苦。如今言辞已有所归顺，希望朝廷派人指出李元昊奏表中的问题，则李元昊迫于压力一定会向我朝称臣"。宋仁宗采纳了庞籍的建议，命庞籍派人护送西夏使者前往开封。

就在宋、夏议和刚刚展开之时，辽朝使者突然抵达开封，要求宋朝不要与西夏讲和，宋朝君臣大惊失色。原来西夏多年来一直与契丹保持友好关系，目的是为了借助契丹势力对抗宋朝。然而后来西夏有两次请求辽朝出兵帮助攻宋，契丹却只是虚张声势，其实并没有派出一兵一卒。相反，辽朝却乘宋、夏交战之机向宋朝索要大量好处，然后反过来命令西夏与宋朝罢兵讲和。李元昊认为契丹违背誓约，坐收渔翁之利，大为不满，故对辽朝时有不逊之语，还不时引诱辽朝管辖下的党项人叛辽附夏，并在边境上制造摩擦。随着辽、夏关系的逐渐紧张，辽兴宗下令沿边守将强化军事防御，调兵遣将，准备给予西夏以军事打击，并干涉宋、夏议和，以迫使李元昊妥协。

宋朝君臣既不想让刚刚开始的和谈夭折，更不想因与西夏议和而得罪辽朝，故一时进退两难，不知如何回答。礼部郎中吴育建议道："应遣使告谕李元昊：'你与契丹累世联姻，突然断绝关系而依附于我，不免令人生疑。应归附契丹如故，然后才允许你议和归附。'然后告诉契丹：'已诏谕李元昊，如能向辽朝认罪称臣，则允许其议和内附；若依旧执迷不悟，则当帮助辽朝代为进讨。'这样说则辽、夏双方皆不能怪罪于我。"吴育的建议被宋廷采纳，面对宋、辽两面夹击，李元昊被迫向辽朝进献驼、马请罪。辽兴宗见李元昊妥协让步，遂不再兴师问罪，辽、夏纷争暂告平息，但宋、夏和谈却陷入僵局。

　　李元昊的表文送至宋廷后，面对李元昊"称父不称臣"的行为，宋朝内部争议巨大。宋仁宗与以富弼为代表的大臣皆认为"称臣"是底线，遂令枢密院诏谕西夏使者贺从勖议和条件，即李元昊必须对宋朝称臣，宋朝则册封李元昊为夏国主，允许西夏自置官署。同时宋朝每年赐予李元昊银二万两、绢二万匹、茶三万斤，并重开保安军榷场。

　　针对宋朝提出的议和条件，自认为倚契丹为强援的李元昊于六月派遣使者前往开封，提出如"岁赐""割地""不称臣""弛盐禁""至京师市易""自立年号""更兀卒为吾祖"等十一项要求，强迫宋朝接受。李元昊的贪得无厌及其强硬态度引起宋朝上下一片哗然，加之范仲淹、韩琦此时已调回京城，杜衍也取代畏敌避战的夏竦担任枢密使。这些新进官员坚决反对对李元昊过于妥协退让，韩琦更是在宋仁宗面前驳斥宰相晏殊欲无条件接受李元昊要求的做法。知谏院余靖指出："听闻李元昊上书中有'吾祖'之称，这是李元昊侮辱我朝之举。称'单于''可汗'尚可以接受，今李元昊称陛下为'父'，却令朝廷称其为'吾祖'，绝对不能接受。"蔡襄、欧阳修等谏官也认为李元昊故意将"兀卒"改作"吾祖"之举尤其不能接受。由于宋廷反对声浪高涨，宋、夏此次议和谈判，前后历时两个月，依然没有结果。

　　八月，宋朝派遣张子奭、王正伦与西夏使者同回兴庆府，带来宋朝的议和条件。宋朝指出李元昊必须称臣，并归还此前侵占的延州土地，宋朝每年给予的岁赐数不超过十万。李元昊不满价码过低，提出政治上可以上表称臣，但是不书年号，只用甲子，现有西夏国号只改变一个字；经济上要求每年出售青白盐十万石进入宋境，并希望宋朝将岁赐增加至三十万。宋秘阁校理孙甫一针见血地指出："青白盐数万石的价值已超过十万钱，朝廷若允许其卖盐的同时，再给予三十万岁赐，则其每年所得将会超过朝廷给予契丹的钱物，若使辽朝得知，朝廷恐将会再次遭到辽人的索取。"宋仁宗认为孙甫言之有理，西夏所提要求过高，故直到年底，宋朝才仅同意开设榷场与增岁赐五万，对李元昊的其他要求一律不许。

李元昊见宋朝始终不满足自己的要求，遂不断派军侵扰宋朝边境，还打算联合辽朝夹击宋朝，企图通过武力迫使宋朝让步。辽兴宗因刚从宋朝获得巨大利益，加之不愿看到西夏坐大，不仅不愿为李元昊宣传造势，甚至还派人前来制止西夏的侵宋计划。

辽兴宗的态度激化了辽、夏之间的矛盾，引出辽夏之间的一场大战，也短暂地改变了辽朝、宋朝和西夏之间的关系。辽重熙十三年（宋庆历四年，西夏天授礼法延祚七年，1044年）四月，辽朝山西五部节度使屈烈等率众投奔西夏，辽兴宗责令西夏遣返，李元昊不从。五月，辽朝西南面招讨都监罗汉奴率军讨伐叛辽附夏的党项部落，敲山震虎，警告李元昊。李元昊不甘示弱，反击辽军，大败辽兵，辽朝西南面招讨使萧普达、四捷军详稳张佛奴等将领战死。痛失边将的辽兴宗勃然大怒，决定率大军亲征，必须让西夏为此付出代价。

辽、夏关系再度恶化，到了无法缓和的地步。李元昊担心受到宋、辽两朝的联合围剿，立即派遣使者入宋进誓表，率先做出重大让步以换取宋朝的支持。

　　五月，李元昊主动派遣大臣尹与则、杨守素至开封向宋朝进上称臣请和誓表，称："划定边界。此前所掠将校、民户各不复归还，自今以后有边民逃亡，必须立即归还。乞求朝廷岁赐绢十三万匹、银五万两、茶二万斤；进奉乾元节（宋仁宗生日）回赐银一万两、绢一万匹、茶五千斤；贺正旦贡献回赐银五千两、绢五千匹、茶五千斤；仲冬赐时服银五千两、绢五千匹；并赐臣生日礼物银器二千两、细衣著一千匹、杂帛二千匹。除此之外，不会再用其他事打搅朝廷。"强调"世世遵承，永以为好"，若有违"君亲之义""臣子之心"，则"宗祀不存，子孙罹殃"。五月以后，西夏又陆续派尹与则、杨守素出使宋朝，敲定条件，九月派杨守素向宋呈上誓表，遵守和议内容，宋仁宗于十月初二日赐誓诏，标志着庆历和议的达成。

　　宋、夏庆历和议主要内容包括：宋朝承认西夏的割据地位，宋仁宗册封李元昊为夏国主，承认西夏现有疆土，并许其自置官属，但西夏必须对宋称臣，奉正朔；宋朝每年赐予西夏绢十三万匹、银五万两、茶二万斤，另于节日与李元昊生日赐银二万两、银器二千两，绢帛、衣物等二万三千匹，茶一万斤；宋朝于镇戎军高平寨及保安军重开榷场，恢复双方贸易；双方此前俘获的军民各不归还，今后再发生边民逃亡事件，不得越境追赶；划定边界等。

　　虽然宋朝与西夏达成和议，但碍于与辽朝的关系，也做了一些缓和处理。当时辽朝伐夏大军准备就绪，辽兴宗亲统十万骑兵出金肃城（今内蒙古准格尔旗北），皇太弟耶律重元为马步军大元帅领骑兵七千为南路，北院枢密使萧惠率军六万为北路，东京留守萧孝友领兵为后援，向西夏发起大规模进攻。与此同时，辽朝派遣延昌宫使高家奴前往宋朝，告知辽兴宗亲征西夏一事，并阻止宋、夏和议。

辽使抵达开封，带去辽兴宗亲征西夏，以及不希望宋与西夏议和的消息。宋朝本就顾忌辽朝，这次辽使直接提出了不能接受西夏请和的要求，使得宋仁宗君臣陷入两难境地。宋朝既不愿放弃这来之不易的李元昊称臣请和良机，但又不敢因此得罪强敌辽朝。宋仁宗与大臣们反复商议，决定采取权宜之计，一方面以西夏誓表言辞不通顺为由，放回西夏使者，暂不颁印正式册封李元昊。另一方面，派遣余靖出使辽朝，用委婉且模棱两可的外交辞令，既不得罪契丹，又不能断绝西夏的归附之路。

终于，在当年的十二月，宋朝等来了转机。辽兴宗亲征西夏，先胜后败。而李元昊在击败辽军后，见好就收，立即趁机遣使向辽朝请和。有了西夏主动求和的台阶，辽兴宗也便顺势接受了。十二月，宋朝得知辽、夏再度和好后，立刻着手处理与西夏的关系，派遣祠部员外郎张子奭为册礼使，前往西夏册封元昊为夏国主，赐"夏国主印"。

宋朝要册封西夏之事，因辽朝来使，还经历了一段小波折。张子奭一行刚刚离开开封，便传来辽朝使者即将抵达的消息，宋仁宗立即命令张子奭停止前行，就地等候，朝廷要听取一下辽朝对宋朝册封李元昊一事的态度。富弼认为此举不妥，指出"如果辽朝使者没有抵达宋朝而宋朝先行派遣使者前往册封元昊，则天下人皆知晓册封李元昊一事由我朝做主，无须辽朝许可然后方得施行。如今若等候辽朝使者抵达，然后才派遣张子奭前往册封李元昊，则世人会将宋朝与西夏讲和的功劳归于契丹，必须得到辽朝许可才敢遣使册封，会大大降低我朝的声望。且一旦使辽朝得知我朝尚未册封元昊，横加干涉，朝廷便不敢轻举妄动，同时出尔反尔，前后反复，一定会被李元昊更加瞧不起"。富弼又分析辽朝遭此新败，必不敢阻拦我朝册封李元昊。宋仁宗采纳富弼的建议，立即命令张子奭火速赶赴西夏，封元昊为夏国主，完成了正式册封。

庆历和议使得宋朝再次用金钱保住了面子，换来李元昊名义上的称臣纳贡。李元昊接受宋朝的册封，在西夏境内仍称帝如故，实行"外王内帝"的政策。从此以后，宋、夏双方在相当长的一段时间内很少发生冲突，取而代之的是宋夏人民间密切的经济、文化往来。

二、祸起萧墙，变生肘腋

李元昊运用战争与和议两方面手段，迫使宋朝册封其为夏国主，成功地在宋、辽对峙中获取一席之地，可谓风光无限。然"水满则溢，月满则亏"，李元昊此时一定想象不到，一手缔造了西夏辉煌的自己，却在四年之后，落得个为子所弑、惨淡离世的下场。

李元昊曾先后娶了八位妻子：其一为卫慕氏，后因卫慕族首领山喜与自己争权，遂族灭山喜，并杀死太后卫慕氏与卫慕后。其二为索氏。其三为都罗氏，去世较早。其四为咩米氏，生子阿理，长期失宠。西夏天授礼法延祚八年（1045年）十一月，阿理因其母一直失宠于李元昊，李元昊令咩米氏居住在夏州王庭镇，根本不予理睬，于是心生怨恨，聚众谋乱，意图夺取皇位。不料被其党徒卧香乞告发，不等阿理展开行动，便被李元昊活捉。李元昊命人捆住阿理手脚，沉入河中，并赐死咩米氏以泄愤。其五野利氏，李元昊称帝后立为皇后，生子宁明、宁令哥、薛哩，其中薛哩英年早逝，宁令哥大得李元昊宠爱。其六为耶律氏，即契丹兴平公主，但李元昊一直与其关系不睦。西夏天授礼法延祚元年（辽重熙七年，1038年），兴平公主抑郁而亡，一度引发辽、夏关系紧张。其七为西夏天授礼法延祚五年（1042年）李元昊所纳新妃。李元昊特地在天都山中营建宫室，日夜与新妃子宴乐其中，引来了天都山守将野利遇乞的不满，对属下发牢骚道："野利皇后嫁给皇帝已有二十余年，一直住在旧居之中，如今皇帝有了新欢便立即为其修建新宫室，这不免有些太过重视了吧。"此语惹得李元昊大为不悦。其八为西夏天授礼法延祚十年（1047年）劫夺其子宁令哥之妻。

李元昊得以成功称帝，与其皇后野利氏家族的大力支持密不可分。西夏建国后，李元昊野利皇后的兄弟野利旺荣、野利遇乞分掌西夏左、右厢精兵，二人富有才谋，尤为李元昊所亲信重用。野利皇后族人野利仁荣，学识渊博，熟知中原各项典故制度，西夏各项制度法令皆由野利仁荣制定。李元昊其人，生性暴戾，多猜忌，好杀虐，野利仁荣在世时，对元昊多有约束。西夏天授礼法延祚五年（1042年）七月，野利仁荣病逝之后，李元昊猜忌之心越来越重，愈加地独断专行。

李元昊当初称帝后，立宁明为太子，封宁明生母野利氏为宪诚皇后。宁明的主张多与李元昊不合，李元昊遂下令不许宁明入见。西夏天授礼法延祚五年（1042年）十二月，宁明忧恐而卒。李元昊因野利皇后请求，立宁明的弟弟宁令哥为太子。面对多名大臣不宜以宁令哥为太子的谏言，李元昊不予采纳。

对于野利家族，李元昊很早以前便疑心野利旺荣与野利遇乞兄弟对自己有二心，只因当初与宋朝交战，不得不重用二人。如今见西夏政权已比较稳固，便开始着手削弱野利族人的势力。恰逢宋朝边将庞籍对李元昊施展反间计，声称野利旺荣意图叛夏附宋，李元昊中计，随即在西夏天授礼法延祚六年（1043 年）九月的一天，找了个借口将野利旺荣一家全部杀死。

除掉野利旺荣后，接下来便是野利遇乞。西夏天授礼法延祚六年（1043 年），野利遇乞带兵深入宋地数日，因野利遇乞与李元昊的乳母白姬关系不和，白姬乘机诬陷野利遇乞想叛降宋朝。李元昊觉得诛杀野利遇乞的借口尚不够充分，遂隐而未发。当宋朝隐藏在西夏的间谍将此事汇报给宋朝边将种世衡后，种世衡喜出望外，决定火上浇油，坐实野利遇乞投降的"罪名"。于是设法诱请来西夏首领苏吃囊，苏吃囊的父亲乃是野利遇乞身边的亲信红人。种世衡以金带、锦袍贿赂苏吃囊，并许诺其担任宋朝缘边要职，作为交换条件，苏吃囊需要为种世衡盗取李元昊赐给野利遇乞的宝刀。苏吃囊"不辱使命"，果然将宝刀奉上。种世衡便命人四处扬言，称野利遇乞已投附宋朝，以宝刀作为信物，如今却因白姬进谗言，"出师未捷身先死"，宋朝上下惋惜不已，故特遣吊祭使者越界进入西夏境内，设置祭坛，祭祀野利遇乞。同时命人撰写祭文，文中大书特书野利兄弟有意归附宋朝，以及二人进入宋境与种世衡相见情景，哀叹相见恨晚，大业未成而二人已经故去等等。并专门选择在夜晚焚烧祭文、纸钱，火光照耀川谷，边地之人皆远远便可以望见。

果然，种世衡此举招来了西夏巡逻士兵，宋朝祭奠使者故意狼狈逃回，将祭文、祭器、宝刀等悉数丢弃于道。李元昊见到这些"物证"，怒不可遏，也不进行深入调查，立即下令剥夺野利遇乞的兵权，赐自尽。

自李元昊掌权以来，野利家族追随其左右，野利旺荣、野利遇乞兄弟更是李元昊的股肱之臣，具有辅佐之功，堪称西夏的支柱。而今李元昊未经详察便族灭其家，使得夏廷上下人人自危，西夏君臣之间互相猜忌，关系变得紧张起来。

作为野利旺荣与野利遇乞的妹妹，野利皇后很有智谋，李元昊平日里也惧其几分。哥哥被杀后，野利皇后常诉说二人无罪，李元昊也察觉自己中了宋人的反间计，虽然嘴上不说什么，心里还是有些后悔。野利遇乞死后，其妻没藏氏逃至三香家尼庵中为尼，李元昊贪图没藏氏的美色，遂将其接来养于宫中。不久，李元昊与没藏氏私通，被野利皇后发现，李元昊无奈只得将没藏氏送到兴庆府戒坛寺中出家为尼，号"没藏大师"。虽然李元昊将没藏氏送出宫，但仍经常出宫与没藏氏幽会，或去戒坛寺中，或带其出游打猎。虽有大臣苦心劝谏，李元昊却置若罔闻，一概听不进去。

西夏天授礼法延祚十年（1047 年）二月，李元昊偕同没藏氏前往两岔河行猎。行猎途中，没藏氏生下一子，取名宁令两岔。党项语中，"宁令"为"欢喜"之意，"两岔"指出生于两岔河，汉文史籍记载的"谅祚"即"宁令两岔"的谐音。谅祚的出生，令李元昊大喜，将其寄养在没藏氏的哥哥没藏讹庞家中，没藏讹庞令原隶属于野利遇乞帐下的汉人毛惟昌、高怀正二人的妻子哺育谅祚。三月，李元昊任命没藏讹庞为国相。

同年五月，李元昊为太子宁令哥娶妻，见儿媳妇长得漂亮，强行将其纳为自己的妃子，号"新皇后"。此后，李元昊便每日居住在天都山饮宴享乐，不再理睬野利皇后。六月，野利皇后因失宠，又见儿媳被夺，心中愤愤不平，口出怨言，随即便被李元昊废掉，打入冷宫，不复相见。没有了野利皇后的束缚，李元昊又在贺兰山大修离宫数十里，台阁高十余丈，日夜与诸妃游玩作乐于其中，将国事全部交给国相没藏讹庞处理。

当初，李元昊处死野利旺荣、野利遇乞兄弟二人，同时削去野利族人的官职，野利族人很是不满。现在，野利皇后被废，宁令哥的妻子又被李元昊夺走，野利氏母子怨恨之余，整日担心祸及自身。而没藏讹庞早就想废掉太子宁令哥，另立李元昊幼子、自己的亲外甥谅祚为太子。今见宁令哥对李元昊有废母之仇、夺妻之恨，知时机已经成熟，便私下挑唆宁令哥作乱弑父，欲由此借刀除掉宁令哥。

宁令哥受到没藏讹庞的唆使，暗中联络野利族浪烈等人，决意刺杀李元昊，自立为君。西夏天授礼法延祚十一年（1048年）正月十五日元宵节深夜，宁令哥趁李元昊酩酊大醉之际，与野利族人浪烈等人闯入宫中行刺，被卫士发现后，双方随即展开激战。浪烈等人战死，宁令哥挥刀斩向李元昊，却未能杀死李元昊，仅削去了李元昊的鼻子。宁令哥趁乱杀出重围，躲入没藏讹庞家中。次日，李元昊因流血过多而死，年仅四十六岁，谥号武烈皇帝，庙号景宗，墓号泰陵。

没藏讹庞挑拨宁令哥作乱，本便是计划让李元昊父子两败俱伤，自己好从中渔利。此时见目的达成，立即以弑君杀父为由逮捕并处死了宁令哥及其母野利皇后。李元昊临死前留下遗言，以自己的弟弟委哥宁令继承皇位。大臣诺移赏都、埋移香热、嵬名浪布等人与没藏讹庞商议，计划遵从李元昊的遗言行事。李元昊的遗言自然与没藏讹庞的想法相悖，于是他反对道："委哥宁令不是先帝之子，并且于国于民没有功劳，如何能继承大统？"诺移赏都等人说道："国不可一日无君，不依照先帝的遗言，那我们该如何是好？你想做皇帝吗？如果您能保住我大夏国土，我们也愿意拥立您为皇帝。"没藏讹庞赶紧回答道："我哪里敢呢，我们大夏自祖考以来，父死子继，国人才能够信服。现在没藏皇后生子谅祚，乃是先帝嫡嗣，立他为主，谁敢不服？"一番口舌之后，众人皆对没藏讹庞的话表示认可，于是奉立年仅周岁的谅祚为西夏皇帝，尊奉没藏氏为宣穆惠文皇太后。同时以诺移赏都、埋移香热、嵬名浪布三人分掌国事，没藏讹庞为国相，总揽朝政，西夏进入没藏氏专政时期。

谅祚即位后，国相没藏讹庞按照惯例分别遣使赴宋、辽两朝，告知新君继位，请求册封。此时宋朝内部有人提议应趁着谅祚年幼、母族专权之时，举大军进讨，但也有宋臣认为"礼不伐丧"，以"仁恕"著称的宋仁宗毫无疑问选择后者。宋庆历八年（西夏天授礼法延祚十一年，1048年）四月，宋仁宗以刑部员外郎任颛为册礼使，册封谅祚为夏国主。

与宋朝相反，辽兴宗念念不忘李元昊在河曲之战中击败辽军，决意趁着西夏"新君幼弱，权臣用事"的良机，兴师复仇，于是拒绝册封谅祚，并扣留西夏使者。辽重熙十八年（宋皇祐元年，西夏延嗣宁国元年，1049年）初，辽兴宗派遣北院枢密副使萧惟信出使宋朝，告知辽朝伐夏一事。

七月，辽兴宗下诏亲征，以韩国王萧惠为河南道行军都统，赵王萧孝友、汉王贴不为副都统，由南路进攻西夏。辽军强渡黄河，攻破西夏唐隆镇（今陕西神木北），西夏边将见辽军来势汹汹，纷纷弃城逃命。又以耶律敌鲁古为北道行军都统，率领阻卜诸军突入西夏右厢地区，由北路直击西夏凉州。辽兴宗亲统中路军，以皇太弟耶律重元、北院大王耶律仁先为先锋，辽兴宗亲率辽军主力跟进接应。九月，虽然西夏趁萧惠狂傲轻敌，击溃辽朝南路军，但仅仅一个月后，辽军北道行军都统耶律敌鲁古便率军于贺兰山击溃夏军，李元昊的"新皇后"以及西夏臣僚、家属数十人皆被辽军俘虏而去。

贺兰山战败以后，没藏讹庞十分痛恨辽朝，不再派遣使者前往辽朝进献方物。相反辽兴宗却于重熙十九年（宋皇祐二年，西夏天祐垂圣元年，1050 年）二月遣使责问西夏，没藏讹庞更加愤怒，认为辽朝欺人太甚，必须予以回击，于是派遣西夏大将洼普等率军围攻辽朝的金肃城。结果洼普不仅未能攻下金肃城，反而被辽朝南面林牙、翰林学士耶律高家奴、西南面招讨使耶律仆里笃率军包围。辽军内外夹击，夏军溃败，夏将猥货、乙灵纪等战死，洼普重伤逃还。没藏讹庞不甘心失败，又于三月派军偷袭辽朝威塞堡，可没等夏兵站稳脚跟，辽朝都检点萧迭里得便率领轻骑兵来袭击，夏军在尚未完成布防的情况下仓促应战，损失辎重器械无数。

辽朝逐渐掌握战场的主动权。同年五月，辽兴宗命西南面招讨使萧蒲奴、北院大王耶律宜新、林牙萧撒末等率军大举进攻西夏，同时以行宫都部署别古监战，同知北院枢密使萧革率军驻扎在边境以为声援。随即，萧蒲奴等率军深入夏境，围攻兴庆府，在城外纵兵烧杀抢掠。没藏讹庞不敢与辽军交战，只令诸将闭城坚守。

金肃城之战中战败的西夏大将洼普重伤逃归后，没藏讹庞当即欲命人将其斩首，以杀一儆百，没藏太后出面为其求情，才勉强保住性命。之后，没藏讹庞命洼普在贺兰山训练新兵，将功抵罪，以观后效。而洼普则日夜担忧被没藏讹庞杀掉，面对辽朝大军深入夏境，直接率领手下人马投降辽军。辽朝得到洼普军马后，如虎添翼，以洼普为向导，连战连捷，如入无人之境。

六月，辽军攻破位于贺兰山西北的西夏摊粮城（今内蒙古巴音浩特北）。摊粮城是西夏储粮之地，辽军入城后，将西夏的储粮全部运回辽朝。没藏讹庞仍不死心，于九月再度派兵侵扰辽朝边境，又被辽朝六院军将海里等击败。

十月，西夏在辽军接连不断的打击下，只得派人前往辽朝求和，请求称臣如旧，遭到辽兴宗拒绝。十二月，没藏氏以谅祚的名义继续向辽朝上表请和，辽兴宗仍加以拒绝。辽重熙二十年（宋皇祐三年，西夏天祐垂圣二年，1051年），辽兴宗遣使前往西夏，索要李元昊统治时期西夏接纳的辽朝境内的党项人。没藏氏当然不愿意归还归附的党项人，但又害怕辽朝诘责，引发更大规模的进讨，只得于四月代替附夏的党项部族向辽朝进献马匹、骆驼、牛羊等物，这才得到了辽兴宗的应允，双方关系暂时缓和下来。虽然如此，辽朝和西夏之间仍始终互相戒备，摩擦不断，直到辽重熙二十四年（宋至和二年，西夏福圣承道三年，1055年）辽兴宗去世，辽、夏关系一直存在嫌隙。

西夏稳定了与辽朝的关系后，又将目光再次投向宋朝，希望从宋朝身上攫取更大的利益。西夏福圣承道元年（宋皇祐五年，1053年），没藏讹庞致书宋朝，称古渭州原为西夏的领土，宋朝置州违背和约。原来，古渭州地原属吐蕃界内，距离宋朝秦州三百里，其间的哑儿峡是两地必经之路，西夏宥州士卒经常在此放牧，却常常遭到吐蕃劫掠，西夏欲兴兵报复，吐蕃自知不敌，便将所据土地进献宋朝，希望得到宋朝庇护，依靠宋军对付西夏，于是宋朝秦州知州范祥便修筑古渭州城，作为防御西夏的桥头堡。

面对没藏讹庞的抗议，宋仁宗遣使调查此事。使者依照宋仁宗的旨意，命吐蕃人重新占据原有土地，并通知没藏讹庞："渭州本来也不是西夏的土地，你们无权索取。"没藏讹庞强索古渭州地不成，又将视线移向宋朝麟州屈野河（今陕西神木窟野河）一带。

宋朝麟州西北有段小城墙，名为虹桥，下临屈野河，屈野河距离宋、夏边境六十余里。李元昊在位时，西夏已侵耕宋地十余里。谅祚继位后，国内外大小事悉由没藏讹庞做主。没藏讹庞知道河西土地肥沃，适于耕种，遂命令边民播种，将所有的收获物皆搬入没藏讹庞的府库。就这样逐年向东蚕食，至西夏福圣承道三年（宋至和二年，1055年），距离屈野河仅剩下二十里，夏军的骑兵甚至可以在麟州城下往来自若。宋朝麟州官吏对此听之任之，睁一只眼闭一只眼。

至和二年（1055年），宋朝河东管勾军马司贾逵巡边，发现夏人过界侵耕严重，便督责麟州知州王亮。贾逵是武将出身，曾为狄青部下，屡立战功，容不得丢失国家尺寸之地。王亮害怕朝廷追责，慌忙上奏宋仁宗。宋仁宗下诏令边吏制止西夏的过分举动，如有需要，可采取强硬措施。并州知州庞籍反对道："西夏向我朝称臣奉贡，不曾失为臣之礼。现在我们不先以文告加以谴责，而是直接强行驱赶，这显然是不妥当的。本来理在我朝，这样一来反而是我们没理了。"于是便派遣使者前往西夏，令没藏讹庞退还侵耕的土地，又令西夏遣使划定疆界，但没藏讹庞均置之不理。

没藏讹庞为阻止宋朝出兵收复被自己侵占的土地，于西夏福圣承道四年（宋嘉祐元年，1056 年）三月调集数万重兵屯集边境。没藏讹庞计划以大军压境迫使宋军越界阻击，然后将发起战争的罪名强加到宋朝身上，同时下达了若宋军"迫之则格斗，缓之则就耕"的策略，摆出一副软硬不吃的架势应对宋朝。然而没藏讹庞面对的对手是与西夏打交道多年、积累了丰富对夏斗争经验的庞籍，庞籍看穿了没藏讹庞的企图，也深知西夏的软肋所在，便告诫手下官吏道："西夏每年从宋夏榷场贸易中获得大量好处，他们仰仗与我大宋和市，就如同婴儿需要母乳喂养一样。我们只需禁绝和市，他们便会自己乖乖找上门来，所以告诫军士，任何人不得过河与西夏交战，违令者斩。"

告诫手下后，庞籍命人在边境上张榜告谕边民，禁绝和市，不得与西夏贸易往来。这招果然有效，不久西夏境内便物资紧缺。同年九月，宋朝遣使持书至宥州，责备西夏侵耕土地一事。此时西夏因境内物价飞涨，民怨沸腾。摄政的没藏太后见到宋朝文牒，方知其兄所作所为，立即派遣宠臣李守贵至屈野河实地探查。李守贵回来后将一切如实禀报，称西夏所耕土地的确为宋朝所有。没藏太后不愿因此得罪宋朝，遂责令其兄没藏讹庞将所有侵耕的土地归还宋朝。但没藏太后的命令尚未来得及执行，西夏再次变生肘腋，又发生了李守贵作乱，李守贵袭杀没藏太后，没藏讹庞又捕杀李守贵，归还侵耕土地一事再次搁置。

说起西夏没藏太后缘何突然被杀，追究起来确有其因果循环。原来，没藏太后妖艳无比，骄奢淫逸，经常率领大批随从出行游乐，令百姓在夜间张灯结彩，以便其外出游览观赏。她先与曾为野利遇乞执掌钱财的李守贵私通，后又与当年在戒坛院服侍李元昊和没藏氏的宝保吃多已私通，李守贵因此妒火中烧，充满怨气。西夏福圣承道四年（1056年）十月的一天，没藏太后与宝保吃多已等人前往贺兰山打猎，于夜半时分返回，途中突遭几十名杀手袭击，杀手砍杀没藏太后与宝保吃多已。事后经调查，最终追查到李守贵为主谋。没藏讹庞将幕后指使者李守贵满门抄斩，又恐妹妹没藏太后一死，自己失去专擅国政的靠山，于是在十一月，没藏讹庞一手操办，将自己的女儿嫁给年仅十岁的谅祚为皇后。从此以后，没藏讹庞身兼国相与国丈，权势滔天，西夏生杀大权集于一身，臣民们没有不害怕他的。

没藏讹庞稳定内部政局后，又将目光投回宋朝屈野河之地。此前没藏讹庞于边境地带屯兵数万之众，欲待宋军过界便发动进攻，不惜动用武力强占屈野河西地，但宋朝边防将士皆遵照庞籍的要求，按兵不动，夏军后因粮尽撤兵。西夏奲都元年（宋嘉祐二年，1057年）春，没藏讹庞令麟州以北百姓全部出动，企图一举尽占屈野河河西之地，但西夏朝中不少大臣对没藏讹庞如此肆意妄为之举表示异议，没藏讹庞只得于四月将全部百姓召回。

此时，庞籍令并州通判司马光前往处理夏人侵耕一事。司马光至麟州，麟州知州武戡汇报此前曾在屈野河西修筑一处小土堡，用以侦察观望敌情。武戡向司马光提出，夏人之所以可以肆意侵耕，骑兵甚至直抵麟州城下，是由于宋朝在屈野河以西数十里地之间未设置足够的防御措施。若在麟州城以西二十里左右再修筑两座土堡，则三座土堡互为掎角之势，牢牢守卫屈野河以西之地，便可使西夏此后再也无法侵耕。司马光上报庞籍，庞籍采纳了武戡的计划，遂于五月初，命麟州知州武戡、通判夏倚、管勾麟府兵马郭恩等人率军，以巡边为名出兵屈野河西，修筑二堡。

这时，有探马来报前方发现夏军。郭恩认为情况不明，应暂停行军，先做观望。但走马承受黄道元责备郭恩临阵退缩，勒令必须出兵。郭恩没有办法，只得连夜率领步骑一千四百余人出发，其中有一半军兵没有铠甲和兵器。郭恩、黄道元等人率众沿着屈野河向北行军，队形散乱，前无侦察，后无支援。行进至卧牛峰时，远远望见夏军在不远处点燃的火把。郭恩指出："敌人已知晓我军行踪。"但黄道元偏不信邪，认为这是夏军故意迁延我军行进的疑兵之计。行至谷口，郭恩计划稍作休息，天亮后再登山。不料黄道元嘲笑道："素闻郭恩大名，不料却如此懦怯！"郭恩一路上被黄道元不断地冷嘲热讽，终于忍不住发怒道："有什么好害怕的，大不了一死而已！"在黄道元的刺激下，郭恩只能选择继续率军前进。

天亮时分，宋军行进至忽里堆，只见前方不远处有数十名西夏骑兵来到距离宋军不远处停下，郭恩命手下军士喊话，夏军没有任何回应。正当郭恩、黄道元等人不解之时，突然火光四起，西夏骑兵分左右两翼自南、北合击宋军，郭恩指挥宋军还击，双方打得难解难分，自清晨战至正午，仍不分胜负。正当战场形势陷入胶着之时，忽里堆东面一条名为"断道堰"的大深沟里突然攀援而出无数西夏伏兵，宋军本已是强弩之末，面对人多势众的夏军，顿时兵败如山倒。郭恩、黄道元以及兵马监押刘庆等人皆被西夏俘虏，郭恩宁死不降，当场自杀，仅麟州知州武戡趁乱突围，幸免于难。

忽里堆之战胜利后，没藏讹庞更加趾高气扬，遂乘胜占据整个屈野河河西之地。七月，没藏讹庞放归黄道元，同时放回百余名宋军士兵。不过这些被西夏放还的士兵却皆被割去耳鼻，用来羞辱宋人。

面对没藏讹庞的挑衅，宋朝也祭出屡试不爽的"法宝"——经济制裁。十一月，宋仁宗下诏，不仅继续断绝宋夏榷场贸易，同时明令禁止边民与西夏私下进行交易。当时有西夏人与宋朝边民违犯贸易禁令，庞籍当即下令将违反规定者就地处死，于是宋夏边民再无犯禁者。不久，宋朝政府又整顿陕西盐业市场，平抑盐价，使得西夏走私青白盐无法再获利，夏人盐利亦绝。没藏讹庞因西夏财力枯竭，又不愿向宋朝低头，遂不断派兵侵扰宋朝鄜延等地，劫掠人畜，以向宋朝施加压力。

西夏与宋朝的土地纠纷尚未解决，西夏国内政局再次发生剧变。西夏奲都三年（1059年），十二岁的谅祚开始参与朝政。由于六宅使高怀正、毛惟昌二人的妻子，皆曾为谅祚乳母，所以谅祚特别厚待高、毛二人。在谅祚的礼遇下，高怀正、毛惟昌二人也时常参与国事决策，并将民间疾苦和大臣们的一些议论告诉谅祚。由于内容多涉及独擅朝政、专权跋扈的没藏讹庞，因此遭到没藏讹庞的仇视和不满。同年八月，没藏讹庞借口高怀正放高利贷收取国人巨额利息，毛惟昌私下偷穿元昊的盘龙服，图谋不轨，便将二人满门抄斩。谅祚极力劝阻，没藏讹庞根本听不进去，谅祚与没藏讹庞的关系开始产生嫌隙。

李元昊死后，没藏兄妹专擅西夏国政十余年，常年与宋、辽交战，国家内外交困，早已引起臣民们的不满。加之没藏讹庞不愿与宋朝划定边界，庞籍悬榜绝和市，宋仁宗诏令断贸易，使得国内物价飞涨，民不聊生，国人怨声载道。此时没藏讹庞又全然不顾谅祚作为一国之主的颜面，诛杀谅祚的宠臣，没藏讹庞的一手遮天必然会引起谅祚的不满。

然而，令人啼笑皆非的是，前有李元昊因抢夺儿媳而死，后有没藏太后因男宠失宠而被杀，到了谅祚这里，让他决心除掉没藏讹庞的导火索，不是没藏讹庞的肆意妄为，而是谅祚与没藏讹庞儿媳的私通。

没藏讹庞的儿媳梁氏本为汉人，一次偶然的相遇，被谅祚看上，与其私通。谅祚白天处理国事，晚上则潜入没藏讹庞的宅邸与梁氏幽会，此事于西夏奲都五年（1061年）四月被没藏讹庞的儿子发觉。没藏讹庞之子气愤至极，便与父亲密谋杀掉谅祚，以报夺妻之恨。儿子的建议正中没藏讹庞下怀，遂计划在卧室里埋伏杀手，待谅祚一进入到卧室之中，便将其杀掉。令没藏父子没有想到的是，梁氏探知二人的计划，立即向谅祚告密。谅祚同样有心除掉没藏讹庞，一直苦于没有合适的理由，恰逢这次机会，必须先下手为强。四月的一天，谅祚以商讨国事为名在密室召见没藏讹庞，将其秘密抓捕并处死，随后令大臣漫咩领兵诛杀没藏讹庞之子及其全部族人。之后，废掉皇后没藏氏，将其幽禁在别宫之内，而将梁氏迎入宫中。九月，谅祚处死废后没藏氏，立梁氏为皇后，任命梁氏的弟弟梁乙埋为国相，从此结束了西夏没藏氏专权的局面。

谅祚诛杀没藏讹庞，亲掌国政后，为缓解榷场关闭带来的严重经济困难，立即着手处理与宋朝的边界纠纷。西夏奲都五年（宋嘉祐六年，1061年）五月与宋朝划定地界，于边界处构筑土堡，约定双方民户不得越界侵耕。历时十多年的宋、夏屈野河划界纠纷，终于告一段落。

三、大战前奏，摩擦不断

嘉祐八年（1063年）三月，宋仁宗驾崩，享年五十四岁，在位四十二年。四月，赵曙即位，是为宋英宗。

宋英宗赵曙（1032—1067年），原名赵宗实，后改名赵曙，宋朝第五位皇帝（1063—1067年在位），宋太宗赵光义曾孙。赵曙幼年时被无子的宋仁宗接入皇宫抚养，赐名赵宗实。嘉祐七年（1062年），被立为皇子，改名赵曙。

宋英宗在对夏态度上，明显较宋仁宗要强硬得多。他在位期间（西夏谅祚拱化年间），一旦西夏骚扰与侵犯边疆，宋朝绝不再妥协退让。这也促使宋、夏间摩擦、冲突日渐增多，以致酿成大大小小的战争，断断续续经历了半个多世纪，直到北宋灭亡。五年间，宋夏战争的规模也日益扩大，地域遍及鄜延、环庆、泾原、秦凤四路，可以说，宋夏在治平（拱化）年间的冲突，成为此后宋夏长期战争的前奏。

虽然宋朝一方的宋英宗即位后转为强硬态度，但西夏谅祚也并非等闲之辈。早在谅祚亲政以后，为适应西夏社会发展需要，已经对西夏的政治、军事实行了一系列重要改革。政治上，下令在境内停用蕃礼，改用汉礼；改党项姓，恢复使用唐朝赐姓李氏；调整官制，重用汉官。军事上，为适应新形势下强化宋夏边境军事力量的需要，西夏奲都六年（1062年）五月，谅祚对李元昊时期设置的十二监军司进行调整与改编，改威州监军司为静塞军、绥州监军司为祥祐军、左厢监军司为神勇军，又于西平府设立翔庆军监军司以总领诸军，从而将李元昊时期的地方军政一体体制改革为文武分途、军政分离，以相互牵制。经过改革，西夏多年来政局不稳、内乱频仍的局面大为改观。

谅祚之所以下决心调整现有制度，恰恰是因为他非常了解西夏历代统治者与宋朝交往的历史与经验。在以往的交往中，高祖李继迁发动叛乱却被宋朝封王，父亲景宗李元昊称帝又最终被宋朝封为国主，故谅祚坚信，宋朝并不像表面看起来的那样强大，只要积蓄力量，用武力迫使宋朝承认西夏的地位，就能改变现状。这才有了谅祚亲政后的励志图强之举。谅祚并不打算长期向宋朝称臣，便一面与宋朝划定边界，使用中原礼仪，另一面又不断完善行政体制，健全西夏军制，以便伺机出兵侵扰宋境，以迫使宋朝做出更大让步。

宋朝鄜延经略使程戡敏锐地洞察到西夏的变化，连忙向宋廷报告道："谅祚近年来不遵循与我朝定下的旧规，请朝廷委派一位有应对之才的使臣携带诏书前往西夏责问，以便事先阻止其阴谋。"此时正逢谅祚生日，宋朝便借机任命张宗道为贺生日使，前去赐予谅祚礼物。殊不知，西夏已经计划好要给张宗道一个下马威来羞辱宋朝。

张宗道刚刚进入夏境，迎接张宗道的西夏接伴使便欲乘马先行，被张宗道阻止，接伴使只得跟在后面。就座之时，西夏接伴使又欲坐在东边象征主人的位置上。张宗道力争不可，西夏接伴使说道："主人坐在左边，这只是正常的礼仪，大人不必多想。"张宗道答道："我与你们国主同朝臣事大宋天子，如果你们夏国主谅祚亲自前来迎接，我们之间才是宾主关系，你作为陪臣，如何能有做主人的资格？"二人争执不下。西夏接伴使怒道："来到我大夏的地盘上，你有几颗脑袋，胆敢如此无礼？"张宗道大笑道："我只有一颗脑袋，来之前已与家人告别，今日若想取我项上人头，尽管取去，我为国出使，也是死得其所，但是我料想夏国定不敢这样做。"西夏接伴使见张宗道毫不畏缩，马上改口道："是翻译翻译错了，我说的是我没有两颗脑袋，哪敢如此无礼。"张宗道立即步步紧逼道："如此重要的场合，翻译都能译错，应将翻译处死。"西夏接伴使无奈，只得让张宗道坐在主人的位置。西夏接伴使说道："夏国与宋朝关系密切融洽，犹如鱼水不可分。"张宗道答道："天朝大宋是水，夏国是鱼。水里可以没有鱼，但是鱼儿却离不开水。"一番唇枪舌剑之间，西夏接伴使彻底哑口无言。张宗道不辱使命，成功完成出使任务。

宋朝在宋夏交聘上先胜一局，谅祚心中很是不服，借着宋仁宗驾崩，再次向宋朝发出挑衅。宋嘉祐八年（西夏拱化元年，1063年）七月，谅祚遣使入宋吊祭宋仁宗驾崩。谅祚在所上表文中故意将宋朝所赐"赵"姓改为唐朝与辽朝所赐"李"姓，惹得宋英宗大怒，勒令西夏使者回去告知谅祚，必须遵守旧约。但谅祚依然故意称李氏，不听宋朝的命令。

次年（宋治平元年，西夏拱化二年，1064年），谅祚又派遣使者吴宗入宋祝贺宋英宗继位，在使者称谓上引起一场风波。此前西夏使者入宋，使者皆自称"枢密"，然而枢密使在宋朝却是王朝的最高军事长官。宋鄜延经略使程戡认为西夏使者如此自称不妥，便上奏朝廷，指出宜令西夏使者称"使"或"副使"，最多只能称"领庐"（枢密一词的西夏语译音）。程戡的建议引起吴宗心中不快，于是吴宗抵达开封后，便故意找茬，先是指责宋朝所赐酒食不够丰盛，不肯下筷，之后又不肯按照旧例拜见宋英宗。宋英宗诏令谅祚惩罚吴宗，并教训谅祚以后派遣使者入朝，应精挑细选，以免违背礼法。

吴宗返回西夏后，谅祚认为宋朝有意侮辱他的使者以打压西夏，发誓要复仇雪耻，于是在同年七月，点集十万兵马，分攻宋朝泾原、秦凤路诸州。宋朝泾原副总管刘几得到报告后，上报暂代秦凤经略使陈述古，请求增兵防守。陈述古却认为西夏正与宋朝修好，不会发生战事，便没有理会刘几的建议。谅祚趁宋朝不备，一举击杀宋朝弓箭手数千人，胁迫内附宋朝的党项部族八十余族归夏，掠夺民户、牲畜数以万计而归。次年初，西夏又发兵万人入侵庆州，攻王官城（今陕西澄城西北），被宋朝鄜延路经略使孙长卿击退。

宋治平二年（西夏拱化三年，1065年）二月，宋英宗派遣文思院副使王无忌持诏责问西夏，谅祚不仅迁延不接受诏书，相反派遣贺正使荔茂前往宋朝上表自陈，将宋夏边境冲突归咎于宋朝边吏。三月中，谅祚派兵入侵宋朝保安军（今陕西志丹），围攻顺宁寨（今陕西志丹北），与宋朝守军相持半月，无功而退。十一月，谅祚又派兵攻入宋朝德顺军（今甘肃静宁），争夺进入宋朝泾原路的要冲同家堡，杀宋朝属户数千人，掠夺牛羊数以万计。宋英宗再次派遣文思院副使王无忌持诏责问，谅祚直接拒绝宋使入境。

谅祚一面与宋朝在边境上发生冲突，一面招揽在宋朝不得志的汉人为自己所用。宋朝延州有个名叫景询的文人，因在原籍犯罪，便逃亡到西夏。谅祚欣赏他的才华，便授予其"学士"称号。从此之后，谅祚常常向景询咨询宋朝边塞民情、军事防御设施等问题，共同商讨进攻宋朝的计划。宋英宗得知景询一事后，十分气恼，下令将景询的妻子儿女逮捕下狱，任何时候也不得释放。

在景询的建议下，宋治平三年（西夏拱化四年，1066 年）九月，谅祚亲率数万兵马入宋朝庆州界，围攻大顺城（今甘肃庆阳北）。宋朝环庆经略使蔡挺接到探马的消息后，立即进行紧急部署，命沿边民户入城自保，严令诸寨只许严守，不准出战，然后暗中派人在大顺城护城河中密布铁蒺藜，做好城防准备。

谅祚率领数万步骑，将大顺城团团围住，自以为兵多将广，大顺城唾手可得，便命令西夏士兵在强弓硬弩的掩护下向大顺城发起进攻。不承想，西夏士兵在涉渡城濠的过程中多被铁蒺藜刺伤，行动迟缓，纷纷成为宋朝守军的活靶子，一时间死伤无数，连续进攻多次，皆败退下来。

夏军围攻大顺城，三日不克，谅祚唯恐宋朝援军赶至，错失攻城良机，情绪十分焦急。为了鼓舞士气，谅祚身穿银铠甲，头戴粘毛，骑在战马上亲临第一线督战。谅祚此举正中蔡挺下怀，蔡挺笃定谅祚三日攻城不克，定会心焦气躁，提前命部将赵明与偏将林广率领八百弓箭手，手持强弓硬弩埋伏在城濠外，只待谅祚出现，一声令下，矢箭如雨。谅祚避无可避，身中流矢，重伤而退。

大顺城兵败后，谅祚虚张声势，宣称将继续增加十万骑兵进攻宋朝。但此时的宋朝也不想一而再，再而三地遭受西夏的讹诈，韩琦指出："谅祚不过是一个狂妄自大的无知儿童，没有其父李元昊的智谋，同时我大宋的边防战守也远非此前可比。"主张对西夏停岁赐、绝和市，然后遣使问罪，迫使谅祚认罪。鄜延经略安抚使陆诜同样指出："朝廷每每对西夏姑息养奸，故谅祚得以胆敢如此狂妄无礼，不对其加以严惩，我大宋的国威何在？"宋英宗早已对谅祚不满，随即采纳了韩琦等人的建议，立即扣留西夏使者，下诏严厉警告谅祚："西夏聚集兵马，侵扰大宋，围城迫寨，焚烧村落，如此行径，人神共愤！从今以后，务必严令你的手下，各守封疆，不得点集人马，侵犯宋境；不得劫掠、胁迫大宋鄜延、环庆、泾原、秦凤等路一带内附宋朝的各部族；不得招纳大宋叛亡之人。胆敢违背，则大宋视为西夏断绝盟好，大宋将采取非常措施。"与此同时，宋朝中断了对西夏的岁赐，停止同西夏的和市。

面对宋朝不同以往的强硬态度，谅祚犹豫了，不敢再继续侵扰宋境，急忙遣使赴宋，声称自己不敢违背誓约，侵扰宋朝只是边吏所为，已严加惩处，请求宋英宗颁行岁赐，恢复和市。

正当宋夏关系由紧张趋于缓和之际，长期患病的宋英宗于宋治平四年（西夏拱化五年，1067 年）正月去世，长子颖王赵顼继位，是为宋神宗。二月，宋朝派遣供备库副使高遵裕前往西夏宥州，通报宋英宗去世消息的同时，令西夏接伴使警告谅祚。谅祚不得已，于闰三月遣使赴宋谢罪。宋廷这才答应赐银、绢各五百两（匹），至八月才恢复边地和市。

即便如此，宋夏间的紧张局势并未因此得到改观，双方皆缺乏和好诚意，虽口头表示永睦邻好，但边界上的冲突却愈演愈烈。正如宋司马光所言："谅祚之所以选择遣使奉贡如旧，一是为了得到朝廷每年的巨额岁赐，二是为了与我大宋贸易，三是为麻痹我朝，使我朝不以为备。"北宋方面，虽然在诏书中明确表示："若西夏不首先发起挑衅，则大宋必不先起事端。"但事实却正好相反，同年十月，便发生宋军进占西夏绥州的重大事件，宋、夏关系又进入了转折之中。

第五章

◎

神宗即位，战略进攻

宋治平四年（西夏拱化五年，1067 年）是宋夏关系史上极为重要的一年，宋英宗赵曙和西夏毅宗谅祚于同年首尾分别去世。是年正月，宋英宗去世，年仅二十岁的太子赵顼即位，是为宋神宗。宋神宗即位后，立即断然拒绝了富弼等元老重臣提出的"二十年口不言兵"的规劝。宋神宗继位标志着宋夏战争状态从此发生转折，即宋朝对西夏开始由战略防御转向战略进攻。同年十月，宋军占领绥州，加剧了宋夏边境的紧张局势，揭开了此后五十余年的宋夏战争序幕。

一、智取绥州，转守为攻

西夏疆土横跨西北数千里，对西夏来说，横山地区是其东南部重要的军政和经济基地。宋将钟谔就曾指出："横山绵延千里，产良马，宜耕种，民户强悍善战，且有盐铁之利，是夏人赖以生存的据点。"横山地区通往宋朝边境，进而可达关中或河东的主要道路，是几条发源于横山的河流河谷，其中位置最东北者，便是无定河。无定河两岸，自上游而下，排列着西夏宥州、夏州、银州、啰兀城、绥州等一连串重要的堡垒城寨。其中绥州（今陕西绥德）位于无定河下游西岸，城外有铁山、碣山作为屏障，又正处于宋夏边界之上，隔黄河与宋河东石州（今山西离石）相望，扼守着宋夏通道要冲。若宋朝河东麟、府两州出现警讯，则延州兵马东渡黄河，北入岚州、石州，皆可应援。但由于西夏占据绥州一带，宋军必须绕路渡河，往往救援不及。绥州的控制权对宋夏双方都具有十分重大的意义，因此绥州便成为宋、夏双方争夺的焦点。

宋太宗淳化年间，宋军在抓获李继捧之后，曾将绥州、夏州一同焚毁。宋朝撤军后，李继迁复占绥州，经李德明、李元昊两代经营，谅祚又于其地设监军司，绥州复为军事重镇，谅祚命西夏大将嵬名山率军在此镇守。

宋治平四年（西夏拱化五年，1067 年），为改变宋夏边境攻守态势，宋知青涧城种谔谋划招降西夏驻守在绥州的左厢监军嵬名山，上奏宋神宗，指出"若招降嵬名山，进而则可招纳全部横山之民"。宋神宗同意种谔的提议，并亲赐密旨，听由宋神宗直接指挥。种谔在宋神宗的指示下立即展开行动，首先招降了嵬名山的弟弟嵬夷山。嵬夷山从绥州潜入青涧城，种谔热情接待嵬夷山，并让其携带金盂去贿赂嵬名山的心腹亲信李文喜。李文喜见钱眼开，立即自作主张，未与嵬名山商议，直接同意投降宋朝。

与此同时，种谔领受宋神宗密旨后，也不告知经略使陆诜，便于十月率领所部士卒，与宋朝延州东路巡检折继世部合兵于怀宁寨（今陕西绥德西南），悄悄进抵绥州，在嵬夷山的帮助下突然包围了嵬名山的营帐。嵬名山大惊，提枪上马准备战斗。嵬夷山在帐外大喊道："大哥，你已经说好了要归降宋朝，现在怎么还动起刀枪来了？"正当嵬名山不解之时，李文喜拿出那只金盂，示意这是与宋人约降的信物，并称"宋兵十万已至帐外"。在嵬夷山、李文喜的软硬兼施下，嵬名山见事已至此，只得无奈弃枪大哭，开门迎接种谔。嵬名山投降种谔后，折继世又率领步骑万余人自怀宁寨直趋银州（今陕西米脂西北）界，接收嵬名山部族首领三百余人、户一万五千、精兵万余人以及牛羊辎重不计其数。

谅祚得知战略要地绥州丢失，又发兵四万，声言要踏平绥州，捉拿叛将。种谔命嵬名山率领部属百余人前往谅祚阵前挑战，偏将燕达、刘甫分别率所部兵马从两翼包抄夏军，自己则亲率主力跟进。种谔身先士卒，手持利剑，不披铠甲，直冲敌阵。在主将的带领下，宋军如潮水般向夏军涌去。未等夏军作出反应，宋军已突破夏军防线，纵横驰骋，左冲右突，夏军大溃。种谔率军追杀二十余里，斩首七百余级。谅祚随后又派兵前来争夺绥州，被宋军击退。

谅祚收复绥州不成，将怨恨全部发泄到宋朝知保安军杨定身上。原来此前宋人杨定曾出使西夏，见到谅祚后，不仅向谅祚行跪拜礼，俯首称臣，还私自答应归还沿边部族。谅祚大喜，赏赐给杨定大量金银珠宝，赠送宝镜、宝剑等物。杨定出使归来，仅向朝廷上交宝镜、宝剑，而将金银珠宝私吞，并在宋神宗面前夸下海口，称自己待下次出使之时，定可趁机刺杀谅祚。宋神宗不察，对杨定大加褒奖，擢升其知保安军。待种谔计取绥州，谅祚认定是杨定从中使诈，欺骗自己，决意杀杨定以报仇。十一月的一天，谅祚驻兵银州，以商议榷场贸易为名，诓骗杨定过界议事。杨定毫不怀疑，前往夏境赴会。谅祚擒杀杨定与都巡检侍其臻、顺宁寨巡检张时庸等人，抓捕杨定之子杨仲通，以为报复。

宋朝虽然在这一战中获胜，但种谔计取绥州，却引发了宋朝上下的大争论。种谔成功的消息传至延州，经略使陆诜不知种谔有天子密旨，随即上疏弹劾种谔擅兴边事。由于不知其中来龙去脉，最终弹劾自然也是石沉大海。

关于究竟是弃守绥州还是固守绥州，宋廷上下争议不休。以枢密使文彦博、吕公弼，御史中丞滕甫，知谏院陈荐、杨绘为代表的"弃守派"，纷纷上章要求朝廷治种谔罪，归还绥州，以安西夏。但薛向、贾逵、种谔等"固守派"，强调绥州的战略地位，坚持务必固守绥州的观点。宋神宗左右为难，只得任命老臣韩琦判永兴军兼陕西路经略安抚使，主持陕西大局，并令韩琦亲临一线访查"弃""守"利害。最终，韩琦持"固守"意见，宋神宗本便不愿意向西夏让步，只是唯恐西夏伙同辽朝向宋朝施压，现有老臣撑腰，遂诏令"绥州事如韩琦所议"，并任命嵬名山为右千牛卫上将军，赐姓名"赵怀顺"。

十二月，谅祚去世，年仅二十一岁，谥曰昭英皇帝，庙号毅宗，墓曰安陵。谅祚去世后，其子秉常继位，年仅七岁，其母梁太后垂帘摄政，梁太后的弟弟梁乙埋担任国相，执掌国政。梁太后、梁乙埋选用自己的亲属近臣把控要职，控制了西夏的最高统治权。

梁太后、梁乙埋控制西夏朝政后，面对的是谅祚留下的烂摊子。谅祚生前对宋作战失败，加之宋朝禁绝和市，使得西夏境内物价飞涨、民不聊生。梁太后、梁乙埋掌权后没有办法，不得不在一定程度上向宋朝服软。但宋神宗对于西夏反复无常的行径早已不满，趁西夏幼主新立之机，宋神宗提出册封秉常为夏国主的两个前提条件：一是交出杀害杨定等人的凶手，二是上报西夏各大首领、头目的姓名。

宋熙宁元年（西夏乾道二年，1068年）二月，宋鄜延镇抚使、判延州郭逵已派人侦查得知杀害杨定的凶手为西夏六宅使李崇贵、右侍禁韩道喜，于是借册封之机指名道姓向西夏索要。韩道喜平日里与梁太后的宠臣罔萌讹关系密切，连忙恳求罔萌讹救自己一命。罔萌讹与梁太后商议，欲救出李、韩二人。于是便遣使前往延州，向郭逵提议希望允许将李、韩二凶手斩于宋夏边境之上，以此向宋朝谢罪。郭逵不同意，笑道："这一看便是计划斩首两个普通的囚犯以欺骗于我。"遂发文至宥州，告诫夏人道："务必将李崇贵、韩道喜执送至宋朝，交由宋朝处置。"过了几天，西夏又回信郭逵，说已经将李、韩二人处死。郭逵便命人将二人的相貌特征标明，并画好二人画像，派专人前往西夏核对。梁乙埋知道宋朝决不肯在此事上善罢甘休，为防事态扩大，只得于同年三月，在派遣告哀使薛宗道入宋之时，执送李崇贵、韩道喜二人前往宋朝。二人不甘心就这样成为谅祚诱杀杨定一事的替罪羊，被执送至宋廷后，为获得宋朝的"从轻发落"，二人知无不言，将杨定曾向谅祚称臣的"卖国"之举和盘托出。宋神宗在知晓杨定的死因后，果然从轻处罚李、韩二人，将李崇贵发配洪州、韩道喜发配庐州，同时削夺杨定的官爵，并没收其全部家产。

宋朝与西夏在政治上斗智斗勇的同时，军事上继续延续此前的筑堡扼敌战略，即在西夏出入要道上修筑城堡，调兵驻守，既能够控制冲突规模，又可以有效遏制夏军活动空间。宋军占据绥州之后，这种遏制与反遏制的战斗日趋激烈。

韩琦知永兴军，经略陕西后，仔细分析沿边形势，并与诸将反复商议，最终决定修筑古城筚篥（今甘肃通渭西南），筚篥城修好后，可与古渭州（今甘肃陇西）成掎角之势，牵制西夏兵力。在得到宋神宗同意后，宋熙宁元年（西夏乾道二年，1068 年）五月，韩琦派遣秦凤路副都总管杨文广负责筑城事宜。

杨文广乃是宋初名将杨业的孙子、杨六郎杨延昭之子，自幼熟读兵书，深谙明修栈道、暗度陈仓之法。因此前宋军修建城堡，西夏在得知消息后便会立即出兵干扰破坏，故杨文广采取声东击西之策，先是召集众将士，声称奉命修筑喷珠城，果然西夏军队闻讯前去破坏。杨文广立即调整部署，率部急奔筚篥筑城。次日清晨，上当的夏军终于赶至筚篥城，但宋军此时已布防完毕，夏军无可乘之机。夏军在撤退时撂下"狠话"："等我回去后禀明国主，派出几万精锐骑兵把你们全部消灭。"杨文广并没有理会夏军的恐吓，反而派军追击，斩获甚多。部将询问杨文广为什么要追击夏军，杨文广解释道："先人一步便能夺人之气，筚篥城乃宋夏必争之地，我军若一战击溃夏军的信心与勇气，则其短时间内必不敢再来侵扰。"

事情的发展正如杨文广所预料的那样，同年七月，位于大甘谷口的筚篥新城筑成，宋神宗赐名"甘谷"。与甘谷城几乎相同时，宋朝又于擦珠谷筑寨，完工后，宋神宗赐名"通渭"（今甘肃陇西东）。

夏人不甘心看到宋军据有甘谷城以控扼交通要道，梁乙埋更是将甘谷城视为眼中钉、肉中刺，遂发兵前来攻取。不料夏军在前来偷袭的路上与宋朝秦凤路都监张守约所部遭遇，夏军仗着人多势众，兵分两路，分左右翼夹击宋军。张守约临危不惧，率领手下五百人迎战。张守约立马阵前，亲自擂鼓助阵，宋军凭借强弓硬弩，一顿连射，击杀夏军将佐多人。夏军试图冲破宋军防线不成，只得撤退。

梁乙埋夺取甘谷城失败，又点集诸监军司兵马，屯驻在距离环州（今甘肃环县）永和寨一百二十里的折姜会，欲寻找时机侵入宋境劫掠。这一举动被宋朝原州知州种古察觉，先发制人，率军出击，夏军未作防备，仓促应战，被宋军击杀二千余人。

西夏见宋朝在军事上占得先机，遂再次试图通过政治手段攫取利益。宋熙宁二年（西夏天赐礼盛国庆元年，1069年）二月，宋朝派遣河南监牧使刘航等册封秉常为夏国主。三月，西夏借着向宋朝上誓表的机会，提出"绥州乃是我夏国故地，希望宋朝能够允许西夏用塞门、安远二寨换回绥州"的请求。西夏的这种政治把戏已经无法糊弄宋朝，宋鄜延镇抚使、判延州郭逵指出，这是夏人的阴谋诡计，强调"西夏不先交出塞门、安远二寨，大宋决不交付绥州"。

果然，梁太后见宋朝既不肯先交还绥州，又断绝"岁赐"，为向宋朝施压，便于四月派兵进攻宋朝秦州，攻陷刘沟堡，杀宋守将范愿及士卒多人。

但宋朝不为所动，坚持西夏先交出塞门、安远二寨，然后才能得到绥州。不仅如此，宋神宗还下令禁止宋朝边民与西夏进行贸易，继续对西夏实施经济封锁。

宋夏双方经过反复的讨价还价，仍未达成一致。西夏只想借二寨从宋朝手中骗回绥州，并无真心交换的诚意，而宋朝也早已看穿西夏的讹诈之举，最终宋神宗下诏，停止以绥州城交换塞门、安远二寨之事，并改绥州为绥德城，选将任官，增添守御兵马、器械等。

西夏向外未能与宋朝达成和解，向内未能解决存在的经济危机，加上统治集团内部权力之争，引发了统治危机。此时的西夏内部，随着梁氏的统治渐趋稳固，梁太后决意废汉礼，行蕃礼，与谅祚时期制定的制度背道而驰。为了巩固自身统治，梁太后竭力排挤皇族嵬名氏出身的亲信重臣。如李元昊之弟嵬名浪遇，精通兵法，熟知边事，谅祚在位时曾担任国相，秉常继位后任都统军。因嵬名浪遇不肯归附梁氏，梁太后、梁乙埋便找了个借口罢免其军职，并将他的亲族家属全部迁往偏远地区，以杀鸡儆猴、震慑"异党"。打击皇族一系的同时，梁太后、梁乙埋不断擢升梁氏子弟及亲信党羽占据西夏各职能部门，以强化梁氏集团势力。梁太后与梁乙埋的所作所为，彻底激化了西夏皇族与后族间的矛盾，为模糊西夏国内的政治斗争与经济恶化状况，在对宋朝的政治讹诈失败后，梁乙埋便不断发兵侵扰宋境，以转移民众视线与积怨。梁太后、梁乙埋将西夏境内十五岁以上、七十岁以下的男性全部编入军籍，以便随时调兵出发。

宋熙宁二年（西夏天赐礼盛国庆元年，1069 年）末，梁乙埋亲率大军接连进攻宋朝顺安寨（今陕西绥德南）、绥平寨（今陕西绥德西南）、黑水堡（在绥平寨西北）等地，皆未成功。梁乙埋不愿就此退兵，便围攻绥德城，激战十余日。夏军人马众多，远远望去，满山遍野皆浓烟滚滚，火光冲天。宋朝守城将士向郭逵报告，郭逵笑道："不用担心，夏军快要坚持不住，即将撤军了，这不过是梁乙埋在虚张声势罢了。"果然正如郭逵所料，这只是西夏的疑兵之计，目的是为了掩护夏军在距离绥德城北四里的地方修筑八处堡寨，不久夏军果然撤兵，只在每个寨中各留三百人守卫。

宋熙宁三年（西夏天赐礼盛国庆二年，1070 年）四月，郭逵派遣监押燕达率军攻破绥德城北最大的两处堡寨，斩杀西夏首领多人。随后派人向其他六处堡寨送去文告，称"西夏违背誓约，侵入宋境修筑堡寨，罪大恶极。如果你们能够改过自新，自行撤退，我军便可以放你们一条生路。如若执迷不悟，我军便会立即将你们全部消灭"。余下六处堡寨的戍卒见状，急忙连夜退回西夏境内。

夏军放弃绥德城北八处堡寨引发连锁反应。当时宋朝庆州境内有一处荔原堡（今甘肃华池东），专门用来接纳内附的西夏人。后梁乙埋征发役夫十万人，在距离庆州二十里之地筑闹讹堡，与荔原堡对垒，又筑十二盘堡，闹讹堡、十二盘堡皆位于西夏境内。当负责筑堡的西夏首领得知绥德八堡戍兵皆溃归的消息后，亦停工不筑，等待西夏朝廷的进一步指示，但筑堡的民夫与士卒仍留在原地，并未撤还。

五月，宋朝庆州守将李复圭贪功冒进，命庆州蕃部巡检李宗谅率兵千余人从荔原堡出发，前去驱逐修筑闹讹堡的夏人，又令偏将李信等人率领三千士卒助战。西夏士兵、民夫见宋朝军队突然偷袭，大喊道："我们在自己的地盘上修筑堡寨，没有侵犯宋朝的利益！"见宋军不听，夏军凭借人数优势开始反击。李宗谅部很快被夏军包围，然而李信却按兵不动，坐视李宗谅部全军覆没。夏军歼灭李宗谅部后，立即调转马头，分左右两翼包抄宋军，双方接战后，李信部大败。夏军首领下令道"杀兵不杀将"，放李信等人逃还。

李复圭见李信惨败，心生恐惧。因为此前环庆路侦知夏人修筑闹讹堡的消息报告至京师，宋廷令李复圭严密监视敌情，不得贪图小利，草率出兵。为推卸责任，李复圭将李信、刘甫等败军之将斩首，又命部将郭贵、内殿崇班林广领兵西出邛州堡，深入十二盘，攻破栏浪、和市等寨，大掠金汤城。此时夏军主力已经撤退，宋军便杀死西夏老幼病残一二百人以冒充军功。

夏军得知宋军越境进犯后回师迎战，宋军夜渡浦洛河南撤。夏军紧紧追击，宋将林广声称将在浦洛河岸边设置强弓硬弩阻击，私下里却急忙率军撤回庆州。因金汤城遭受宋军袭击，梁乙埋遂增兵边境，加强防守。七月，李复圭又遣兵偷袭，消息泄露，夏军在洛河川设伏以待，宋军大败，主将赵克忠率领残兵败将向东绕道鄜延路，辗转一个多月才回到庆州。

宋熙宁三年（西夏天赐礼盛国庆二年，1070 年）八月，梁乙埋以宋军先对西夏发起进攻、杀掠吏民为由，遂纠集西夏全部兵力，倾国南侵。声称三十万大军，各携带百日口粮，准备进攻宋朝陕西沿边五路。后侦察得知宋朝环、庆等州防备薄弱，遂兵分数路侵入宋朝环庆路。

梁乙埋亲率大军进攻宋朝大顺城（今甘肃华池东北），大顺城副都总管杨遂派兵在大义寨阻击夏军，夏军攻击受阻，梁乙埋遂率夏军主力包围柔远寨（今甘肃华池），宋朝柔远寨守将林广领兵固守，命令手下士卒不得出寨接战。深夜，梁乙埋令夏兵焚烧积薪，以扰乱宋军军心，引诱宋兵出寨交战，但林广不为所动，继续依托防御工事坚守。梁乙埋只得在马平川安营扎寨，调集攻城器具，命令士卒用云梯、冲车大举攻城。林广见状，一面令手下将士死守，一面招募敢死队，连夜出城偷袭夏军军营，夏军被宋军敢死队反复袭扰，攻击大打折扣。

夏军攻击柔远寨受阻，遂分兵进攻荔原堡与淮安镇（今甘肃华池西北），俘虏一名驻守烽火台的宋军兵卒张吉。梁乙埋命人将张吉押送至东谷寨，威胁他向寨中喊话，称"淮安等寨已被夏军悉数攻破，应立即投降西夏"，不然就杀了他。面对威胁，张吉宁死不屈，向寨中高喊："兄弟们努力坚守！淮安诸寨仍在我军手中，夏军粮草已尽，马上就要撤退了，大家再坚持坚持，千万不要投降！"梁乙埋大怒，斩杀张吉于东谷寨下。

梁乙埋无奈，又率领夏军主力转攻西谷寨、业乐镇（今甘肃庆阳北），在距离庆州仅有四十余里的榆林扎下大营，前锋直抵庆州城下。宋将巡检姚兕等人领兵与夏军血战九日，仍不能击退夏军。宋朝庆州钤辖郭庆等领兵出战，被夏军击溃，郭庆与阁门祗候高敏、三班借职魏庆宗、秦勃等将校皆战死，庆州危在旦夕。

正当宋朝陕右一带形势危急之时，唃厮啰第三子、吐蕃首领、宋朝保顺军节度使董毡趁着西夏举国南侵、国内空虚之际，领兵攻入西夏西境，大肆抄掠。梁乙埋担心西夏腹地兴、灵诸州有失，急忙撤军回师，庆州之围遂解。

庆州之战，梁乙埋虽未占据庆州，但夏军士气大振，此后不断骚扰宋朝边境。与此同时，因陕西战火四起，宋神宗于熙宁三年（1070年）九月，任命参知政事韩绛为陕西路安抚使，度支员外郎、直舍人院吕大防为宣抚判官，负责对夏事宜。宋神宗痛恨西夏叛服无常、出尔反尔的行径，命郭逵拒绝西夏使者入境。看到宋朝态度如此强硬，意图与西夏绝交，梁太后、梁乙埋不禁着急起来。虽然西夏不断点集兵马侵扰宋境，可一旦绝交意味着他们将失去重要的经济支柱。梁太后遂于十二月派遣心腹宠臣罔萌讹为贺正旦使者，出使宋延州城，试图缓和关系。但是宋朝不想再与西夏做无谓的周旋，罔萌讹在延州碰壁，只得怏怏而归。

韩绛上任后，为改变夏攻宋守的不利局面，与种谔等人谋划发兵进攻横山，用"筑城迫城，移寨攻寨"之法，一步步蚕食西夏防线，迫使夏军后退。宋延州将折继世向种谔建议攻取啰兀城（今陕西米脂西北），进而占据黄河以南之地（此处指陕西、内蒙古交界的黄河以南地区）。

啰兀城为梁乙埋所建，位于绥州与银州之间的无定河东岸滴水崖，滴水崖崖高十余丈，下临无定河，扼守横山要冲。种谔向韩绛建议，由绥德城发兵，北取啰兀城，然后在其周围创置六处堡寨，便可由此控制方圆数百里之地，并打通前往河东路麟、府二州的道路，使鄜延路与河东路互为掎角之势，东西策应，以牵制西夏。韩绛将计划上奏宋神宗，得到神宗的全力支持。神宗以韩绛为陕西、河东路宣抚使，吕大防为陕西、河东路宣抚判官，全权协调、指挥两路兵马。

宋熙宁四年（西夏天赐礼盛国庆三年，1071 年）正月，韩绛以种谔为鄜延钤辖，率所部二万人马兵出无定河，北上夺取啰兀城。韩绛命河东宋军先行进攻银州，以牵制夏军。没想到消息泄露，梁乙埋集中兵力提前在铁冶沟设下埋伏，准备围歼宋河东军。宋军不察，进入包围圈中，被夏军击溃。宋朝宁州团练使刘阗率所部断后，力战不屈，身中数箭仍死战不退，终使宋军免于全军覆没。

种谔与刘阗又合兵进攻啰兀城。种谔领兵先至抚宁堡（今陕西子洲北），夏军不战而降，随后宋军进抵啰兀城。镇守啰兀城的是西夏都枢密使哆腊所部，听闻宋军来犯，哆腊亲率手下十三钤辖、军士三千人，在啰兀城北的马户川列阵，意欲与宋军决战。种谔以先锋高永能同样率军三千迎战，前后五战，夏军皆北，宋军斩杀夏军一千二百余人，俘虏一千四百余人。哆腊见势不妙，率领残兵败将退守立赏坪，坚壁不出。种谔派遣手下给哆腊送去三套妇人的衣服，羞辱他胆小如鼠、不敢出战。次日又派遣部将吕真率领一千士卒前去侦察敌情，正巧刮起大风，宋军士兵行军扬起沙尘，夏军见状大惊失色，惊呼："大事不好！宋军主力来了！"吓得哆腊弃城逃命，夏军不战而溃。种谔率军进占啰兀城，抢修工事，后宋廷将啰兀城更名"嗣武寨"。

种谔又于赏逋岭击溃夏将讹革都哆所部的阻击，进筑永乐、赏逋二寨，派遣都监燕达、赵璞冒雪修筑抚宁故城（今陕西米脂南），筑荒堆三泉、吐浑川、开光岭、葭芦川诸寨。西夏银州将领香崖率军数万前来争夺荒堆寨，宋朝麟州都监王文郁率军击溃香崖部，追杀二十余里，夏军被俘二千余人。宋朝在西北战场上取得重大战果。

啰兀城失守后，西夏一面点集大军预备反扑，一面遣使向辽朝求援，辽道宗答应发兵三十万助战。当然，辽道宗所谓发兵助战只是在口头上对西夏的鼓励，实际上压根没有出兵援夏的举动。不过，辽朝的空头支票给了西夏希望，在一定程度上为夏军的反攻提供了精神支持。

二月，梁乙埋集中十二监军司兵马围攻宋军刚修筑完毕的抚宁堡。距离抚宁堡不远处，宋将燕达率军驻守在啰兀城，折继世、高永能率部驻守在细浮图堡。此时，一向积极主战的宋将种谔却一反常态，畏惧夏军声势浩大，不敢发兵增援。梁乙埋见宋朝援军不敢出战，也就不再有顾忌，指挥夏军主力对抚宁堡发起总攻。抚宁堡孤立无援，很快便被夏军攻陷，抚宁堡周围各新筑城堡也相继陷落，宋朝损失守军千余人。

梁乙埋乘胜进击，又率军围攻顺宁寨。梁乙埋将夏军主力埋伏在顺宁城濠之外，只派遣部分士卒前往城下挑战。宋朝知保安军景思立不考虑敌我力量相差悬殊的严峻形势，强令诸将出城迎战。宋军一出城便很快处于下风，大败而归。夏军围攻顺宁寨数日，城中人心惶惶。

说来也巧，值此危急时刻，顺宁寨中有一李姓娼女，熟谙西夏梁太后暗中与谅祚私通，谋害亲夫的一段既风流又狠辣的往事，主动请求登城羞辱夏军，以助宋军退敌。只见李姓娼女登上城头，向围城的夏军将士高声怒骂梁太后的"隐私"。城下夏军羞愧难当，纷纷向其射箭，竟然无一人射中。李姓娼女越骂越来劲儿，言辞越发不堪入耳。夏军将士害怕知晓太多梁太后隐私，回去后被太后治罪，皆掩耳遮面，停止攻城。西夏将领见状，急忙托言粮草已尽，解围退去。

抚宁堡陷落后，宋朝众臣皆认为啰兀城已不可守。正好此时，宋朝戍守西北重镇庆州（今甘肃庆阳）的二千士卒，因内部矛盾，在广锐都虞候吴逵的率领下发动兵变，大肆掠夺，夺关而出，一时关陕骚然，宋神宗只得于三月间下令放弃啰兀城，退守绥州。宋朝进驻啰兀城的军事行动，仅仅两个月就以失败告终，为安抚人心，宋神宗将韩绛贬为邓州知州，将种谔贬为贺州别驾。

西夏虽趁抚宁之战收复了包括啰兀城在内的几个堡寨，但啰兀城外三百里之地，房舍被毁，边民流离失所，又耽误了春耕，加之宋朝断绝给予西夏的岁赐，西夏国内矛盾不仅没有随着梁乙埋发动对宋战争得到缓解，反而愈加被激化。在财力日竭，百姓怨声载道的情况下，五月，西夏韦州监军司遣人至宋朝环州请和，梁乙埋亦派遣使者前往宋绥德城，称国主（秉常）希望宋朝能够将绥州赐予西夏，然后双方和好如初。九月，梁太后也派遣大使阿泥嵬名科荣，副使吕宁、焦文贵由延州入贡，奉表请求宋朝归还绥州，以息干戈。对于西夏"以攻战佐和议"的惯用伎俩宋朝早已熟知，故宋神宗断然下诏，称可以与西夏讲和，但绝不将绥州交还西夏，并且诏令鄜延路经略司定立绥州城界，加强防御。

结果正如宋廷所料想的一样，为迫使宋朝让步，夏军不断侵扰沿边诸州。宋神宗为坚定边将抗击西夏的决心，于十月又下令陕西路与河东路严厉禁绝边民与西夏私下贸易。面对宋朝的强硬态度，西夏最终放弃索还绥州，经过与宋朝反复商议与讨价还价，于宋熙宁五年（西夏天赐礼盛国庆四年，1072 年）七月，确定以北距绥州城界二十里处为宋夏绥州一带边界。此时熙宁变法已渐次展开，而啰兀城等堡寨的得而复失，更加坚定了宋神宗、王安石君臣锐意变法、整饬边防、平定西夏的决心。

二、变法强兵，熙河拓边

宋神宗继位之时，不足二十岁，血气方刚。当时宋朝自范仲淹主持庆历新政改革失败以来，社会矛盾愈加尖锐复杂，改革时弊，振兴大宋，成为宋朝有识之士的共同目标。有鉴于此，宋神宗继位以后，意识到必须改弦更张，富国强兵。在诸多改革呼声中，王安石的见解在士大夫中得到广泛赞誉，也引起了宋神宗的注意。

王安石（1021—1086 年），字介甫，号半山。抚州临川（今江西省抚州市）人。宋朝著名政治家、文学家、思想家、改革家。庆历二年（1042 年），王安石进士及第。历任扬州签判、鄞县知县、舒州通判等地方州县官，留意民生疾苦，兴修水利，兴办学校，政绩显著。熙宁二年（1069 年），升任参知政事，次年拜相，主持变法。因守旧派反对，熙宁七年（1074 年）罢相。一年后，被宋神宗再次起用，旋即又罢相，退居江宁。元祐元年（1086 年），保守派得势，新法皆废，王安石郁然病逝，享年六十六岁。累赠为太傅、舒王，谥号"文"，世称王文公。

早在王安石任鄞县知县时，便"慨然有矫世变俗之志"，兴利除弊，改革县政。在春天青黄不接之时，将官粮贷给县民，规定一定利息，于秋后归还，既使县民免受高利贷者的重利盘剥，又使官仓中的粮食得以新陈替换。担任江南东路提举刑狱时，又改革此前严禁私人贩卖茶叶的"榷茶法"，改官府专营为商人营销、官府抽税之法，取得很好的效果。

熙宁元年（1068 年），王安石入京奏对，在写给宋神宗的《本朝百年无事札子》中具体阐述了他的富国强兵的政治主张，与宋神宗变法改革的思想不谋而合。宋神宗力排众议，于熙宁二年（1069 年）二月，擢升王安石为参知政事，制置三司条例司，主持变法事宜。不久之后，一场在广度和深度上都远远超过庆历新政的变革运动在宋朝全国自上而下地展开了。因当时年号熙宁，故此次变法运动被称作"熙宁变法"。王安石罢相后，宋神宗于元丰年间又对官制、兵制等进行变革，故又合称为"熙丰变法"。待反对变法者主持朝政，为方便攻击新法，便有意摆脱宋神宗与变法之间的关系，将"熙宁变法"或"熙丰变法"改称"王安石变法"。

在宋神宗的全力支持下，农田水利、青苗、均输、保甲、免役、市易、保马、方田等新法陆续制订、推行。宋神宗与王安石变法的主要目的便是富国强兵，制服西夏，然后北上收复燕云失地，所以神宗君臣对宋朝军事体系亦进行全方位改革。

宋仁宗时期，宋朝军队人数空前庞大，然而士兵缺乏训练，战斗力极弱。对此，熙宁二年（1069 年），神宗下诏精简军队，淘汰老弱，规定禁军每营马军三百人、步军四百人，不足者裁撤并省。熙宁四年（1071 年），各地厢军按照禁军标准进行裁减调整。同时在各州设置指挥若干人，每指挥定额下辖五百人。经过裁军，全国禁军、厢军总数共计八十余万人，较宋英宗时期减少三十余万人，节约大量军费开支。在此基础上，宋神宗君臣改革兵制，颁行"将兵法"。

将兵法亦称置将法，即把军队以"将"为单位分别固定于戍守地区，配备军官将领专职训练。每将统兵三千至万余人不等，设置正将、副将各一人，挑选久经战阵的武将充任，专掌训练。下设押队使臣、训练官、部将、队将等，基层每队约五十人。将兵法实施后，宋朝一改过去实行更戍法时，全国上百万职业军"兵无常帅，帅无常兵"，终年"饱食安坐以嬉"的腐败局面，出现了"兵知其将，将练其士"的军事上的崭新局面。

熙宁七年（1074年）起，宋神宗在宋朝境内陆续设置了一百余将。其中在西北边境上置四十二将，即鄜延路九将、泾原路十一将、环庆路八将、秦凤路五将、熙河路九将，士兵共计二三十万人，在与西夏接壤地区，宋朝屯驻了大量经过严格训练的军队，大大增强了御敌能力。此外，宋朝推行的保甲法、保马法等一系列新法以及建立军器监等措施，有力地增强了军事实力，对巩固边防起到了重大作用。

与庆历新政的结局相同，新法触犯了既得利益者的利益，遭到猛烈抨击。熙宁七年（1074年）四月，王安石罢相，以观文殿大学士出知江宁府。熙宁八年（1075年）二月，宋神宗重新起用王安石为相。熙宁九年（1076年）十月，王安石二次罢相，出判江宁府。次年又辞去判江宁府一职，隐居江宁钟山，度过了人生的最后十年。

熙丰变法，虽未能完全达到宋神宗、王安石君臣的预定目标，但在一定程度上使宋朝摆脱了积贫积弱的不利状况，国力较之前大为增强，尤其宋朝在拓边西北与制服西夏上取得了辉煌的成果。

时间来到宋神宗熙宁年间后期，宋夏间军事政治形势发生重大变化。一方面，宋朝得益于新法的实施，初步实现富国强兵的目标，军事力量明显提升。另一方面，西夏由于统治集团内部的长期斗争，已失去早期对外扩张的锐气。辽朝国力也开始走下坡路，无法给予西夏以实际的支持。宋朝自攻取绥州开始，已由战略防守转向战略进攻，虽在啰兀城遭遇挫折，但总体而言，此时的宋夏战争已呈现出宋进夏退的局面。为进一步使战争形势向有利于宋朝的方向发展，宋神宗君臣将目光投向了宋朝西部的河湟地区。

西夏建国后，宋朝疆域向西延伸至湟水、洮水与黄河上游一带，即今甘肃和青海的交界地区。在这一地区，有以唃厮啰为首领，以青唐城为中心的吐蕃政权，即前书所言唃厮啰政权，基本统一了西北各吐蕃部族。宋英宗治平二年（1065 年），唃厮啰去世，唃厮啰政权分裂。唃厮啰第三子董毡，占据湟水流域的青唐、宗哥、邈川等重要城镇，势力最盛。以唃厮啰、董毡家族为首的河湟地区各吐蕃部族，一直在宋夏军事政治关系中占据重要地位。河湟地区作为西夏右臂，不仅屏障西夏，同时也是西夏南下扩张的重要通道，半个世纪以来深受西夏困扰的宋朝君臣，此时为反击西夏，自然将河湟地区的吐蕃人作为突破口。

宋神宗继位当年（1067 年），建昌军司理参军王韶"客游陕西，访采边事"，见宋神宗智勇双全，有志于天下，遂专程从边地来到京城，上献《平戎策》三篇，共数千言：

我大宋想要平定西夏，必须先收复河湟地区（即湟水与黄河合流处，今甘肃南部、青海东部一带）。想要收复河湟地区，需要先以恩信招抚沿边各部族。只要我们收复了河湟地区，西夏便会有腹背受敌之忧，我们便可以一举荡平西夏。自大唐乾元年间开始，吐蕃攻陷河陇，如今董毡不能控制吐蕃诸部，诸部各自为战，莫相统一，我大宋应趁此良机一统吐蕃诸部，以断夏人右臂。西夏连年进攻青唐城，至今尚未攻克。然而夏人若一旦得手，他们必会合兵南下，大肆进犯我大宋秦州、渭州一带，牧马于兰州、会州（今甘肃靖远）之间。若截断古渭州之地，向南降服吐蕃诸部，向西筑武胜城（今甘肃临洮），并派遣军队掠夺洮（今甘肃临潭）、河（今甘肃临夏）等地，则我大宋陇、蜀一带必被惊扰。现在，吐蕃四分五裂，根本无力与西夏抗衡。况且自武威以南，至于洮、河、兰、鄯（今青海乐都）诸州，本便是汉唐故地，湟中、浩亹、大小榆、枹罕等地，土地肥美，适宜种植。若我朝能够统一吐蕃各部，给予他们保护与安抚，则各部皆会归顺我大宋。一旦诸部皆归附我朝，则唃厮罗必不敢不归附。一旦唃厮罗归附我朝，西夏也就在我大宋的股掌之中了。

王韶在《平戎策》中指出河湟地区在宋夏战争中的重要战略地位，精确分析了当地吐蕃各部族的实际情况。在此基础上，他进一步解释，宋朝进取河湟，不仅能够强化宋朝西部边防，还可以河湟地区为基地，配合宋朝陕西军与河东军，从东、南、西南三个方向威胁西夏，最终达到彻底制服西夏的战略目标。

王韶"拓边青唐"的战略主张得到宋神宗与王安石君臣的高度赞赏，

宋神宗当即任命王韶为管勾秦凤路经略安抚司机宜文字，全权负责拓边事宜。

王韶到秦州后，首先建议开垦渭河两岸闲田，并筑渭、泾上下二城，用以屯兵与招纳洮州、河州的部族民户。又在古渭寨设市易司，以吸引附近吐蕃部族来附。为增强王韶的权力，宋神宗与王韶间建立起专门的政令上传下达渠道。同时，王安石力排众议，擢升其提举秦凤路蕃部及市易司事，并建议神宗"别置一路，如麟府军马司"，得到宋神宗允准。

熙宁四年（1071年）八月，宋朝置秦凤路沿边安抚司（洮河安抚司），以王韶为安抚使兼营田市易司事，高遵裕为副使。得到宋神宗、王安石全力支持的王韶，正式开始进行对河湟地区的经营。

王韶计划第一步先争取吐蕃大族首领俞龙珂的内附。计划开始实施，王韶借巡边之机，亲率数骑直至俞龙珂帐中，向其陈述利害得失，并留宿帐内，以示坦诚相见、无有猜疑之心。俞龙珂被王韶的真诚打动，最终亲率其部属十二万之众归附宋朝。俞龙珂归宋后，向宋神宗自陈"平生素闻大宋包拯大人为朝廷忠臣，希望朝廷赐姓'包'"。宋神宗准允其请，赐其姓名曰"包顺"。不久又授其为青唐一带并岷、洮等部蕃部巡检。

宋朝对吐蕃的招抚令西夏统治者感受到了深深的威胁。梁氏一面调兵遣将进行防备，一面又千方百计联结吐蕃诸部，以共同对付宋朝，阻挠宋军进取河湟地区。为了自身安全，西夏梁太后甚至以爱女出嫁董毡之子，想借此平息旧怨，结盟抗宋。

吐蕃大首领董毡有子名蔺逋比，蔺逋比曾娶甘州回鹘王的女儿为妻。

环庆之战中，董毡派遣蔺逋比率军进攻西夏，宋朝为此授予蔺逋比锦州刺
史之职。西夏梁太后本便忌惮董毡的势力，早就想与其结盟，此时借宋将
王韶降服青唐，收复河湟地区吐蕃诸部的大好机会，立即提议与董毡结为
秦晋之好，既解董毡之困，又破宋朝夹击西夏之围。董毡同样希望借助西
夏的力量抵挡宋军，双方一拍即合。宋熙宁五年（西夏天赐礼盛国庆四年，
1072 年）正月，梁太后将西夏国主秉常的妹妹许配给蔺逋比为妻。

　　宋朝方面，受西夏与董毡联姻的刺激，也加快了拓边青唐的进程。熙
宁五年（1072 年）五月，宋朝升古渭寨为通远军（今甘肃陇西），后又升
为巩州，以王韶兼知通远军，王存权通远军都监，并筑渭源堡（今甘肃渭
源），屯兵练军，以此作为开拓边地的出发点。

　　七月，王韶率军正式展开拓边青唐的战役。宋军向西越过竹牛岭（今
甘肃渭源五竹镇），至抹邦山（也作秫邦山，位于今甘肃临洮南），击破以
蒙罗觉为首的马尔水巴族，又筑庆坪堡（今甘肃渭源境内），洮水以西各吐
蕃部族大为震动。闰七月，吐蕃首领木征东渡洮河前来支援，王韶命部将
景思立、王存率领泾原兵马出竹牛岭南路，虚张声势，以吸引敌军注意力，
自己则暗中率领宋军主力由庆坪堡过竹牛岭北路，顺东峪河谷直趋武胜城。

　　武胜城位于洮河下游东岸，是西夏南下控制洮河流域通道上的必经之
路，西夏不能坐视宋军占据武胜。西夏谋士景询为国相梁乙埋出谋划策，
建议他趁着宋军进攻吐蕃诸部的混乱时刻，发兵攻取武胜城。此时，面对
西夏大军的进攻，吐蕃将领瞎药渐渐抵挡不住。眼见城池即将被夏军攻破，
王韶率领的宋军却出其不意，突然出现在夏军身后。夏军仓促迎战，被宋

军击溃，争相逃命奔走。驻守武胜的吐蕃军队同样不敌宋军，宋军攻取武胜城。瞎药丢了武胜城，无处可去，只好经河州投奔宋朝。宋神宗授其内殿崇班，并赐姓名"包约"。

夏人眼睁睁看着到手的城池被宋军攻占，却没有任何办法。梁乙埋不甘心煮熟的鸭子飞了，于是年年底，命西夏宥州向宋朝延州递交文牒，称"宋将王韶占据西夏武胜城，招诱附属西夏的部落，希望宋朝能够将武胜城归还西夏"。宋神宗看到文牒内容后大怒道："夏人竟敢如此蛮不讲理！"命令延州回牒，严厉切责。尽管如此，碍于宋朝正忙于拓地青唐，宋神宗还是下诏戒谕边地将吏"毋先生事"，尽量避免与西夏发生冲突。

然而梁乙埋一心欲报武胜城失利之仇，在次年（宋熙宁六年，西夏天赐礼盛国庆五年，1073年）二月，以宋朝顺宁寨人逃入西夏，宋秦州将刘绍龙率兵追赶，抓获一批西夏人做人质为由，借机进行报复。梁乙埋命人前去宋朝边境侦察防务，间谍报告宋秦州无备，梁乙埋便派兵侵扰秦州，结果被宋朝都巡检刘惟吉击退。

放下西夏方面的报复暂且不提，熙宁五年（1072年）八月，王安石向宋神宗呈上王韶捷报，称已拓地一千二百余里，招附民户三十余万人。王安石指出，既然洮河以西已被我大宋收复，应将市易司移至武胜，将武胜城打造成为区域中心城市。宋神宗全部准允，下诏以武胜城为镇洮军，置市易司，以高遵裕兼知镇洮军。王韶以功进授右正言、直集贤院，加集贤院修撰。十月，宋神宗又升镇洮军为熙州，并置熙河路，治所在熙州，辖熙、河、洮、岷（今甘肃岷县）、宕等州及通远军，以王韶为熙河路都总管、经略安抚使兼知熙州，并加龙图阁侍制。由于河、洮、岷三州尚未被收复，故宋神宗诏令王韶加紧拓地熙河事宜，给予其"便宜行事"之权。王韶一面修筑城寨，加强防御，一面整军备战，为攻取熙州以南、洮河上游各州城做好准备。

宋熙宁六年（西夏天赐礼盛国庆五年，1073年）二月，王韶率军经香子城（今甘肃和政）进讨河州，守将木征战败，弃城遁去，宋军攻取河州。在王韶率军与木征作战，攻取河州之时，梁乙埋判断出此时宋朝陕西沿边应正缺少防备，便点集军马，渡过黄河，屯驻在天都山及芦子川旁，并联络驻马衔山的吐蕃凫谷族作为后援，计划寻找时机大举进犯宋朝边境。但未等夏军发动进攻，便传来王韶攻下河州、击败木征的消息。梁乙埋见势不妙，急忙下令撤军。此时，宋军不仅占据了武胜城，还收复河州、洮西一带，为防止宋军乘胜由西面进攻夏境，梁乙埋下令抢修凉州城及附近堡寨，严加守御。

八月，鉴于河州被木征再度夺回的现状，王韶命部将景思立屯兵香子城（后赐名宁河寨，今甘肃和政），自己则率军南下，穿过露谷山（今甘肃临夏太子山），进入洮州境内，击破木征弟巴毡角部，切断其北上支援木征的道路。然后王韶回军北上，会同景思立等部分道进攻河州，木征再次遁逃，宋军再占河州。王韶留景思立镇守，自己则亲率宋军主力南下进攻岷州，岷州吐蕃首领木令征（木征弟）举城归附。宋军随即行军东南，攻取宕州。随后，叠州吐蕃策凌卜部与洮州吐蕃卦斯敦部皆归附宋军。

宋朝此次拓边战役取得辉煌胜利，辟地南自宕州南边的临江寨，北至河州北边的安乡城，其间包括熙、河、洮、岷、叠、宕六州，幅员二千余里。当时因王韶行军深山之中，与朝廷失去联系多日，边地盛传其已全军覆没。待捷报传来，宋神宗不禁喜出望外。宋神宗为此特进王韶为左谏议大夫、端明殿学士，后又加资政殿学士。宋神宗亲自解下自己所佩玉带赐予王安石，以表彰其坚决支持王韶开边的功绩。宋神宗对王安石说道："拓边熙河的军事行动，朝廷内外反对声四起，朕也一度想要终止行动，正是在你的坚决坚持下，才有今日的成功。如果没有你，拓边熙河之役，一定无法成功。今天朕以所佩戴的玉带赐予爱卿，以表彰爱卿的功绩。爱卿以朕的玉带传给你的后世子孙，以记录朕与爱卿君臣相逢相遇相知的瞬间。"

王韶拓边青唐取得了空前的胜利，但宋朝对熙河的统治还远未能稳定。宋熙宁七年（西夏天赐礼盛国庆六年，1074 年）二月，董毡部将鬼章派遣间谍来到宋河州，面见河州知州景思立，称"木征留在踏白城（今甘肃临夏西）的数千部众希望投降宋朝，请大人派兵前去接应"。景思立认为这正是攻取踏白城的大好时机，遂亲率骑兵前往。而河州通判鲜于师中认为此事有诈，劝景思立不要前去，景思立不听。果然景思立中了埋伏，与走马承受李元凯等人战死于踏白城。鬼章乘踏白城之胜进围河州城，鲜于师中率领守军拼死抵抗，鬼章见一时难以攻下河州，便转攻岷州，熙河路一时间战火四起。此时王韶正自京师返回途中，听闻宋军踏白城败绩以及河州、岷州被围的消息后，立刻星夜兼程赶到熙州，布置御敌征剿事宜。

四月，木征投奔西夏求援，梁乙埋应木征请求，派遣七千兵马在马衔山（今甘肃榆中西南）设伏，自己则率领夏军主力沿结河川南下增援。面对不利局面，宋军诸将皆建议先解河州之围。唯独王韶不赞成道："敌人之所以敢兵围河州城，是因为仰仗有西夏作为外援。如今得知我大宋援军赶至，一定会提前设下埋伏，伏击我军。况且敌军刚刚取得胜利，士气正盛，我军不可与其正面交锋。不如攻其不备，出其不意，直接攻击敌人所仰仗的西夏势力。"宋军众将佩服王韶的远见卓识，遂全军直趋定羌城（今甘肃广和），截断夏军西向增援河州的道路，进而击破结河川各部族，攻取河州外围的宁河寨，粉碎了西夏的图谋。梁乙埋无奈，为保存夏军的有生力量，只得令西夏军队撤出战场。木征力蹙势穷，被迫率领大小首领八十余人向宋军投降。宋神宗诏令王韶将木征及其妻、子护送至京城，以木征为团练使，赐姓名曰"赵思忠"。次年（宋熙宁八年，西夏大安元年，1075年）十二月，熙河经略安抚使王韶以功拜枢密副使。

战争之外，宋夏双方又通过各种政治手段争夺熙河地区吐蕃各部族。像吐蕃僧人李芭毡，拥有众多部族，自然成为宋朝与西夏争相拉拢的对象。宋熙宁八年（西夏大安元年，1075年）五月，梁乙埋威逼利诱李芭毡归附西夏。宋朝接到奏报后，神宗立即诏授李芭毡为三班差使、本族巡检。两相比较之下，李芭毡接受了宋朝官职，坚决不依附西夏。

此外，宋朝还在熙河地区施行了一系列的相应措施：推行屯兵营田政策，努力使当地粮食实现自给自足；在各冲要之地筑城建堡，开辟往来通道，招募武士充实边地防务，并使各族士兵在管理上逐渐趋于一致；利用吐蕃民众信仰佛教的特点，将佛教作为怀柔远人的精神纽带，诏命熙河路各州皆兴建佛寺，大兴佛事。从结果上看，宋朝的种种措施起到了颇为有效的成果，终于堵住了西夏联结吐蕃向南扩张的通道。

宋朝拓边熙河的成功与新法的成效，大大激发了宋朝发兵征讨西夏本土的斗志。王安石更是声言："如今中国地广民众，国富民强，陛下聪明齐圣，忧勤恭俭，区区西夏，对于陛下而言一定是手到擒来。"这番豪言壮语给予宋神宗以极大鼓舞，坚定了其荡平西夏的决心。虽然王安石早已于熙宁九年（1076年）十月二次罢相，退居江宁，枢密副使王韶也于熙宁十年（1077年）被罢职，贬知洪州，宋神宗失去两名得力支持者，但此时西夏内部政局再次风云突变，统治者内部的再一次变生肘腋，终于促使宋神宗发动了旨在一举消灭西夏的灵州大战。

三、五路伐夏，先胜后败

宋熙宁九年（西夏大安二年，1076年）正月，夏国主秉常年满十六岁，正式开始亲政。秉常亲政后，为树立威望，采纳梁乙埋的建议，点集大量骑兵、步兵出入宋朝麟州、府州之间，以示兵威。随即又点集十二万兵马，欲以六万围攻宋朝熙、河二州，以六万阻击宋朝援军，摆出一副志在必取的架势。为了保险起见，秉常又派遣大量间谍潜入宋境，刺探宋朝军事情报，以便采取对策。

西夏的间谍工作取得了一定的成果，为了达到目的，可谓花样繁多。宋元丰元年（西夏大安四年，1078年）三月，秉常又派遣西夏人嵬心潜入宋朝环州。嵬心除刺探军事情报外，还四处煽风点火，蛊惑人心，扬言西夏已点集大军，即将对宋朝环庆路发起进攻，一时间人心惶惶。宋朝边吏经过对消息来源的不懈追查，最终将嵬心抓获并处死。

宋元丰二年（西夏大安五年，1079年）二月，秉常又派遣西夏人昌宁假装投降宋朝。为使得"诈降"显得真实，秉常还专门遣使向宋朝送去文书，要求宋朝遣返昌宁。宋朝自然是不同意放回，还给予昌宁田地房产，以表彰其内附之举。昌宁见取得宋朝信任，便与苏呢等人开始刺探宋军边防信息。宋朝边吏一时不察，使得昌宁等人将大量情报成功送回西夏。但纸终究包不住火，没有不透风的墙，过了几个月后，昌宁等人还是被宋朝发觉，亦被逮捕并处死。西夏间谍还曾成功收买了宋朝边民刘勃怡，使其侦察宋军边防虚实，直到事情败露，刘勃怡被宋朝边吏处死。

与间谍渗透相同时，西夏对宋朝边地的军事侵扰亦从未停息。宋元丰二年（西夏大安五年，1079年）七月，秉常以宋朝处死昌宁为由，命令夏军进攻绥州，被鄜延都监高永能领兵击退。宋丰三年（西夏大安六年，1080年）三月，梁乙埋又谋划攻取宋朝河州之地。九月，梁乙埋率领二万骑兵围攻宋朝熙河当川堡，高永能领兵一千前去救援。夏军见宋军人少，立即将高永能部团团围住，梁乙埋更是以"谁能够生擒高永能，重重有赏"来激励部下。高永能临阵不乱，命令士卒占据险要地势，一面保持阵型，一面且战且退。夏军紧追不舍，誓要将宋军一举歼灭。高永能见状，命骑兵在马尾上捆绑树枝，扬起大量沙尘。夏军见尘土飞扬，喊杀震天，以为宋朝援军赶至，不敢恋战，高永能成功率军杀出重围。

正当秉常摩拳擦掌，准备效法先人大展宏图之时，没想到再次变生肘腋，西夏又一次发生内乱。原来秉常亲政后，对梁太后、梁乙埋等人干预朝政之举大为不满，为削弱梁氏势力，于西夏大安六年（1080 年）正月下令"西夏境内全面废除党项旧俗，全面恢复使用中原汉地礼仪"。此举无疑与提倡党项旧俗的梁太后、梁乙埋等人公然对抗。梁氏专擅朝政多年，朝中大臣多为梁氏一党党羽或附庸，秉常的诏令一经下达便遭到大臣们的一致反对。包括梁乙埋等权臣在内的大臣纷纷进言，劝其收回成命，但秉常不为所动，仍然坚持己见。

为抗衡梁太后、梁乙埋集团，西夏大安七年（宋元丰四年，1081 年）三月，秉常的亲信将领李清（原陕西人）向其建议，以黄河以南之地划归宋朝，与宋结好，以换取宋朝支持，借助宋朝的力量削弱梁氏集团势力。秉常接受了李清的建议，正准备派遣李清前往宋朝联络，没想到梁太后、梁乙埋等人在秉常身边早已安插眼线。梁太后获知此事后，与心腹大臣罔萌讹商议，设计用酒宴诱请李清，然后将其抓获处死。随即梁太后、梁乙埋发动政变，将秉常囚禁在兴庆府外的木寨中，断绝其与外界的一切联系。梁乙埋与罔萌讹等人聚集人马，试图封锁消息。但西夏上层统治者内部发生如此重大变故，国人又怎会不知。消息传出，内外哗然，拥护秉常的亲信将领和各部首领纷纷拥兵自重，与梁氏集团对抗，梁乙埋用天子银牌下令亦无人从命，西夏境内一片大乱。

西夏统军禹藏花麻素来与梁太后、梁乙埋不和，此时见二人合谋犯上作乱，幽禁国主，专擅国事，更是心怀怨恨。于是，禹藏花麻在五月上表宋朝，称"西夏母子失和，杀其重臣（指梁太后杀李清一事），朝野上下群情激奋。如果宋朝发兵前来讨伐，我必举族以为内应"。

宋朝边臣鄜延路沈括、秦凤路李宪、环庆路俞充、熙河路苗授、河东路王克臣以及权鄜延路军马副都总管兼第一将种谔等人皆以为这是兴兵伐夏的大好时机。宋朝庆州知州俞充上疏称："如今夏人怨恨梁太后、梁乙埋等人，我大宋师出有名，这是上天灭亡西夏的征兆，朝廷灭夏必当势如破竹、易如反掌。"种谔也上奏朝廷道："我大宋册封的夏国主秉常无端被他人囚禁，我们应该兴师问罪。"种谔应召进京时更是对宋神宗夸口道："臣必当生擒秉常来献给陛下。"同时种谔还指出，"辽朝早有觊觎西夏之心，如今西夏内乱，一旦辽朝先发制人，吞并西夏，对宋朝而言将会造成极大威胁。同理若宋朝荡平西夏，则契丹必将势单力孤，形势将会朝着有利于宋朝的方向发展"。

宋神宗早有消灭西夏、洗雪前耻之心，见天赐良机，又受到边臣怂恿，遂果断决定大举伐夏。当然宋朝内部也有许多大臣反对出征讨伐西夏，只是宋神宗此时一心想要伐夏，自是不会听从反对的声音。

六月，宋神宗诏令熙河经制使李宪（宦官）为统帅会同陕西、河东五路大军伐夏，分道并进，从东、南、西南三个方向进攻西夏核心地区，计划先攻下灵州，然后直捣西夏都城兴庆府。具体作战方案为：东线，签书经略使事内侍（即宦官）王中正兵出河东路，种谔兵出鄜延路，受王中正节制，二路大军会师夏州，随后攻取怀州，然后进攻兴庆府，与泾原、环庆二路大军会合；南线，环庆经略使高遵裕兵出环庆路，泾原副总管刘昌祚兵出泾原路，受高遵裕节制，二路大军会师灵州，然后直捣兴庆府；西南线，李宪兵出熙河路，进攻西夏右厢，进而转向进攻兴庆府，并以吐蕃军队配合李宪，攻击西凉府。宋朝以五路大军，共计近五十万兵马全面进攻西夏，计划借此使得夏人顾此失彼，从而毕其功于一役，一举荡平西夏。

出兵之前，宋神宗先令保安军移牒西夏，称"西夏世世称藩，朝廷每年赐予岁赐。这些年来，西夏遵奉誓表，谨守臣礼，故朝廷亦恩赐备至。然而近闻西夏国主为强臣所囚，不能主持国事，甚至连生死亦无从知晓。如今朝廷即将派遣使者前往西夏赐予国主礼物，也不知道应赐予何人，更不知道西夏现在何人主国，望赶快禀明朝廷"。面对宋朝的牒子，处于混乱之中的西夏并未予以回应。

八月，宋神宗下诏，宣布宋朝五路伐夏的军事行动正式展开。其中熙河路宋军行动最为迅速，宋朝熙河经制使李宪率领熙河、秦凤二路宋军及吐蕃部族军出征。西夏统军禹藏花麻听闻李宪领兵已进入夏境，便率领部下出城迎战，然后假装不敌，临阵佯败，弃城西走。驻守西使城（今甘肃定西南）的党项族首领讹勃哆及厮都啰潘等二十余人，率领手下万余名士兵向宋军投降。

梁乙埋听闻西使城遭到宋军围攻，急忙派遣数万兵马出女遮谷（今甘肃兰州东）前去救援。行至中途，听说城池已失，便匆忙登山迎战宋军。宋军新胜，气势正盛，夏军不敌，只得趁着夜色退守龛谷城。龛谷城池坚固，是夏人储藏粮食的地方，西夏称之为"御庄"。李宪大军追击至龛谷城，西夏残军抵挡不住，纷纷溃逃。宋军攻破龛谷城后，从地窖中取出粮食以及弓箭等兵器，稍作休整，然后进军兰州。

九月，李宪所部攻入兰州。鉴于兰州在军事上的重要战略地位，宋军占领兰州后，李宪向朝廷上书道："兰州是一座古城，东西长六百余步，南北宽三百余步，距离西使城一百五十余里。自兰州至金城（今甘肃兰州西北）间，有天堑五六道，仅能通行一人一马。自从我军击败夏军以后，兰州城周边的部族、部落纷纷投降我朝，请重修兰州城并建立帅府，以稳定民心。"宋神宗采纳了李宪的建议，命其尽快修筑兰州城。宋军这边刚开始动工，西夏军队便隔河扎营，虎视眈眈地盯着宋军。李宪组织敢死队渡河劫营，才将夏军击退。最终，李宪修复兰州城，截断西夏威胁宋朝熙河路的要道，巩固了宋朝边防。

西夏梁太后、梁乙埋等人听闻兰州失守，急令夏军抢占高川石峡（今甘肃定西鲁家沟），据险以待宋军。李宪则命部将李浩驻守兰州，自己亲统宋军主力直击高川石峡，击退夏军后，进取屈吴山，驻军于打罗城（今甘肃靖远东）。李宪在多次击溃西夏军队后，率军自天都山进逼南牟城（今宁夏海原）。南牟城为西夏国主游幸之所，城内行宫建有七座大殿，极其雄伟壮丽，并且城中府库、官宅一应俱全。宋军攻入南牟城后，将城内包括宫殿在内的所有设施一并焚毁。西夏统军仁多唛丁率部来援，被李宪所部击败。李宪率兵又在啰逋川击溃夏军，兵锋直指葫芦河。李宪虽为宦官出身，但素爱研习边疆之事，深受宋神宗信任，此次在宋夏战场上终于得以大施拳脚，取得了不俗的战绩。

西夏梁太后面对宋朝五路大军的大规模围剿，急命大帅梁永能总领西夏各监司兵马抵抗。梁永能将军队分为三队：一队负责正面迎战，一队负责设置埋伏，一队则负责趁着宋军营垒未成、立足未稳之机伺机发动突袭。

梁永能又在宋军必经之路上挖沟断路，在旁边的山坡上设下伏兵，兵力部署十分严谨。

夏军一切准备就绪，只等宋军进入埋伏圈。但令梁永能没有想到的是，鄜延路宋军的发兵日期一改再改，夏军苦等多日，不得一战，梁永能十分着急，只得派人至鄜延路下战书，战书中多为辱骂之词。激将法果然起了作用，种谔于九月领兵九万三千出绥德城，北攻米脂寨（今陕西米脂）。梁永能得知消息后，急忙统军八万前去救援。种谔率军于无定河畔列阵，指挥宋军分左、右翼夹击夏军，夏军大败，士兵互相践踏，纷纷坠入无定河中，河水为之堵塞。

种谔所部击溃西夏援军后，继续围攻米脂寨，米脂寨西夏守将令介讹遇率军坚守，宋军几次攻击皆被击退。种谔改变策略，转而派遣密使进入寨中劝降。在保证宋军占领米脂，不会滥杀无辜，并许诺仍以令介讹遇为米脂寨主后，最终令介讹遇被说服，下令放下武器向宋军投降。种谔进入米脂寨，立即下令安抚寨中老幼，严令宋军遵守纪律，秋毫无犯，并仍命令介讹遇守城。捷报传至京师，宋神宗君臣大肆庆贺。种谔则乘机上书，请求朝廷准许其在接下来的作战中不受河东军主帅王中正节制，宋神宗降诏表示同意。

种谔在米脂之战中，俘虏西夏枢密使都案官麻、首领女吃哆等七名高级将领，种谔因其熟知前往兴庆府、灵州一带的道路，知晓西夏粮仓所在地以及十二监军司的兵力部署情况，于是上奏朝廷，为其申请赏赐与官职。同时留下千余名士兵驻守米脂，自己则亲率大军直指银州（今陕西榆林南）。

宋军进抵银州后，种谔派遣官麻等人进城劝降守将，银州不战而下。宋军收复银州后，种谔稍作休整一日，立即以官麻等人为向导，引领宋军进攻石州（今陕西横山东北）。西夏石州守将弃城而逃，将档案、文书、粮草、器械等全部留给了宋军。兵贵神速，种谔率军马不停蹄，又进围西夏重镇夏州（今陕西靖边北），西夏夏州知州索九思尚未见到宋军旗帜，便仓皇逃跑，种谔顺利攻占夏州。种谔又派遣部将曲珍领兵，直奔黑水（今陕西子洲西南）、安定（今陕西子长西）等堡，夏军抵挡不住，连连败退。

兵败米脂寨的西夏大将梁永能得知宋朝德靖寨（今陕西志丹西南）弓箭手皆跟随种谔从东路出征，便暗中派兵自西路偷袭德靖寨，结果被宋朝延州知州沈括领兵击退。梁永能无法接受自己一败再败，遂纠结溃散夏军万余人，围攻宋朝顺宁寨（今陕西志丹西北）。守寨宋兵见夏军人多势众，欲闭关坚守。沈括认为："一旦这样做等于向敌人示弱，不能如此。"紧接着，派遣前锋大将率领三千兵马出城，摆出一副决战的架势，准备足够十万人马使用的粮草，又命骑将焦思于绥德城举行大规模军事演习，扬言"宋朝大军马上便去消灭梁永能"。沈括虚张声势的计策本来只想震慑梁永能，不承想取得了额外的效果。不仅梁永能率领的夏军望风而逃，甚至浮图城、吴堡、义合（今陕西绥德东）诸寨的西夏守军亦弃守而去。

继种谔所部进击西夏之后，河东军主帅王中正率军六万，兵出麟州，打出"臣中正代皇帝亲征"的口号进军西夏。与种谔不同的是，王中正根本不懂军事，也没有任何作战经验，还未作战就已经错漏百出。军队才行军数里，便谎称自己已"深入夏境"。在规划行军路线时，王中正选择渡过无定河后，沿河北进。然而这条道路上遍布沙丘、沼泽，稍不注意，士兵、马匹便陷没其中。为避免遭受夏军袭击，王中正下令，晚上禁止发出声响，以防夏军发现宋军营地，发动偷袭；又强制命令军中二更天必须熄火，这就导致后抵达营地的士兵往往只能吃到半生不熟的晚饭，使得大批士兵病倒。

更令河东军雪上加霜的是，此时的粮草已经供应不足。其实，在临行前，转运官庄公岳曾特别提醒应随军多带军粮，王中正却不以为然，认为受自己节制的鄜延军必会满足河东军的粮饷需要，只要行军赶上鄜延军，便不必担心军粮了，因此下令士卒只携带半月粮草。虽然在庄公岳的坚持下多准备了八天军粮，但也已经不够用了。而王中正口中所说的依靠鄜延军补给，早在种谔因米脂寨大捷，获准不受王中正节制时，就已经行不通了。

当时河东军跟在鄜延军身后进取夏州，鄜延军一马当先，俘获甚多，河东军捡拾鄜延军遗留下的漏网之鱼，出征二十余日仅仅抓获夏军三十人。恶劣的行军环境加之近乎为零的战功与战利品，使得河东军士卒怨恨不已，军中甚至传出要杀死王中正、庄公岳的流言。王中正在出师一个多月后终于意识到问题的严重性，转而率军赶奔宥州（今内蒙古鄂托克前旗东南）。西夏宥州守将面对宋朝近六万大军，只得弃城而逃，王中正顺利进占宥州城。战功实在少得可怜的王中正不惜下令将宥州城中仅剩下的五百余家老幼病残全部屠杀，以充战功。王中正又派遣军队，进攻驻守在宥州城西左村泽的千余名西夏骑兵。将夏军击溃后，占领了宥州粮仓，尽得西夏窖藏粟米，缺粮危机暂时得到缓解。

李宪、种谔旗开得胜，宋军军威大振。十月，泾原路副总管刘昌祚率领本路五万兵马攻入西夏境内。宋神宗诏令环庆、泾原二路合兵进攻，刘昌祚受环庆经略使高遵裕节制。梁乙埋得知这一消息后，认为宋朝环庆、泾原二路兵马会师进击，一定会选择由泾原路行军，这是因为环庆路为横山所阻，而泾原路距离灵州最近，且可沿葫芦河谷地北上，道路较为平坦，利于大部队行军。于是梁乙埋将西夏部署在黄河以南的兵马悉数调遣，用以防备泾原路宋军。

事实证明，梁乙埋的推测出现了偏差。高遵裕率领的环庆路宋军并未前去泾原路与刘昌祚所部会师，而是领步骑八万七千余众，出环州城西北的洪德寨（今甘肃环县西北），沿白马川北上，进攻西夏清远军（今甘肃环县西北）。清远军扼群山之口，阻塞门之要道。自从宋真宗咸平年间，李继迁攻陷清远军，至此已过八十余年。

面对高遵裕率领的宋朝大军，西夏清远军守将嵬名讹兀自知难以抵挡，遂举城投降。接着，高遵裕又领兵进抵韦州（今宁夏同心东北），西夏守军早已弃城而逃，只留下一座空城。宋军入城后，高遵裕下令不准毁坏寺院、民舍等建筑，以示大宋怀柔远人之意。高遵裕在收复韦州后，为了保存实力采取驻军观望，迁延不进的策略。后来在宋神宗的连番催促下，才率军缓慢前行。

与此同时，刘昌祚率领本部五万兵马从泾原路出兵，进入夏境。梁乙埋派遣十万大军扼守磨脐隘口（或称磨哆隘口，今宁夏海原东南），试图阻断宋军行军道路。面对西夏重兵防守，刘昌祚手下诸将皆主张调转兵锋，转向东北，攻取韦州，与环庆路兵马会合后，再行进击。刘昌祚却不以为然，他指出："我们现在身处夏境，客场作战，应速战速决。若我们举兵东北，一旦先头部队遭遇夏军阻击，同时驻守在磨脐隘口的夏军攻击我军后队，则我军必将陷入进退两难的困境。"刘昌祚激励手下将士："两军相遇，勇者胜，大家跟我一同杀出险境。"说罢，刘昌祚亲率牌子军（左手执盾牌、右手持短刀的步兵）强渡葫芦河决战，命令弓弩手紧随其后，掩护步兵冲击，并以骑兵殿后，同时以三倍于熙河之役的赏格激励将士作战立功。宋军士气大振，喊杀声响彻云霄。夏军从未见过宋军如此战法，惊溃而逃，宋军一鼓作气夺取隘口。

梁乙埋见隘口失守，亲自督率大军与宋军决战，双方自正午战至黄昏，杀得天昏地暗、日月无光，夏军渐渐不敌，开始退却。刘昌祚见状，乘势率全军发起总攻，夏军被彻底击溃，败退二十余里。西夏大首领没罗卧沙、监军使梁格嵬等将领战死，梁乙埋的侄子讫多埋等二十三人被俘，夏军战死两千四百余人。

刘昌祚乘胜进驻赏移口（今宁夏同心北），此时向前行进至灵州的道路有两条可供选择：一路直接向东北出黛黛岭，是去往灵州的捷径；一路先北上至鸣沙川（今宁夏中宁东），再向东北转至灵州，道路稍微迂回一些。宋军诸将急于赶赴灵州，纷纷表示应走捷径。刘昌祚则首先考虑到军粮问题，战前出发时仅仅准备供一个月使用的粮草，如今已过十八天，消耗了大半，而鸣沙川为西夏存粮之所，夏人称其为"御仓"，因此必须先绕道鸣沙川取得粮食补给。于是刘昌祚命将士攻取御仓，获得西夏窖藏粟米百万石，一举解决所部缺粮问题，从而满载军粮赶奔灵州。

十一月，刘昌祚领兵进抵灵州城下。西夏未曾料到宋军进展如此神速，灵州城此时毫无防备，仅灵州城外有五百余名西夏巡逻士卒，被宋军轻易击杀。刘昌祚所部先头部队顺利控制灵州城门，宋军入城只在旦夕之间。

刘昌祚还未下令入城就突然接到高遵裕派快马送来的指令，命令刘昌祚禁止攻城，声称自己已遣使招降灵州守军。原来身为主将的高遵裕嫉妒刘昌祚即将独占攻取西夏灵州的头功，遂不惜错失进占灵州重镇的良机，也要派人阻止刘昌祚攻城。因军令如山，刘昌祚不敢抗命，只得驻军灵州城外，等候高遵裕的到来。

正当高遵裕赶往灵州之时，西夏将领仁多崖丁亦闻知灵州有失，率领手下数万人马驰援灵州。在距离灵州城三十里处，仁多崖丁所部与高遵裕率领的环庆路宋军遭遇。高遵裕无法突破仁多崖丁率领的夏军阻击，急令转运副使李察和判官范纯粹前往灵州城下，催促泾原路宋军前来接应。刘昌祚命副将姚麟继续驻军灵州城外，监视城内敌军的一举一动，自己则亲率骑兵数千人，驰援高遵裕。仁多崖丁命夏军分兵阻击，由麾下先锋大将阻击刘昌祚援军。夏军先锋大将身骑一匹白马，耀武扬威前来冲阵，刘昌祚部下泾原骁将郭成挥刀跃马与之交战，仅几个回合，便将夏将斩落马下。随后宋军冲破夏军阻击，直击仁多崖丁的中军。刘昌祚亲自上阵，率领宋军万箭齐发，成功射伤仁多崖丁，一举击溃夏军，缴获夏军遗弃的武器装备无数。

刘昌祚为高遵裕解围，高遵裕不仅不领情，相反愈加嫉妒刘昌祚。在抵达灵州城下后，立即夺去刘昌祚的兵权，不让其继续指挥军队，只令刘昌祚负责巡营。同时收缴刘昌祚所部的马匹、粮食，拨付给环庆军使用。高遵裕的种种行为，激起了泾原军将士的不满与骚动，严重削弱了宋军的凝聚力与战斗力。

高遵裕本以为自己率领的大军一到，灵州守军便会乖乖开城投降。不承想，经过中间这么一折腾，灵州守军不断加固城防，整军备战，加之不断有援军涌入，宋军已经丧失攻取灵州的最佳时机。高遵裕命人向城上喊话："你们为什么还不赶快投降？"西夏灵州守军回答道："我未曾叛变，也未曾与你交战，凭什么让我投降？"高遵裕无奈，只得下令攻城。

但命令下达后，高遵裕又尴尬地发现，宋军并未准备攻城器械，军中也无人知晓攻城器械的制造方法。高遵裕只好命令士兵砍伐树木，赶制登城云梯，宋军又急忙去寻找木材。结果五天时间过去，砍伐的树木大都过于细小，制作的云梯没有任何用处。高遵裕又下令士卒、役夫连夜背土，于城外高筑土台，用以攻城，并夸下海口，明日便可攻入城中。结果被夏军连连击退，两军僵持不下，高遵裕指挥宋军围攻灵州城十八天，始终没有任何进展。

此次宋朝五路大军伐夏，起初连战连捷，夏军节节败退，残兵败将甚至堵塞道路，西夏朝野上下一片哗然。梁太后束手无策，问计于群臣。诸将皆主张分兵迎战，唯独一位老将军献策道："我们无须与宋军正面交战，最好的办法便是坚壁清野，放宋军深入。我军将主力集中于兴庆府、灵州一带，据险固守，然后以轻骑兵抄其后路，断其粮运。宋朝各路军队缺粮少食，自然不战而退。"梁太后采纳了老将军的意见，调集十二监军司及各处十余万精兵，尽数驻扎在兴庆府等要害之地，随后调兵遣将，不断抄掠宋军粮道，果然宋军各路人马开始逐渐缺粮。

以种谔为例，为鄜延路宋军运送粮草的是泾原总兵鲁福、彭孙所部，然而在运粮途中，于清远军、韦州等处遭到夏军截击，前后三战，粮草全被夏军夺走。种谔率军勉强攻入盐州（今陕西定边）地界，赶上天降大雪，军中无粮，饥寒交迫的困境中，宋军在左班殿直刘归仁的率领下哗变南溃，一路烧杀掠夺，边地惊骇。宋朝鄜延路守边将领欲发兵将溃逃士卒阻挡在边界之外，甚至有人主张发兵剿灭溃兵，以免混乱事态进一步扩大。幸亏延州知州沈括力排众议，坚决反对自相残杀，秉持着"首恶必办，胁从不问"的精神，仅斩杀刘仁归一人，然后亲自安抚溃逃士卒，终于平息了此次变乱。鄜延军出征时有士兵、民夫近十万人，最后生还者仅三万人。

种谔所部因缺粮溃败，位于鄜延军身后的河东军王中正部情况更不容乐观，因粮道断绝，河东军士卒饿死者超过二万人，只得退守保安军顺宁寨。宋人李焘评价道："王中正所部最无纪律，亦无战功，唯一做的仅是在宥州城内纵火、滥杀无辜，同时王中正其人妄自尊大，侮辱官吏，不恤士卒，五路宋军中王中正所部饿死士卒数量最多。"

泾原、环庆军方面，高遵裕率兵围攻灵州城十八日，仍不能破城。宋军粮草不继，士卒饥寒交迫，疲惫不堪。梁太后见时机成熟，遂命夏军掘开灵州城外的黄河七级渠（今秦渠），放水水淹宋军。灵州城城墙高达三丈有余，所决黄河之水对守军没有任何影响，全部成功灌入宋军军营，宋军冻死、淹死者无数。高遵裕只得下令撤退，夏军乘胜追击，宋将任成、俞平等人死于乱军之中，宋军兵败如山倒，十余万大军中生还者仅一万三千人。当时宋朝随军监察御史张舜民写下《西征回途中二绝》，记录了泾原、环庆两路兵马惨败于灵州城下的悲惨结局：

青铜峡里韦州路，十去从军九不回。

白骨似沙沙似雪，将军休上望乡台。

因鄜延、河东、环庆、泾原四路宋军皆已溃败，宋神宗急令李宪率领熙河路宋军撤退，宋朝轰轰烈烈的五路伐夏之战，以宋军先胜后败宣告结束。

元丰五路伐夏，宋朝损失士兵、民夫多达四十万人，损失物资更是不计其数。宋朝失败的原因是多方面的，首先，拓边熙河以后，宋神宗过分夸大了宋朝的战略优势，自大轻敌，未做好充足准备便仓促出兵；其次，也是宋朝军事上的长期弊病，缺乏掌控全局、统率三军、指挥协调大兵团协同作战的大将，各路兵马各自为战、各行其是，缺乏配合；再次，宋军对于西夏惯用的坚壁清野、诱敌深入、断绝粮道等战术，始终缺乏有效对策。此外，高遵裕嫉贤妒能，贻误战机，是导致宋军惨败于灵州城下的罪魁祸首。

西夏虽先败后胜，但损失也十分惨重。大战过后，一片焦土，连天都山帝后行宫亦被焚毁。丢城失地之后，西夏的生存和活动空间被大大压缩。尤其是李宪攻取兰州，将宋朝熙河路北界推进至黄河南岸，时刻威胁西夏右厢地区，并成为宋军深入河湟地区的重要基地。可见元丰五路伐夏之役宋朝并非一无所获，只是宋人所得不及所失而已。

四、永乐长恸，坚守兰州

灵州之战，宋朝不甘于失败。宋元丰五年（西夏大安八年，1082 年）正月，李宪上书宋神宗，建议将宋军主力集中部署于泾原路，然后于熙宁寨（今宁夏固原北）修筑堡寨，直达鸣沙城，作为驻兵进讨西夏的基地，改用"筑堡渐进"的策略不断蚕食西夏领地，直到将西夏彻底消灭为止。宋神宗反思宋军在五路伐夏之役中，曾一度攻入西夏战略重镇银、夏、宥三州，但皆无力驻守，故采纳李宪"筑堡渐进"的计划，任命李宪为泾原路经略安抚制置使，兰州知州兼熙河兰会路（熙河路于元丰五年扩建为熙河兰会路）经略安抚副使李浩兼泾原路安抚副使，负责统筹执行此事。

西夏方面，面对大战"惨胜"之后的一片萧瑟局面，梁太后、梁乙埋等人知晓宋朝一定不会善罢甘休，随即遣使赴辽，希望借助辽朝的力量牵制宋朝。然而此时辽朝境内西北地区的阻卜等部族经常发动叛乱，辽道宗忙于稳定国内局势已无暇他顾，对于夏人的请求，辽道宗只是象征性地移牒宋朝，咨询事情原委，莫说发兵支援西夏，连口头上的援助也并未给予。西夏梁太后无奈，遂又欲与吐蕃首领董毡结盟，亦被拒绝。

正当西夏梁太后、梁乙埋等人找寻外援受挫、内部矛盾丛生之时，又传来宋军计划筑堡建寨直达鸣沙城的消息。西夏境内的鸣沙城，西扼灵武，北邻黄河，战略地位十分重要。为摆脱被动局面，梁太后决定先发制人，派遣宥州观察使格众率兵三万前去防御，并伺机进攻宋朝鄜州（今陕西富县）。

面对西夏军队的这次来袭，时任延州知州的宋朝边将沈括做出了机智的应对。

沈括（1031—1095 年），字存中，号梦溪丈人，杭州钱塘县（今浙江杭州）人。沈括出身于官宦之家，嘉祐八年（1063 年），进士及第，授扬州司理参军。宋神宗时参与熙宁变法，受到王安石器重，历任太子中允、检正中书刑房、提举司天监、史馆检讨、三司使等职。元丰三年（1080 年），出知延州，兼任鄜延路经略安抚使，驻守边境，抵御西夏，后因永乐城之战牵连被贬。晚年移居润州（今江苏镇江），隐居梦溪园。绍圣二年（1095 年），因病辞世，享年六十五岁。

沈括是宋朝著名的科学家、政治家、军事家，不仅一生致力于科学研究，长于兴修水利，熟知天文历法，善于制作各种精密仪器，同时又能练兵打仗，可谓文武全才。沈括在众多学科领域都有着深厚的造诣与卓越的成就，被誉为"中国整部科学史中最卓越的人物"。其代表作《梦溪笔谈》，内容丰富，集前代科学成就之大成，在世界科学史上有着重要的地位，被称为"中国科学史上的里程碑"。

沈括自从到任延州后，在百姓中招募到上千名善于骑马射箭的勇士，并多次挫败西夏入侵，妥善处理突发事件。此次沈括获知格众率军前来的消息后，便派遣副总管曲珍率步骑二万，声言出兵鄜延东道，袭取葭芦城。夏军得知后，立即在东部部署兵力，严防宋军入界。

实际上，沈括使用的正是"声东击西"的计策。曲珍率领两万人马向东行军一段路程后，突然转向西行，急行军三日后，悄悄抵达永平川，神不知鬼不觉地出现在格众面前。格众压根儿没有料到宋军宛如"神兵天降"，未做任何准备，只能仓促应战。结果可想而知，夏军大败，格众被俘，西夏损失士卒二千余人。

宋军擒获格众后，沈括决定乘胜夺取葭芦城。四月，沈括命曲珍率军驻守绥德城，稍作休整后，进取葭芦城。西夏梁太后闻讯后，急忙发兵万余人，扼守通往葭芦城的要道明堂川（今陕西榆林），以阻击宋军曲珍所部。沈括见招拆招，趁势命曲珍牵制住夏军，自己则另外派遣部将李仪趁着夜色，悄悄地自河东客台津渡河袭击葭芦城，宋朝河东路将领訾虎率领麟州、丰州精兵助战。夏军应接不暇，急忙自明堂川回援，与李仪等部展开激战。最终夏军彻底战败，宋将曲珍夺取葭芦城。

葭芦城战败后，梁太后、梁乙埋不甘心失败，遂又点集西凉府及甘、肃、瓜、沙诸州兵马，齐赴都城兴庆府，做好大举兴兵的准备。五月，梁太后命西夏都统军嵬名令妹精嵬、副统军讹勃遇领兵数万进攻宋朝环庆路，劫掠淮安镇（今甘肃华池西北）。宋朝士卒侦得此讯，立即报告守将张守约。张守约会合诸路兵马，于夏兵行军途中设伏掩击，夏军惨败，不仅令妹精嵬、讹勃遇战死，另有西夏大小首领战死者三十八人，丢失铜印、兵符、器械、粮草无数。

　　一连串的失败令梁太后愤怒至极点，遂不惜调集西夏十二监军司兵马，于铁牟山、天都山、没烟峡、葫芦河等处集结，令其各备五个月粮草，于七月间大举入侵宋朝镇戎军（今宁夏固原）。宋朝边将闻讯后，立即命士兵日夜巡逻，加强防备，严阵以待。夏军在吸取了前几次失败的教训后，得知宋朝早有准备，便故意徘徊不前，以松懈宋军斗志。果然，宋朝三川寨巡检使王贵以为夏军胆怯，便率领士卒越过战壕，直捣夏营。王贵此举正中夏军下怀，早已埋伏在两翼的西夏士兵突然杀出，王贵抵挡不住，宋军大败。

　　西夏梁太后此次尽发境内主力出战，的确收到一些战果。如屯驻在铁牟山的夏军出兵五千侵入宋朝熙河路，于熨斗、平新堡外烧杀抢掠，虏获羊马数千而归。八月，梁太后又招募敢死队进攻宋朝河东麟州，围攻神木堡。宋朝巡检使高素、监押贾默出战，贾默部率先被夏军击溃，后高素死于乱军之中。

　　正当宋、夏边境冲突不断且互有胜负之时，宋朝"筑堡渐进"、蚕食西夏之策也正在紧锣密鼓地进行着。沈括建议应修筑乌延古城（今陕西靖边），因为乌延城东距夏州八十里，西距宥州仅四十里，控扼横山，最为冲要。沈括的建议得到种谔的赞同，种谔急于洗刷五路伐夏时所部溃败的耻辱，故同样提议修筑乌延古城，使得夏人从此不敢轻易进犯宋境。种谔提出了具体的行动方案："横山（今陕西榆林横山区东南）绵延千里，土地肥沃，产良马，民风强悍善战，且有盐铁之利，是西夏赖以生存之所在。应当先修固银州，然后将宥州迁至乌延城，最后修复夏州，三州鼎峙，横山之地尽入我大宋囊中。此外再修筑盐州，以据有西夏青白盐之利。如此一来，横山地区出产的强兵、战马、山泽盐田之利，尽归我大宋。同时横山地区地势险要，海拔高耸，既可俯瞰西夏兴、灵之地，也可以此为基地，出兵直捣其老巢。"

宋神宗对沈括、种谔提出的方案非常感兴趣，遂于宋元丰五年（西夏大安八年，1082 年）七月，派遣侍中徐禧、内侍押班制置泾原军马李舜举前往鄜延视察边防，与沈括、种谔商议具体细节。徐禧大体赞同沈括、种谔二人的提议，但也有所修正。徐禧认为，银州虽是明堂川（今榆林河）与无定河交汇处，但城东南已被黄河水吞没，不如永乐（在无定河谷银州与米脂之间，今陕西米脂西北）地势险要，故应当先修筑永乐城。银、夏、宥三州已被夏人占有超过百年，如今想要修复，必消耗大量人力、物力、财力，应徐图修固，不能操之过急。然而种谔认为，宋朝一旦修筑永乐城，西夏意识到威胁，必定会全力前来争夺。永乐城虽依山却不邻水，绝无可能作为长久驻守之地。最后宋神宗综合各方意见，考虑到沈括、种谔的计划虽好，但耗费太大，耗时太长，宋朝刚刚经历五路伐夏之役的失败，国力、财力无法支撑，宋神宗本人亦不愿等候太久。故采纳了徐禧的方案，诏令徐禧负责永乐筑城事宜，命沈括调遣兵马以为后援，陕西转运判言李稷负责粮饷等后勤事宜。

徐禧（1035—1082 年），字德占，洪州分宁（今江西修水县）人，大文豪黄庭坚的姐夫。徐禧有胆略，好谈兵，早年曾作《治策》二十四篇，深受宋神宗赏识，破格任用。徐禧尝言："西夏唾手可得，只是将帅胆怯罢了。"然徐禧虽平日里以边事为己任，但既无军事上的才能，亦无实战经验，性格上则是一意孤行、刚愎自用。宋神宗派遣徐禧前往陕西之时，参知政事王安礼便进谏道："徐禧志大才疏，必误国事。"宋神宗不听。王安礼的担忧不幸被言中，宋神宗以徐禧为统帅，这为宋朝永乐城惨败埋下祸根。

八月，徐禧因种谔与其政见不合，多次顶撞自己，遂上奏朝廷，声称种谔嚣张跋扈，希望朝廷予以严惩。于是宋神宗降诏，命种谔负责延州守御。见再也无人制衡自己后，徐禧指挥士兵、民夫用十四天时间赶筑永乐城。宋朝为修筑此城，仅负责施工的民夫便投入八万余人，负责转运物资的民夫更是多达十余万人。因其距离银州城仅二十五里，故神宗赐名曰"银川寨"，不过一般还是被称作永乐城。

永乐城地处银、夏、宥三州交界处，是西夏必争之要地。在修筑永乐城之时，西夏数千士卒曾渡过无定河前来侦察，但不战而退。徐禧于是以为夏人胆怯，不再设防。永乐城建成后，徐禧、沈括、李舜举等人领兵返回米脂，仅留下副总管曲珍率领一万宋军守城。

九月，西夏梁太后命令统军叶悖麻、咩讹埋等将领率领六监军司共计三十万大军屯驻宋朝泾原路以北，寻机进攻永乐城。徐禧领兵返回米脂九日后，叶悖麻认为时机成熟，遂率全军自明堂川入无定河西，并派遣偏将率领千余名骑兵对永乐城发起试探性进攻。

其实在此之前，徐禧已接到多份关于西夏大军集结的情报，但徐禧皆不以为意，甚至放出大话，声言夏军来袭之日，便是自己建功立业之时。此时徐禧终于意识到军情紧急，便与李舜举、李稷等率领二万五千人增援，令沈括守卫米脂。大军出发前，宋军大将高永亨拦阻徐禧道："我军人少，且永乐城小，又无水源，此战恐凶多吉少。"素来目空一切的徐禧却认为高永亨危言惑众、扰乱军心，下令将其押解至延州下狱。沈括同样指出："我军兵力不到三万，敌军足足数十万之众，不可力敌，只能智取。"徐禧亦不予采纳。

九月八日，徐禧率军再次进入永乐城，曲珍劝徐禧与李舜举退居后方指挥，被徐禧拒绝。九日，夏军倾巢而出，满山遍野，将永乐城团团包围。宋军诸将皆言趁敌军合围尚未完成，令敢死队出城突袭，以打乱敌军阵脚，无奈也被徐禧拒绝。老将高永能苦劝道："西夏先头部队皆为夏军精锐，我军若一举击溃其精锐，则后面的夏军人数虽众，必不敢轻易发起进攻。一旦敌军合围完成，我军寡不敌众，后果不堪设想。"不料徐禧斥责高永能道："你知道什么？自古王师不鼓不成列。"

"不鼓不成列"的意思是不进攻还未布列成阵的敌军，这一典故出自春秋时，宋襄公在宋楚泓之战中以彰显仁义为名提倡"不鼓不成列"，也就是王师不能攻击没有做好准备的对手，坐视战机流逝，等到楚军列阵完毕后才发起进攻，最终落得大败而归的结局。听到徐禧如此迂腐、冥顽不化，高永能便预知此战宋军必败。果然，夏军完成合围后开始攻城，曲珍率部迎战，仅第一回合双方的较量，宋军便折损包括寇伟、李思古、高世才等将官在内的八百余名将士。宋军众将见夏军气势如虹，皆面露惧色。曲珍向徐禧建议道："如今军心已经动摇，不可与夏军正面交锋，正面交战我军必败，请立即下令将全部军队撤入城中据守。"此次建言又被徐禧拒绝。

在西夏的军队中，步兵精锐称"步跋子"，他们大多是从久居山间的部落中选拔的士兵，非常擅长山地作战，上山下坡、跨溪越涧、登高跳远、飞檐走壁，如履平地；骑兵精锐称"铁鹞子"，能骑善射，勇猛无比，往来如飞。西夏作战，遇到山谷险要、重兵防守之处，便使用"步跋子"进攻；遇是平原旷野，可以驰骋之地，则用"铁鹞子"冲杀。此次西夏为夺取永乐城，不惜下血本，将骑兵精锐"铁鹞子"全部投入战斗。

西夏主帅叶悖麻一声令下，命铁鹞军渡河，冲击宋阵。曲珍发觉后，立即对徐禧说道："这是西夏的骑兵精锐铁鹞军，我们趁其尚未完全渡河，此时发起进攻，还可以战胜它，一旦使其全部抵达平原之上，我军将再也无法阻挡其兵锋。"徐禧仍然不听，决定以宋军精兵对战夏军精锐，遂命令将宋军奇兵部队部署于阵前阻敌。宋军奇兵即鄜延先锋军，最为精锐，成员个个以一当十，平日"银枪锦袄，光彩耀目"，此时受命，率先迎敌。

至此，西夏铁骑均已渡河，列阵向宋军发起冲击。宋朝奇兵部队不愧为全军之精锐，连续抵挡住三轮西夏铁鹞军冲击，阵型未向后退一步。于是叶悖麻下令夏军全军突击，随着西夏后续部队源源不断地投入战场，宋朝奇兵虽奋勇拼杀，无奈众寡悬殊，最终全线崩溃。宋军其他将士见精锐奇兵竟然战败，斗志全无，遂兵败如山倒，将校士卒战死者无数，徐禧领着残兵败将退回城中。

危急时刻，曲珍向徐禧建议道："敌人的精锐全部集中于前军，后军则多为老弱。大帅应立即派遣军队，绕行敌后，击其后军老弱，敌军必乱，我军方能有一线生机。"之前目空一切的徐禧，此时已被吓得六神无主，不敢出兵偷袭夏军。夏军将永乐城团团包围，连番攻城，又掐断城中水源，分兵占据要道，阻绝宋军援兵、粮运，宋军将士日夜血战拒敌。

此时沈括正率领鄜延路宋军万余人屯兵边境，得知夏军围攻永乐城，沈括欲分兵增援永乐城及护卫粮道，但为夏军所阻，不得进。叶悖麻为防止沈括领兵救援永乐城，派遣骑兵至米脂城下骚扰，又派遣大将唛吉阿遇率军万人南袭绥德城。沈括接到密报后与诸将商议，指出："永乐城之胜败得失，不会对边防产生根本影响，而绥德城则不同。绥德是我大宋之门户，失去绥德，则敌军便会对延州发起攻击，必定会使得关中震荡，人心不稳。值此危急存亡之时，我们宁愿放弃永乐城也必须回防绥德。"众将皆以为然。于是沈括率军回师绥德城，搜捕处决谋反士卒与西夏内应。唛吉阿遇见内应被沈括诛杀，遂不战而退。

宋神宗在接到永乐城告急文书后，急忙下令：其一，令种谔率军会同沈括前去救援；其二，令李宪仅留兵二万驻守泾原路，立即率领余下所有将士赶赴鄜延路增援；其三，令河东经略司、麟府军马司将一切能够调动的军事力量全部投入鄜延路救援；其四，派人潜入永乐城，告知徐禧，若无法坚守，允许其弃城突围。然而，种谔因记恨徐禧排挤自己，遂上奏朝廷，假托据守延州之名，不肯出兵救援永乐。而徐禧亦不肯承认失败，坚决拒绝弃城突围。

再说永乐城宋军方面，水道、粮道皆为夏军所绝，内无粮草，外无救兵，被围数日后，士卒渴死者甚多。叶悖麻得知沈括退守绥德城，李宪援军远水解不了近渴，种谔闭城不出、见死不救，遂下令夏军不分昼夜，轮番进攻。最终，永乐城在宋军坚守二十余日后被夏军攻陷。混战中，徐禧、李舜举、李稷等皆为夏军所杀，高永能、马贵等宋军将校二百三十余人战死，士卒、民夫死亡高达二十万人，仅曲珍、李浦、吕整等人趁夜色突围而出，收集残兵败将仅存不足十分之一。

夏军攻陷永乐城，取得重大胜利后，又乘胜进围米脂，耀兵三日，才解围撤退。

宋朝永乐城惨败，标志着宋神宗用兵西夏战略的彻底失败。宋朝自熙宁年间对西夏转入战略进攻以来，共收复葭芦、吴堡、义合、米脂、浮图、塞门等堡寨。然而灵州与永乐之役，宋朝共计折损士卒、役夫六十余万人，损失钱谷银绢不可胜数。十月一日，永乐城失守的消息传入京城，宋神宗闻讯后，"涕泣悲愤，为之不食"。宋朝永乐大败的教训过于惨痛，宋神宗精神遭受到巨大打击，在两年之后郁郁而终。

永乐之战后，宋神宗意识到征服西夏是一个漫长的过程，欲速则不达，不能急于求成，故一改过去盲目轻敌、毕其功于一役的想法，诏令边将若夏人来侵，将其击退赶走即可，没有十二分的把握，禁止深入夏境与夏军决战。虽然宋朝暂时停止实施"筑堡渐进"战略，但宋军的防御力量却得到加强，大大稳定、巩固了宋朝边境防务，并在之后的兰州保卫战中取得胜利。

作为胜利的一方，西夏自从取得永乐大捷后，梁太后、梁乙埋与叶悖麻等人计划收复往年失地，但在东线战场上，西夏向河东、鄜延等地的攻击皆未能得手，故西夏将进攻重点转向西线兰州地区。由于忌惮宋朝泾原路兵多将广、战斗力强，为避免夏军主力西征之时，泾原路宋军乘虚反攻，梁太后以西夏西南都统嵬名济的名义致书宋朝，表示希望与宋朝议和。稳定东线后，梁太后下令向宋朝兰州发起进攻。

宋元丰六年（西夏大安九年，1083 年）二月，夏军主力数十万众突然踏过冰封的黄河，直抵兰州城下，随后以闪电般攻陷兰州东西两个关堡，来势极为凶猛。宋朝熙河兰会路副总管李浩急忙下令士兵关闭城门坚守，而钤辖王文郁则反对死守孤城，请求招募勇士组成敢死队主动出击。李浩拒绝道："敌众我寡，出战无异于送死。"王文郁指出："正是因为敌众我寡，故需要先发制人，挫其兵锋，才能扭转不利局面。一味死守，必将全军覆没，唯有背水一战，才有一线生机。"面对王文郁的坚决请战，李浩倒也不像徐禧那样一意孤行，最终同意。

于是，王文郁率领死士七百余人，深夜缒城而下，偷偷进入西夏营地，手持短兵器突然袭击熟睡中的夏军。夏军万万没想到走投无路的宋军竟然敢发起反突击，惊恐之下，纷纷渡河溃逃，许多士兵坠入黄河中被淹死。此战胜利后，宋廷任命王文郁为西上阁门使、兰州知州，代替李浩负责兰州城防事宜。

失败之后的梁乙埋又于四月屯兵巴义溪，伺机进攻兰州，但被宋军探知驻扎之所，受到偷袭，只得撤退。宋军追击进入夏境，两次大败西夏援军后才撤退回师。

五月，宋朝泾原军熙宁寨（今宁夏固原北）硝坑堡巡检王世隆再次领兵攻入夏境，被西夏提前侦知。梁乙埋于水东口设伏，宋军大败，王世隆战死。梁乙埋趁势派兵围攻兰州城，攻破西关堡，斩杀宋朝右侍禁韦定，缴获骆驼等战利品。宋军提前获知西夏进攻的消息，守备较为严密，双方在兰州城下激战九日，西夏不仅未能占到便宜，反而死伤无数，只得又一次撤军退走。六月，梁乙埋不满数次围攻兰州城均未能得手的结果，便派兵攻入宋朝镇戎军，击破乾兴寨（今宁夏固原东北），大肆杀掠，以发泄不满。

闰六月，鉴于梁太后、梁乙埋集团囚禁西夏国主秉常以来，西夏与宋朝连年激战，宋朝断绝与西夏间的岁赐、贸易等活动，西夏境内财用困乏，物价飞涨，一尺布的价格甚至飙升至一万文钱，加之横山一带战火不绝，导致耕种全无，饥荒严重，西夏民众对梁氏集团专权的怨愤越来越大，希望秉常重新主政的呼声日盛。梁太后无奈，只得与梁乙埋等人商议，让秉常复位，以缓和矛盾，这样一来也便于与宋朝和谈。

秉常复位后，大权实际上仍掌握在梁太后手中，在梁太后等人的授意下，秉常一方面遣使入宋上表称臣，请求宋朝恢复与西夏的岁赐与和市，并请求宋朝归还所占西夏疆土城寨。另一方面，见宋神宗对归还西夏"失地"一事不置可否，又以索要失地为由，继续发兵侵扰宋朝边境。

宋元丰七年（西夏大安十年，1084年）正月，梁太后以秉常的名义发布指令，点集黄河以南诸监军司兵马齐聚葫芦河，号称步骑八十万，大举进攻兰州。秉常亲临第一线督阵，夏军在国主的激励下，攻势异常猛烈，在弓矢、投石的掩护下，夏军士兵架起数百架云梯攻城。幸而宋朝泾原路经略安抚制置使李宪提前预判到西夏必定不会甘心于此前屡次围攻兰州城失利的结果，一定会发动更大规模的军事行动，所以宋军方面已做好较为充分的准备。面对夏军倾国来攻，宋军将士据城坚守，箭如雨下，一次次化解夏军的攻势。夏军围攻兰州十昼夜，不仅未能突破宋军城防，反而因军中粮食耗尽，再一次撤围退军。

兰州保卫战，宋军依靠众志成城的勇气与意志，凭借坚固的城防、先进的武器以及充足的物资供应，在兰州城下击杀夏军五万余众，一举扭转了自五路伐夏失败以来的颓势。宋神宗接到前线捷报，告诫李宪"穷寇莫追"，夏军虽战败撤军，但必心有不甘，命令诸将不得深入征剿，以防陷入夏军埋伏。宋神宗汲取灵州、永乐失败的教训，由主动出击转向以静制动，在巩固防守的前提下，伺机反击。

兰州之战失利后，夏军锐气大减，先前在灵州、永乐之战中积累的自信荡然无存，西夏将帅士卒叛逃者甚多。为鼓舞士气，三月，夏军攻入宋朝安丰寨（今陕西府谷北）杀掠百姓、抢夺财物。针对夏人的挑衅，四月，宋朝泾原经略使卢秉派遣大将彭孙等袭击夏军驻扎在葫芦河的族帐。秉常十分愤怒，令都统军叶悖麻、副统军咩讹埋率军围攻宋朝安远寨（今甘肃省天水市甘谷县安远镇）以为报复。叶悖麻、咩讹埋二人作为西夏永乐大捷的功臣，打心眼里瞧不起宋军。然而二人不知，宋军已经调整战术，凭借先进的装备与坚固的城防，宋朝安远寨守军一举击溃夏军。叶悖麻、咩讹埋二人兵败被杀，夏军损失数万人马。安远寨一战，西夏两员大将阵亡，夏军士气继续直线下滑。

秉常在安远寨受挫后，稍加休整，便命令西夏监军仁多唛丁作为主帅，亲统大军进攻宋朝泾原路。仁多唛丁凶狠、善韬略，曾多次指挥夏军入侵宋朝，更是进攻兰州的主将。宋朝曾多次招募刺客暗杀仁多唛丁，又曾多次招诱其附宋，皆未能成功。

是年十月，仁多唛丁率军十万大举入侵宋朝泾原路，沿途烧杀抢掠，宋地民户死伤甚众。围攻至第十六堡时，面对宋朝部署的强弓硬弩，夏军久攻不下，受到了阻碍。由于仁多唛丁平日里不善待下属，克扣粮饷，不体恤士兵，故士卒不肯三军用命、拼死进攻，第十六堡始终难以攻克，仁多唛丁只得下令撤军。

与此同时，宋朝泾原经略使卢秉趁着第十六堡吸引夏军主力之时，派遣部将姚麟、彭孙领兵乘虚直捣葫芦川（今宁夏清水河谷），切断仁多唛丁的归路。由于葫芦川远离宋夏边界二百余里，夏军虽驻有重兵却未做任何防备，结果被宋军斩杀、俘虏数以万计。随后卢秉驻兵瓦亭寨（今宁夏隆德东北），姚麟、彭孙屯兵静边寨（今甘肃静宁东南），彻底截断夏军后路。仁多唛丁领兵返回，途经静边寨时，宋军已列阵以待。宋军有如神兵天降，夏军将士惶恐不安，纷纷丢弃主将逃走。仁多唛丁孤掌难鸣，虽奋勇拼杀，最终还是战死疆场。

仁多唛丁之死传至兴庆府，秉常如失臂膀，愤恨不已。为给仁多唛丁报仇，十一月，秉常派遣大军再次侵入宋朝泾原路，进攻静边寨。夏军吸取此前攻城失败的教训，设计引诱静边寨守将白玉、李贵二人率军出寨交战。夏军佯装败退，白、李二人骄傲轻敌，忘记宋神宗诏令，紧追不舍，落入夏军埋伏圈，宋军措手不及，全军覆没。

秉常虽屡次发兵进攻宋境，但由于宋军调整战术，拒绝与夏军展开大规模决战，攻城非夏军所长，故西夏不仅未捞到便宜，反而胜少败多，连连失去仁多唛丁、叶悖麻、咩讹埋等大将。而脆弱的西夏财政由于失去宋朝岁赐与贸易，已濒于崩溃边缘，再也无力支撑大规模作战。秉常无奈，只得再次派遣使者向宋朝称臣纳贡。宋元丰八年（西夏大安十一年，1085年），宋神宗和西夏梁太后、梁乙埋相继去世，宋夏双方政治军事关系再次步入新的阶段。

第六章

◎

元祐议和，绍圣开边

　　宋元丰八年（西夏大安十一年，1085 年）二月，西夏国相梁乙埋病死，其子梁乙逋自立为国相，继续维持着梁氏集团在西夏国政上的擅权跋扈。三月，宋神宗病逝，享年三十八岁，其子赵煦继位，是为宋哲宗。此时的宋哲宗甫值稚年，故尊奉宋神宗之母高太后（尊号宣仁太后）为太皇太后，垂帘听政。十月，西夏梁太后去世。次年七月，西夏国主秉常郁郁而终，年仅二十六岁，谥号惠宗，其子乾顺继位。因乾顺年仅三岁，故尊奉秉常皇后梁氏（梁乙埋之女）为太后，摄政，与其兄梁乙逋共专国政。宋朝、西夏双方统治阶层在不到两年的时间内均发生重大变故，同时出现了后宫摄政的局面，预示着宋夏战争形势的反转与巨变。

一、元祐更化，妥协退让

　　元丰四年（1081 年）至六年（1083 年）是宋朝对外经略历经波折的两

年。两年间，宋朝两次大规模攻讨西夏的战役均以惨败告终，这对于雄心勃勃欲建立盖世奇功的宋神宗和变法派而言，无疑是沉重的打击。经此二变，宋神宗身心疲惫，志气受挫，从此忧心积虑，至元丰八年（1085年）三月，宋神宗带着无尽的遗恨走到了生命的尽头。

北宋的锦绣江山由年仅十岁的宋哲宗继位，在母寡子弱、主少国疑的困境中，北宋由太皇太后高氏垂帘听政，处置军国大事。宋神宗生前，高太后就是反对变法改革的急先锋，掌握权柄后，她立即以恢复"祖宗之法"为名，召回反对熙丰变法的司马光等人，全面废除新法，反对变法的势力重新抬头，朝廷局面再次发生剧变。因宋哲宗使用的首个年号为"元祐"，故人们将这一废除新法运动称作"元祐更化"。

元丰八年（1085年）五月，高太后以司马光为门下侍郎、吕公著为尚书左丞，掌握朝廷实权。司马光用"太皇太后（高太后）是以母改子（神宗）"作为废除新法的理论依据，在高太后不遗余力的支持下，循序渐进地废除新法。元丰八年（1085年）七月，保甲法首先被废除。其后半年之内，方田均税法、市易法、保马法等相继被废。

在政坛老将司马光的眼中，青苗法、免役法、将兵法和对西夏作战是为"四害"。直到去世之前，还曾叹息道："四害未除，我死不瞑目！"元祐元年（1086年）初，司马光病重，将废除新法的政治遗愿委托给吕公著。病中的司马光不顾朝廷内外反对仓促废除免役法以及建议进一步考察利弊的意见，直接下令五日之内必须将免役法全部恢复为差役法。八月，又罢废青苗法。九月，司马光去世。至此，熙丰新法已经基本被废除。其余未来得及废除的变法内容，由司马光政治遗愿执行者吕公著继续"更化"。

在青苗法、免役法、将兵法相继被废除后，宋神宗时期的对夏政策自然也必须更改。司马光在世时，已曾竭力劝说过高太后同意将熙丰时期宋军攻占的兰州、米脂等寨交还给西夏，在必要时还可以将熙河地区还予西夏。计划一出，举国哗然，司马光的建议遭到朝野上下的一致反对。面对此种情形，高太后实在不想冒天下之大不韪，还地之事暂时搁置。

宋朝还未正式决定如何处理与西夏的关系，进入下一个梁氏专权时期的西夏已经有所行动。宋朝政策变化的消息传至西夏，夏人自然不会放过这千载难逢之良机，再次使出和战并举、软硬兼施的绝招，迫使宋朝做出实质性让步。

西夏大安十一年（1085 年）二月，西夏国相梁乙埋去世后，因当初西夏国主谅祚在册立梁氏为皇后时，曾许诺梁乙埋国相之职可世袭，故梁乙埋之子梁乙逋得以顺利自立为国相，独专朝政。梁乙逋继任国相后，为了尽快树立威望，不断出兵侵扰宋境，企图通过建立军功的形式巩固自己在朝野的地位。

时任宥州监军的西夏驸马拽厥嵬名，冲在为梁乙逋效犬马之劳的第一线。三月，拽厥嵬名领兵万骑屯驻贺兰原，频频侵入宋朝边境，烧杀抢掠，给北宋军民的生命和财产带来了损失。拽厥嵬名自恃能攻善守，恃才自傲，根本不把宋军放在眼里，也不严格设防。这就给宋朝提供了反击的机会。

为打击拽厥嵬名的嚣张气焰，减轻自身所面临的军事压力，宋朝庆州知州赵卨计划分兵三路，一举歼灭拽厥嵬名所部。赵卨与部将李照甫、耿端彦商议道："贺兰山地势险要，翻过山岭便是沙漠。一旦让敌人逃入平夏，便再也没有别的方法将其全部歼灭。"为了堵住夏军的后路，赵禼派遣五百轻骑埋伏在拽厥嵬名的必经归路上，伺机歼灭敌人。

一切安排就绪后，李照甫、耿端彦等将率领大队人马直击拽厥嵬名驻地，一向嚣张跋扈的拽厥嵬名毫不示弱，亲率一万骑兵迎战宋军。在宋军的猛烈攻势下，夏军见识到了宋军的实力，渐渐不敌，为保存有生力量，拽厥嵬名只得率军且战且退。拽厥嵬名率领残部，一路向平夏方向逃跑，还未到达平夏，就已进入赵禼事先设置好的包围圈中。宋军万箭齐发，夏军惊慌失措，彻底溃败。宋军生擒西夏驸马拽厥嵬名，缴获战马、牛羊三万余。

熙河兰会路方面，梁乞逋派遣三万夏军进入兰州界内，伺机偷袭宋军。宋朝熙河兰会路经略安抚制置使李宪令部将王文郁率领精兵一万余众，先发制人，率先出击，斩首夏军五百余人，缴获武器、铠甲、战马、骆驼等战利品八万有余。次月，宋朝太原知府吕惠卿获知赵禼贺兰原大捷，便派遣大将折克行、訾虎率领步骑二万五千攻入西夏左厢，连破聚星泊、革罗浪、三角川等六寨。接连的胜利，大大鼓舞了北宋将士的士气。

五月，西夏国主秉常考虑到自熙宁年间宋夏大战以来，西夏丢失的领土，如安疆（入宋环庆路）、葭芦、吴堡（入宋河东路）、米脂、义合（入宋鄜延路）等寨，皆深入西夏境内，时时威胁着西夏的安全，故日夜思索如何收复失地，以便扭转对宋外交和军事战争中的不利地位。可惜西夏在近期的对宋战争胜少败多，加之驸马被擒，秉常不敢轻易发兵。碰巧宋神宗驾崩，秉常借此之机，派遣使者前往宋朝吊唁，以示和好之意。而国相梁乞逋却暗地里派遣兵马偷袭宋朝鄜延路肃远寨（今甘肃环县西北），被宋军击退。

七月，梁乞逋因进攻宋朝肃远寨未能得手，便点集军马，操练士兵，锻造武器，制造出声势扬言要攻取兰州。实际上却声东击西，暗中派兵由杏子河谷再度入侵宋朝鄜延路，进攻龙安城（今陕西安塞西北）。

面对西夏的突然袭击，宋军守将游师雄处变不惊，从容应对，组织起"义勇军"，严阵以待。游师雄率领众将士据城死守，用强弓硬弩与巨石滚木反击夏军，夏军死伤无数。梁乞逋见宋军早有准备，强攻必定不能取胜，只得下令部队撤退，转道顺宁寨。恐怕梁乞逋做梦也没有想到，宋朝保安军巡检张子式已于顺宁寨伏兵以待多时。待夏军一到，宋朝伏兵四起，将夏人团团围住，打得夏人措手不及，狼狈逃窜，溃不成军。西夏监军嵬名理直被宋军击杀，梁乞逋率领残兵败将夺路而逃。

接连的战败令西夏感到十分沮丧，这里不得不提到与战争有关的西夏故俗。西夏军队不以战败逃亡为耻，往往在打完败仗后的第三天，会返回战败之地，捉拿对方人马，然后乱箭射死。夏人将此举称为"杀鬼招魂"。又或者扎草人埋于战败之所，众人乱箭射击，以解战败之恨。于是在八月间，梁乞逋侦察得知宋朝鄜延路军备松懈，便立刻派遣五千骑兵突入鄜延路大肆抢掠，尤其是见到兵民一概射杀，声称此举是为战死的嵬名理直报仇雪恨。但这纯粹是夏军满足自身变态的报复心理，在听到宋军发兵来援后，夏军立刻转攻宋朝河东路三泉寨与荒堆寨了。

三泉、荒堆诸寨是宋朝鄜延路至河东路的必经之路，若被夏军占据，则宋朝鄜延路与河东路之间将被从中截断，无法相互支援。夏军火速攻至三泉寨下，宋朝三泉寨守将弃城逃跑。夏军乘胜进攻荒堆寨，宋朝荒堆寨守将孙昭颇有谋略，临危不惧。一面下令坚壁清野，将所有粮草转入寨中；一面挑选勇猛善战的将士，轮番登城守卫。孙昭登上城墙上察看敌情，隐隐看到西夏中军阵内有两个指挥官，张弓搭箭，一箭射去，正中其中一人的脖颈，那人随即掉落下马。不想中箭之人恰为梁乞逋的侄子梁阿格，见侄子伤重，梁乞逋大怒，下令全军进攻，若有临阵退缩者当场处死。就在荒堆寨即将被夏军攻破之时，忽然传来了对北宋有利的消息，即梁太后病重，危在旦夕。秉常派人前来送信，急召梁乞逋返回兴庆府议事。梁乞逋无奈，只好率军撤围而去。

西夏大安十一年（1085 年）十月，梁太后卒。西夏惠宗秉常娶梁乙埋之女为皇后，因秉常性格孱弱，故梁太后去世后，皇后梁氏及其兄国相梁乞逋专擅国政。次年（西夏天安礼定元年，1086 年）七月，西夏惠宗秉常在忧愤与不甘中逝世，年仅二十六岁，其子乾顺继位。乾顺年仅三岁，尊母亲梁氏为皇太后，主持一切政务。因西夏梁氏"一门两太后"，大大强化了梁氏家族的势力。此时西夏内部，梁氏集团垄断朝政，而皇族嵬名阿吴与大臣仁多保忠分掌兵权，皇族嵬名氏、后族梁氏以及仁多家族遂成为西夏最有权势的三大豪族权贵。为继续牢牢将大权掌握在梁氏一门手中，梁太后、梁乞逋等人残害异己，秉常的亲信重臣深受迫害，西夏皇族与外戚的矛盾日益尖锐。为转移矛盾，梁氏集团又千方百计地策划对宋战争，对宋政策亦日渐强硬。

宋元祐二年（西夏天仪治平二年，1087 年）正月，宋朝派遣使者刘奉世持诏前往西夏册封乾顺为夏国主，梁乞逋故意冷落宋使，不以礼节招待。

三月，西夏告知宋朝，可以送回夏军在永乐城一战中俘虏的宋朝将士一百三十八人。宋廷也诏令鄜延经略司，待西夏将俘虏送回后，即将米脂、安疆、浮图、葭芦四寨交还西夏。但西夏不满意宋朝仅归还四寨，要求宋朝再割让兰州、塞门二寨。塞门寨本就属宋朝疆土，且为延州门户，兰州的战略地位不言而喻，宋朝当然不可能同意。而对于归还的四寨边界，宋、夏双方各有所指，互不相让，一直未能达成共识。宋朝认为自己有意向西夏让步，夏人却一而再再而三地得寸进尺，实在难以容忍。于是，宋朝也使出了传统手段，停止岁赐，断绝和市，企图通过外交手段迫使西夏屈服。梁乞逋也不肯低头让步，遂不断发兵侵扰宋境。

四月，梁乞逋闻知宋朝在兰州城西关堡修筑龛谷寨，便令宥州给宋朝送去文告，抗议道："宋境内朱梁川本为西夏土地，宋朝不应在此擅自修城筑堡。"不等宋朝回复，梁乞逋便派遣军队侵入宋朝泾原路蔺家堡一带，焚烧房舍，抢掠人畜，为害一方。

梁乞逋为进一步扩大战火，又联合吐蕃首领阿里骨夹攻宋朝。关于这位吐蕃首领的出身，有颇多争议。据传闻阿里骨本是于阗人，他的母亲一直侍奉吐蕃首领董毡。董毡的妻子乔氏十分喜欢阿里骨，便将其收为养子。阿里骨善骑射，武艺高强，在随同养父董毡攻打西夏的战斗中屡立战功，宋朝先后任命阿里骨为团练使、防御使等职。董毡病重后，其子兰逋比亦先于董毡去世，也有传言称董毡之子兰逋比是被阿里骨所害。无论如何，董毡最终将吐蕃首领之位传给阿里骨。

阿里骨以董毡养子的身份继位，遭到唃厮罗族人明里暗里的反对。为巩固自己的权位，阿里骨决定改变此前唃厮罗、董毡确立的亲宋抗夏政策，欲利用西夏力量收复被宋朝占领的熙河地区，以此树立威望，缓和内部矛盾。正巧此时西夏国相梁乞逋向阿里骨抛出了"橄榄枝"，派遣以大首领嵬名阿吴为首的使团携带厚礼与阿里骨结盟。梁乞逋提出"双方联合进攻宋境，得手后，熙、河、岷三州归属吐蕃，兰州与定西城归属西夏"的战略方针，阿里骨见有利可图，便下定决心联夏攻宋。二者的联合，凝结成了更大的军事力量对抗北宋，加重了北宋西北边疆所面临的军事压力。

五月，吐蕃、西夏联合军事行动正式展开。二者相互配合，阿里骨领兵攻破宋朝洮州（今甘肃临潭），梁乞逋领兵数万进攻宋朝河州，与阿里骨会师后，一同围攻宋朝南川寨，大肆烧杀抢掠。西夏、吐蕃联军随后又进攻宋朝定西城（今甘肃定西南），采用城外设伏、诱敌深入的常用战术，大败出城交战的宋军，斩杀宋朝都监吴猛等人，宋军损失惨重。六月，夏军数千骑侵入宋朝秦州（今甘肃天水）境内，进抵甘谷城（今甘肃通渭南）下，又进攻陇诺堡，但被宋军击退。

八月，梁乞逋在天都山点集十二监军司兵马，与梁太后一同率军南征，大军驻扎在兰州通远军（今甘肃陇西）一带。与此同时，阿里骨尽发黄河以北十五万兵马由讲珠城（今甘肃和政西南）进围河州城，命首领鬼章率兵二万进攻洮州城，阿里骨则亲率廓州兵五万，与梁乞逋相约会师于熙州城东王家平。为保障大军快速行军，梁乞逋特命人架设飞桥以通兵路。宋朝岷州知州种谊与总管姚兕获知西夏、吐蕃联军的计划后，领兵抄小路先截断飞桥，阻绝夏军赴援道路。随后，种谊等人又率军迅速进攻洮州城，生擒鬼章。梁乞逋接到鬼章失利的消息，立即遣兵数万前来支援。夏军抵达飞桥处，见飞桥已被宋军焚毁，无法渡河，只好悻悻撤退。

九月，梁乞逋又以西夏国主乾顺的名义强迫卓罗监军司都统军仁多保忠率军十万进攻宋朝泾原路，围攻镇戎军。仁多保忠与梁乞逋向来不和，但碍于乾顺命令，只能迫不得已领兵出战。尽管如此，宋朝泾原路总管刘昌祚此时正在生病，无法披挂上阵，知镇戎军张之谏见夏军来势汹汹，不敢出战，急令将士闭门坚守。仁多保忠令夏军烧杀抢掠，大肆掳掠五天，泾原境内到处火光冲天，烟尘蔽日，令人不忍直视，给北宋带来了巨大的损失。

面对夏军在泾原路犯下的暴行，宋朝庆州知州范纯粹（范仲淹第四子）决意出兵反击。然而夏军人多势众，且夏军声言"此战为国母梁太后亲自指挥"，气势如虹，只能智取，不宜正面决战，于是范纯粹使用"围魏救赵"之计，攻敌之必救，立即派遣副总管曲珍领兵自环州深入夏境，昼夜急行军三百里，抵达曲律山后立即发动进攻，一举击破党项族帐无数，斩杀一千余人，俘虏夏人数百人。此战不但打击了西夏的嚣张气焰，还使北宋军民受到了莫大的鼓舞！

仁多保忠听到宋军深入夏境的消息后，急忙准备撤军解围。为防止镇戎军宋军反击，经验丰富的仁多保忠命令士兵像往常一样烧火做饭，宋军见夏军营帐内炊烟袅袅，遂放松警惕，仁多保忠趁此机会令全军于晚上迅速撤退。等到镇戎军宋军发现夏军撤兵之时，仁多保忠已率军返回夏境，宋军想前去追击已经来不及了。

宋元祐三年（西夏天仪治平三年，1088 年）正月，西夏出兵进攻宋朝河东路府州，被宋朝守军击败。梁乞逋令西夏沿边诸寨只留三五百人守卫，说只是为了保护耕地，通过制造假象来麻痹宋朝边将，引诱宋军前来进攻。然宋军识破西夏的计谋，毫不理会夏人的"示弱"，仍是严加戒备。三月，夏军袭击宋朝德靖寨（今陕西志丹西南），又被宋军击退。

梁乞逋惯用"双面人"的伎俩，一面屡屡派兵侵入宋境，蚕食宋朝领土，一面又派遣使者前往宋朝，表示愿意服罪请和。然后趁着双方使者往来，宋朝边将观望宋夏议和，防御松懈之机，再次派军进攻宋境，"以和议佐攻战"，借此获取利益，毫无底线和原则。宋朝鄜延经略使赵卨痛恨西夏反复无常的行为，给庆州守将刘安写信，约定"夏军进攻的时候，你们以轻骑兵出西路直捣其腹心"。

果然正如赵卨所料，四月，梁乞逋率军包围宋朝塞门寨（今陕西安塞北），击杀宋朝皇城使米赟、供奉官郝普等官员。庆州宋军接到急报后，立即按计划行动，宋朝右班殿直吕惟正与刘安等将率兵攻入夏境，击破石堡寨，荡平勒鸡平一带党项族帐，随后攻破洪川寨，一举斩杀、俘获夏人无数。此后，宋军又在花毡会、油川平一带升起烽火，多设疑兵，引起梁乞逋的警觉。梁乞逋担心后方有失，急忙从塞门寨撤军回防。

梁乞逋攻取塞门寨未遂，野心没有得到满足，又将目标转向兰州。七月，在辽朝册封乾顺为夏国王后，梁乞逋随即点集大军杀入宋朝兰州境内，全力进攻龛谷寨，击败宋朝龛谷寨守将及东关堡巡检，斩杀士卒数百人。八月，梁乞逋又派遣军队进犯宋朝延安府（即延州），被宋朝鄜州知州种谊统军击退。

尽管西夏如此反复无常，宋朝总体上仍坚持妥协退让的原则，禁止边将主动出击，仅允许被动防御，不希望扩大战火、升级纠纷，以图换取西夏早日"回心转意"。然而，经过西夏不断的挑衅，证明以梁太后、梁乞逋为首的西夏统治集团乃是狼子野心，为了稳固在国内的统治，当然不可能主动收手。只是当年西夏发生了天灾，西夏统治者面临很大的压力，才被迫与宋朝再次回到谈判桌上，考虑结束与宋的对峙局面。

根据西夏所定制度，兵士出征须自备物资。可是西夏天仪治平三年（1088 年）黄河以南大旱，收成锐减，西夏农业全部仰仗黄河以南的肥沃土地。天灾的降临使西夏境内民众食不果腹，连最起码的物质生活都无法得到保障。此时穷兵黩武的梁乞逋几次点集兵马，百姓皆由于不堪承担资费而难以相应。趋于穷途末路的梁乞逋迫于无奈，只得于宋元祐四年（西夏天仪治平四年，1089 年）初派遣使者前往宋朝，以谢封册的名义与宋朝继续商议划定疆界之事。

六月，西夏使者抵达开封，提出以宋朝答应归还的米脂、安疆、浮图、葭芦四寨交换兰州、塞门两寨。宋廷此时虽仍以苟且偷安的心态处理宋夏关系，但通过此前的战事，亦深知塞门、兰州两寨的重要战略价值，为了维护自身的根本利益一口回绝了西夏的"易地"请求。宋廷在给西夏的诏书中写道："当初永乐城一战，我大宋将士尽忠固守，力屈被擒，许多人流落他乡，一想到这些，我（宋哲宗）心里就不好受。请你理解我的心情，想方设法寻找他们，我一定多加赏赐。"西夏见一时无法获得更大的利益，也就同意把在永乐之战中俘获的宋朝将士及民夫送还宋朝，作为回报，宋朝答应将米脂、安疆、浮图、葭芦四寨交还西夏。

十一月，西夏将找到的一百四十九名永乐俘虏交还宋朝。当初永乐之战，宋朝损失将校数百人、士卒民夫二十余万，这些人大多流落夏境，成为了西夏境内重要的劳动力，这些人只是极少数能够最终回归故里者。按照约定，宋人将米脂、葭芦、安疆、浮图四寨归还西夏。因会州（今甘肃靖远）尚在夏人手中，宋朝为了向西夏示好，特将熙河兰会路改为熙河兰岷路。

宋朝的妥协似乎并未换取永久的和平。居心叵测的西夏与宋朝议和，依然只是缓兵之计，妄图通过暂时的和平相处，获得更大的利益。梁乞逋派兵渡过葭芦川接收葭芦寨后，见葭芦寨地处宋朝河东路境内，梁乞逋便授意夏军趁机深入宋境抄掠。见多识广的宋朝河东将领訾虎早已识破西夏阴谋，亲自率军屯驻于边界之上，防止遭到西夏的入侵，梁乞逋见状只好作罢，又将兵锋指向战略要地兰州。

兰州境内的质孤、胜如二座堡寨，土地肥沃、物产丰富，有两川水泉以资灌溉，旱涝保收，是西汉大将赵充国屯田之所，被夏人称为"御庄"。自从宋神宗元丰年间李宪修筑兰州城，再筑质孤、胜如两座堡寨后，当地的西夏居民只好移居遥远的天都山及会州一带。生活资源锐减，生活的地区缩小，导致附近的西夏居民生活十分艰难，故夏人反复出兵争夺此地，城堡只能屡修屡废。

宋夏元祐议和后，双方划定疆界，质孤、胜如二堡地处兰州境内，宋朝熙河守将范育等派兵在此前的基础上修葺堡寨，屯兵耕种，驻军戍守。贪得无厌的梁乞逋对二堡垂涎欲滴，想将二堡纳入西夏版图，欲用"先礼后兵"之策。先令宥州移交文牒于宋朝保安军，希望宋朝放弃所筑质孤、胜如新堡。宋朝当然不会理睬梁乞逋的无理要求，梁乞逋感觉宋朝无视自己，不由得怒火中烧，发誓要给宋朝一点颜色看看。

在宋元祐五年（西夏天祐民安元年，1090 年）六月的一天，梁乞逋派遣万余骑兵在大雾的掩护下，突然杀入宋兰州境，很快便攻入质孤堡内，斩杀全部宋军士卒，焚烧房屋。顷刻间，质孤堡成为一片废墟。夏军又乘胜进攻胜如堡，纵火焚烧堡寨、抢掠一空后撤军而还。

夏军撤退后，宋朝胜如堡巡检计守义派人不分昼夜地抢修被夏军焚毁的城门。修复工作刚刚完成，夏军便又发起进攻，胜如堡再次被攻陷，计守义被杀，损失士卒、民夫无数。此后，宋廷决定放弃对二堡的经营，不再修复质孤、胜如二堡。

针对宋朝放弃二堡一事，曾有人提出异议。宋朝熙州知州范育上书指出："西夏自从夺取西凉，开辟右厢之地，势力不断增大。后来我大宋收复熙河地区，已成功断西夏右臂。同时获得险固的兰州城，修筑定西城要塞，不仅控扼黄河上游，而且使得西夏腹背受敌。质孤、胜如二堡对加强我大宋西部边防有着不可或缺的重要作用，二堡与定西城之间有一二万顷肥沃土地，如果充分利用这些土地，每年可收成谷粟数百万石，当地百姓留存一半，余下的一半可以上交官府，则我大宋可以省去无数粮草转运。夏人之所以反复前来争夺，正是看重二堡的战略价值，欲毁去我大宋边防篱藩，使兰州与定西城难以守御。如今朝廷官员畏惧夏人，起初想将二堡送予夏人，现在就弃守不再修筑，岂不正中夏人诡计？"范育之言，并没有得到朝廷的重视。宋朝此时只一味地对西夏妥协退让，不想在消耗兵力、财力之后，还没有任何进展。

彻底摧毁质孤、胜如二堡，梁乞逋拔掉了两颗眼中钉，为了继续向宋朝施加压力，获取利益，梁乞逋又以宋朝虽然归还米脂等四寨，但宋夏双方边界仍未最终划定为由，向宋朝不断发起进攻。

宋元祐六年（西夏天祐民安二年，1091 年）四月，梁乞逋以夏军十万之众围攻定西城，将通远军修筑用来保护农耕的七个堡寨尽数摧毁，杀掠宋朝军民上千人。五月，梁乞逋亲率大军自结龙川进兵宋朝泾原路，攻陷开远堡与得胜、隆德等寨，大肆抄掠，直到得知熙河路宋朝援军已经集结，才不慌不忙撤军。七月，梁乞逋遣兵进攻宋朝镇戎军，拆毁宋军所立界碑。八月，梁乞逋又派军攻陷宋朝鄜延路土门堡（今陕西安塞西北），击杀宋朝鄜延都监李仪与副将许兴。夏军乘胜进攻宋怀远寨（今宁夏固原西），宋军守将李逊出城迎战，被夏军击败，遂紧闭城门坚守，夏军围攻五日不克后撤军。九月，梁乞逋点集十五万兵马，声言欲进攻宋朝环庆、鄜延二路，在得知二路已做好战备守御之后，再次明修栈道、暗度陈仓，突然率军直扑河东路麟、府二州，攻围神木等寨，杀掠不可胜数，俘获甚丰。由于事发突然且夏军来势汹汹，宋朝诸寨守军皆闭寨固守，不敢轻易出战。

宋元祐七年（西夏天祐民安三年，1092 年）初，为进一步向宋朝施加压力，扩大战果，梁乞逋遣使向辽朝寻求援助，辽道宗命大将萧海里率军为西夏造势，牵制宋朝兵力。在辽朝大军的协助下，梁乞逋趁机出兵进攻宋朝绥德城，并以重兵侵入宋朝泾原路，大肆掠夺五十余日才撤军回师。

二月，梁乞埋命人在没烟峡修筑堡垒，作为出兵宋境的桥头堡。三月，梁乞逋又在韦州静塞军司点集三万军马，扬言要进攻环、庆等州。就在梁乞逋整军备战之时，宋朝环庆路经略安抚使章楶已经派人侦知西夏边境的防卫情况。原来西夏边境堡寨分布稀疏，各堡寨往往相距二三十里，每个堡寨内仅有八百余人守卫，且都是老弱伤兵，不堪一击。

章楶获取情报后，立即命部将折可适率领八千泾原骑兵，急行军一日一夜赶赴韦州。折氏也是党项族人，自五代时期便世代守卫府州一带，是宋朝御边的重要力量，杨家将中的佘老太君便出自府州折氏家族。面对折可适率精兵突袭韦州，沿途西夏各堡寨守军不知所措，只能仓皇逃走。折可适率领宋军一鼓作气直接攻入静塞监军司所，缴获大量牲畜、器物。宋军在返程时，西夏援军悄然赶至，偷偷跟在宋军后面，试图寻找时机发起进攻。折可适假装一无所知，命令部队正常行军，暗中却在要害之地设下埋伏，西夏追兵不知，进入宋军埋伏圈，夏军大败，两名大首领被杀，士卒死伤无数，损失马匹、武器数以千计，西夏的士气受到严重挫败。

六月，梁乞逋见宋朝在熙河路筑定远城（今甘肃榆中），立即命令在与定远相邻的西夏境内一二百里处修筑堡寨，堡寨内均布置兵马守卫，各堡寨之间相互呼应，只要有一点风吹草动，西夏便可在一二日内迅速集结三五万兵马，以应对宋军的袭击。在这些堡寨中，尾丁砭距离宋境最近，梁乞逋安排五千士卒守卫。

章楶获得夏军的兵力部署情况后，决定出兵拔掉尾丁砭这个监视宋军动向的桥头堡。他再次命令折可适率军深入夏境，章楶拨给折可适六千兵马，令其一举荡平尾丁砭。折可适率军进抵尾丁砭后，见夏军守卫森严，兵精粮足，知晓此行不能强攻，只能智取。作战经验丰富的折可适命手下士卒打探清楚把守尾丁砭大门的西夏守城士兵的姓名，然后折可适自己伪装成夏军首领巡视边寨，大摇大摆地领人走到尾丁砭门前，直呼守城士兵的名字。守城士兵急忙出城迎接，折可适率领手下将其全部斩杀，趁机迅速占领城门。随后六千宋军鱼贯而入，一举攻陷尾丁砭，俘获人马、器甲数以千计。宋军回师途中，又大败西夏追兵。

西夏梁太后十分恼怒近期几次三番的失败，欲兴兵大举进攻宋朝，于是再次遣使向辽朝请求援兵，但被辽道宗一口回绝。梁太后遂于十月间亲统十万大军，声言将大举进攻宋朝泾原路。梁太后此举，表面上看是为鼓舞将士骁勇作战，实际上，更多的是一种西夏朝中缺乏值得信赖将领的无奈之举。

梁太后此次亲征，仍是使用一贯的声东击西策略，扬言要进攻泾原路，转而却在一天夜里突然急行军赶赴宋朝环州，将环州城团团包围。环州城外是一片沙漠，仅在距离城池一百里的地方有水源。宋将章楶利用这一特点，命人将毒药偷偷投入水中，夏军浑然不知，中毒身亡者甚众。

同时，章楶对部将下令道："敌军每前进一舍（三十里），我军便后撤一舍，夏人必定会认为我军胆小怯懦，必将紧追不舍，我军则悄悄抄小路绕到敌军背后，待其撤军之时一举将其消灭。"章楶又命折可适率领精兵万余人，提前赶赴夏军撤退的必经之路洪德城（今甘肃环县西北）设伏，与分驻洪德以南肃远寨的其他宋军所部相互配合，约定举火把为信号，共同夹击回师途中的夏军。

夏军围攻环州城七日不克，后勤补给困难，只得解围撤军。梁太后率军途经洪德寨时，火光四起，亮如白昼，宋军伏兵迅速将夏军分割包围。在火光照耀下，宋军士卒识别出梁太后的旗帜，争先恐后向梁太后所处的中军发起冲击。梁太后见状，忙令数万夏军精锐铁鹞军尽数迎战，折可适亦率领宋军精兵拼死力战。由于事发突然且宋军以逸待劳，夏军渐渐不敌。梁太后趁着夜色换上普通人的服装，丢掉所有的旗帜、帷帐、首饰后仓皇逃走。夏军群龙无首，兵败如山倒，士兵争先恐后地夺路逃命，互相践踏、被踩死者不计其数，漫山遍野都是夏军士兵的尸体，连山涧都被填满了。西夏嚣张跋扈的气焰终于得到了近乎毁灭式的打压。

洪德城惨败后，西夏不得不向宋朝谢罪求和，但暗中却遣使向辽朝求援。辽道宗在群臣的建议下，不愿意因为西夏而得罪"兄弟之国"宋朝，遂拒绝西夏发兵援助的请求，仅令涿州移牒宋朝雄州，询问宋、夏交战缘由而已。

面对辽朝拒绝支援，对宋作战屡遭失败，且宋朝断绝岁赐，西夏经济状况不断恶化等一系列不利现状，宋元祐八年（西夏天祐民安四年，1093

年）三月，走投无路的梁乞逋迫于无奈特遣使赴宋谢罪，再次提出以塞门、安远二寨交换兰州的请求。然而宋廷实在是厌倦了夏人这种"占据优势时便纵兵抄掠，不占优势时便示弱拖延"的伎俩，一针见血指出夏人此时"表面上恭谨顺从，实际上畏惧宋朝大军讨伐"的心态，直接拒绝西夏交易土地的请求。果然，梁乞逋见交换无果，遂发兵抢掠延、麟等州，杀掠民户。宋朝亦不甘示弱，发兵回击，泾原路大将张蕴连败夏人于神流堆、宥州、松林堡、长城岭等地。次年（宋绍圣元年，西夏天祐民安五年，1094年）正月，西夏又以梁太后的名义遣使入宋进贡，又请易地，再一次遭到宋朝的回绝。

十月，西夏政局再次发生剧变。西夏自梁乞逋独专国政以来，不断对外扩张，使西夏国无宁日，民不聊生。由于"梁氏一门二后"，梁乞逋依仗外戚身份，权欲熏心，争权的欲望越来越大，不仅激化了与西夏皇族嵬名氏的矛盾，同时与梁太后之间也开始争权夺利的斗争。梁乞逋令其弟、侄皆手握重兵，甚至阴谋叛乱，就连梁太后亦受制于梁乞逋。洪德城之战，梁太后亲统大军出征，未使梁乞逋参与其中，梁乞逋大为不悦，屡有怨言，进一步加速其叛乱计划。深感危机的梁太后决定先发制人，遂于西夏天祐民安五年（1094年）十月以梁乞逋谋权篡位为由，授意大首领嵬名阿吴、仁多保忠等人率部诛杀梁乞逋及其全家，西夏政权内部的斗争开始进入白热化阶段。

梁乞逋被杀后，梁太后独揽西夏朝政。此时，西夏皇族与外戚之间的关系，已从相互利用发展至利益冲突乃至势不两立的对立局面，二者并未因梁乞逋的死而得到缓解，西夏权力中心陷入到了无尽的内耗之中，由此大大削弱了西夏的国力与凝聚力以及夏军的战斗力。

与此同时，宋朝主持"元祐更化"的宣仁太后已于一年前（宋元祐八年，1093年）秋天去世，决意恢复宋神宗时期对夏强硬政策的宋哲宗开始亲政，并着手做准备工作。在此宋强夏弱的大背景下，宋、夏战争迎来了宋攻夏守的重大转折。

二、扰耕浅攻，窜立边功

元祐八年（1093年）九月，把持北宋朝政的高太后薨逝，享年六十二岁，谥号宣仁圣烈皇后。高太后去世后，宋哲宗开始亲政。变法派重新看到了希望。十二月，礼部侍郎杨畏首先上疏，称"宋神宗更法立制以垂示万代"，请天子"绍述"熙宁、元丰政治，并极力称赞王安石的学术、政治成就，举荐章惇、吕惠卿、安焘等人，希望宋哲宗能够任命章惇为宰相。

次年（绍圣元年，1094年）三月，宋哲宗以曾布为翰林学士，张商英为谏官。张商英请求恢复神宗朝制度，曾布请求"改元以顺天意"。继而，宋哲宗下诏改元祐九年为绍圣元年，向全天下表明继承神宗变法的决心。四月，章惇拜相，推荐在元祐时期屡遭冷落、打击的新党官吏出任要职，如曾布任同知枢密院事、安焘为门下侍郎、蔡卞为尚书右丞、蔡京为户部尚书、林希为中书舍人、黄履为御史中丞等。

在宋哲宗的大力支持下，新党再度执掌朝政，绍述神宗朝故事。宋哲宗亲政凡七年，主要致力于恢复新法、贬黜元祐党人以及与对夏作战等，史称"哲宗绍述"。

需要指出的是，绍圣时期虽以继承宋神宗朝新法为名，但新党将精力主要用来打击旧党上，带有一定的政治斗争色彩，并未使宋朝当时的政治经济形势有所改观。反而是章惇、曾布上台后，一改元祐时对西夏的妥协退让政策，认为"朝廷近十年以来，容忍西夏，忍气吞声，换来的却是西夏犯边日甚一日"，劝说宋哲宗断绝岁赐，终止归还西夏土地、划定边界纠纷交涉，对西夏重新实施进筑堡寨、浅攻扰耕、开拓疆土的强硬政策。章惇、曾布等人的建议得到了宋哲宗的认可，几人一拍即合。宋哲宗绍述熙宁、元丰政治，对西夏恢复攻势，并取得了前所未有的胜利，史称"绍圣开边"。

绍圣开边时期，为宋朝开边的第一功臣，非号称建立边功"为西方最"的章楶莫属。

章楶（1027—1102年），字质夫，建宁军浦城县（今属福建南平浦城县）人，宋朝名将、诗人。宋英宗治平二年（1065年），章楶进士及第，历任陈留知县、京东转运判官、提点湖北刑狱、成都路转运使等职，后入朝任职，政绩卓著。宋哲宗元祐六年（1091年），任环庆路经略安抚使，提出以战为守，扼守要害之处，逐步蚕食西夏之法，多次击退夏军侵扰。其间调知应天府、广州，并任江淮发运使，旋即重返西北。绍圣元年（1094年），领兵出征西夏，一面根据地形修筑工事，巩固边防，一面派兵攻取西夏大片地区，使得宋朝重新取得对西夏作战的战略主动权，展示出了过人的军事才能。元符元年（1098年），又于葫芦河川三战三捷，彻底击溃进攻平夏城的夏军，并奇袭天都山，擒获西夏名将嵬名阿埋等，夏主震骇，史称"夏自平夏之败，不复能军"。此后，累官至同知枢密院事，晚年以资政殿学士、中太一宫使致仕。崇宁元年（1102 年）去世，享年七十六岁，累赠右银青光禄大夫、太师、秦国公，谥号"庄敏"。

章楶在宋神宗朝晚期"筑堡渐进"之策的基础上提出"扰耕浅攻"之法。早在宋神宗永乐城之战失败后，元丰七年（1084 年）初，边帅李宪就曾向神宗提出"浅攻扰敌春耕"的设想。但不久后宋神宗逝世，宋朝于元祐年间采取全面收缩、归还西夏之地的政策，这一设想遂石沉大海，不再被人提起。后来面对西夏不断派兵侵扰边境的实际情况，宋朝只得在沿边继续修筑堡寨，进行被动防御，不胜其扰。宋哲宗亲政后正式诏令熙河兰岷、泾原、鄜延、河东诸路普遍采取"扰耕浅攻"战法。

所谓扰耕浅攻，即宋朝不再选择冒险派遣大军深入夏境，而是依靠宋朝自身强大的人力、物力、财力优势，在边地修筑堡寨，屯田戍兵，使宋军之间相互支援，避免被夏军各个击破，在稳定防御的同时，不断派遣小支部队进攻夏地，破坏西夏边民耕作，步步为营，挤压夏人的生存与活动空间，使西夏人民生命财产和日常生活的进行都受到巨大干扰，以最终达到绞杀西夏的目的。可以说"扰耕浅攻"之策是宋朝吸取宋仁宗、神宗时集结大军，远击西夏重镇，欲毕其功于一役，反而屡遭惨败的经验教训，而得出的一种符合自身特点、扬长避短的战术。

为粉碎宋朝的"绞杀战"，西夏梁太后继续强化对宋境的侵扰，攻杀宋朝军民，以破坏其进筑堡寨。宋绍圣三年（西夏天祐民安七年，1096 年）

二月，西夏梁太后发兵进攻宋义合寨（今陕西绥德东）。义合寨与宋保安军德靖寨（今陕西志丹西南）之间相隔七百余里，中间道路崎岖，坎坷难行，宋朝鄜延军无法及时赶来支援，夏军大掠而还。

取得小规模胜利之后，同年三月，梁太后又发兵数万围攻宋朝塞门寨（今陕西志丹东北），但当听闻宋朝鄜延经略司出兵来援的消息后，夏军解围退去。八月，夏军进攻顺宁寨（今陕西志丹西北），宋朝守将张蕴设兵埋伏，斩、俘夏军数百人。九月，西夏梁太后命右厢首领假意投降宋朝，宋环庆经略使章楶派遣将领钟传、折可适率兵接应。宋军抵达鸡靶岭后，与提前埋伏在那里的西夏伏兵发生激战，不分胜负，最终宋军全师而退。

十月，梁太后见近期战况不佳，气急败坏，遂与乾顺点集大军，号称五十万兵马，分三路大举进攻宋朝鄜延路。东自黑水（今陕西横山西北）、安定堡（今陕西子长西北），中自塞门、龙安寨，西自顺宁、招安寨，向宋朝鄜延路发起全面进攻。一时间，方圆二百里之内，烽火不断，遍地狼烟。

夏军一鼓作气攻至距离宋朝延州城北仅五里之地，得知城内防备森严，便调转兵锋进攻金明寨（今陕西安塞东南）。夏军在金明寨周围安营扎寨，梁太后与乾顺亲自擂鼓鼓舞士气。金明寨外战鼓齐鸣，杀声震天。在西夏绝对的优势面前，金明寨很快被攻陷，宋朝守将皇城使张舆战死，守军二千五百人中仅五人侥幸逃脱，寨中五万余石粮食全被夏军缴获，宋军损失惨重。

夏军退兵时，将一封书信插在一名宋军俘虏的脖颈上，轻蔑地说道："留你一条活命，替我将这封信交给你的上司。"只见信上写道："西夏与宋朝议定疆界，只剩下一些小的分歧没有解决，未承想朝廷改变心意，强行树立界碑。我们一向对宋朝恭顺恭谨，勉强接受，在界内修筑堡寨以保护春耕，不料宋朝鄜延路出兵皆予以荡平，且多次进入我西夏疆界，肆意杀掠我西夏军民。气愤之下，我们本想直取鄜延，但又不想因此而失去臣子之礼，故只攻下金明寨，以示兵威。"从夏人的书信内容可以看出，宋朝实施的浅攻扰耕战法已对西夏造成很大压力，故夏人虽取得金明寨大捷，仍留有余地，不敢过分激怒宋朝。

面对西夏的反击，宋朝立即做出反应。十二月，宋朝太原知府孙览计划收复元祐时期宋廷归还给西夏的葭芦寨。宋军先是占据葭芦寨周围的险要地形，修筑工事。西夏梁太后收到消息后，立即点集数万兵马屯集边境，防备宋军进攻。孙览见状，故意下令道："我们兵力太少，无法与西夏抗衡，待援军到来，集结五万人马后方可与夏军交战。"夏军见宋军胆怯，遂慢慢放松警惕，战备懈弛。孙览见时机成熟，立即率军突袭，夏军猝不及防，被宋军击溃，孙览乘胜收复葭芦城。

宋绍圣四年（西夏天祐民安八年，1097年）闰二月，梁太后突然发兵六万闪击宋朝麟州神堂堡（今陕西神木南），欲报葭芦城得而复失之仇。夏军急攻不止，神堂堡频频告急，宋麟州都监贾岩亲率数百名骑兵沿屈野河赶赴救援。贾岩对手下军士说道："两军相逢，勇者胜。"遂抄小道登山占据北栏坡，准备就绪后，贾岩一马当先，命骑兵从岭上向夏营发起冲锋。夏军猝不及防，阵型被宋军冲散，首尾不能相救。神堂堡守军乘胜出击，夏军一溃千里，首领七人阵亡，士卒争相逃命。

即便是遭受多次挫败，西夏梁太后仍不甘心失败，稍加休整后，于三月间又派兵争夺荚芦城。此时的荚芦城早已被宋军修复完毕，孙览率军严阵以待。夏军围城六日，始终无法攻下。宋朝石州知州张构率所部兵马前来救援，夏兵迎战不胜，只好退守长波川，凭险据守。加上宋朝河东名将折克行率领大军合击夏军，夏军再次战败，阵亡两千余人，损失惨重。

绍圣开边初期，宋夏双方交战频繁，互有胜负。为改变拉锯现状，章楶仔细观察地形后指出，葫芦河（今宁夏清水河谷）一带战略位置重要，是兵家必争之地，如果在此地修筑城堡，便可进一步压缩西夏的生存活动空间，进而取得对夏作战中的优势。接着，章楶派遣总管王文振统领熙河、秦凤、环庆诸路兵马，折可适为副总管，携带工具前往石门峡以南、好水川以北筑城。一旦此城修成，宋军便可控制西夏韦州、灵州、夏州一带各要害之地。

宋军此举一出，西夏梁太后感受到了来自宋朝的威胁，她如同热锅上的蚂蚁，立刻下令调集全国的兵力，倾国来争。夏军兵驻没烟峡，设伏以待。宋军折可适部率先抵达，受到西夏伏兵的攻击，战死者一千余人。危急时刻，宋将姚雄率领熙河军七千人赶来救援，与夏军展开激战。姚雄临危不惧，指挥士兵奋勇冲杀，不料一支冷箭突然飞来，正中姚雄左肩。如此轻伤，姚雄根本没当回事，反倒越战越勇。宋军士兵见主帅如此，瞬时间战斗力激增，死战不退。最终夏军被宋军击溃，夏兵战死者三千余人，被俘数万人，只得撤退。宋军乘胜修筑城堡，历时二十二日，新城筑成，赐名"平夏城"（今宁夏固原西北），具有平定西夏之意。

七月，连年出兵的西夏，境内发生灾荒，宋朝鄜延经略使吕惠卿决定趁此机会反攻西夏。吕惠卿尽发诸路兵马合兵进击，又命熙河将王愍率军直取宥州。西夏一方则派洪、宥、韦三州都统军贺浪啰亲自统兵赴援。被战争长期折磨的夏军战斗力已远不比往日，轻易便被王愍部击败。宋军追杀夏军二十余里，贺浪啰一败再败，损兵折将。王愍乘胜率军攻入宥州城，焚毁官府、仓库、监狱、行宫等建筑物，以及文书档案等资料，随后屯兵淖河，严阵以待夏军反扑。果然正如王愍所料，贺浪啰派遣大首领移卜淖、凌吉讹遇等人率领千余名骑兵试图截击宋军，王愍命手下将夏军引入包围圈，然后宋军神臂弓手弓弩齐发，夏兵死伤惨重，只好撤退。夏军退守高地，锐气尽失，无力再战，眼睁睁看着宋军全师而退。

宋朝在绍圣四年（西夏天祐民安八年，1097 年）中，共在宋夏边境修筑城寨五十余座，对西夏形成步步紧逼的态势，甚至一度进逼夏州城下，西夏朝野震颤。在诸多堡寨中，又以章楶所筑平夏城威胁最大。平夏城控扼葫芦河谷地，截断夏军往来通道，北通西夏兴庆府、灵州腹地，西连天都山，水草丰美，地宜农牧，是夏人重要的粮食、畜牧生产基地，受到西夏朝廷的重视。故从宋军于此地筑城伊始，西夏便反复发兵前来争夺，但皆被宋朝守军击退。

西夏梁太后见军事上力争不能，便希望通过在外交上对宋朝施加压力，于是频频遣使向辽朝求援，声称被宋朝侵夺疆土，宋朝又连年修筑堡寨，使西夏领土越来越小，请求辽朝发兵援助。然而辽宋之间自签订澶渊之盟后，已经实现了几十年的和平相处，辽道宗坚决不愿意因为西夏而与宋朝决裂开战，但迫于西夏的再三恳求，故仍是仅派遣小股部队屯驻边境，遥为声援而已。又令涿州发文牒与宋朝雄州，希望宋朝撤军，拆毁修筑的城堡，归还新占的西夏土地等，但此事并没有下文，辽朝也只是做做样子，不了了之。

随着西夏胜少败多，境内物价飞涨，民不聊生，百姓苦不堪言。西夏各肥沃之地相继被宋朝占领，西夏军民怨愤，皆言："好土地皆被宋军夺去，让我们以后如何生活？"反战情绪日益高涨。宋朝又乘机诱降夏人，如西夏监军、老将阿燕及其子率领本族千余人投奔宋朝，宋哲宗特授其宥州刺史、环庆路沿边兼横山一带蕃部都巡检使。又如西夏御史中丞仁多楚清因不满梁太后不给予其兵权，带领全家四十余人投奔宋朝，宋哲宗特下诏召见，将仁多楚清一家接到京师开封，授予其甘州团练使、右厢卓啰一带都巡检使之职，仁多楚清也成为西夏归顺宋朝人员中级别最高的一位。此后，越来越多的夏人投降宋朝，宋朝授予其礼宾副使等职有差。

宋朝实行的以"扰耕浅攻"为主体的绞杀战令西夏疲惫不堪，备受其扰。西夏边境东西战火绵延千里，西夏的财力、物力显然难以长久支撑如此大规模的消耗战。为了扭转战局，梁太后决定倾国一搏，打破被动局面，遂与乾顺商议道："宋朝沿边诸堡寨中，平夏城最为重要，平夏城守将郭成熟知兵法，率领重兵防守。兵法云：'攻打坚固的，其余薄弱的部分则不攻自破'。"战略目标确定后，梁太后立刻采取行动，亲自率领四十万大军，于元符元年（西夏天祐民安八年，1098 年）十月，从没烟峡出兵，直取平夏城。西夏连营百里，并制造了一种名为"对垒"的战车，高与城墙齐，每辆车载数百人，填壕沟前进。夏军在飞石激火的掩护下，拼死攻城，昼夜不息。在连续十三日的进攻后，死伤万余人，且夏军粮草渐尽而城内宋军守备有方，城守依旧。

梁太后率军围攻平夏城时，为阻止宋朝诸路兵马赴援，特遣驸马都尉罔罗屯兵罗萨岭，阻挡宋朝熙河路援军；大首领咥心屯兵梁桴台，蔑名济驻兵白池，分别阻挡宋朝鄜延、秦凤诸路援军。就在夏军攻城期间，接连传来宋朝熙河路大将王愍攻入夏界，斩杀驸马都尉罔罗；鄜延路大将刘安、张诚攻入夏界，击溃咥心、蔑名济各部的噩耗，围城夏军斗志全无。

恰在此时，祸从天降，在一天晚上，忽然狂风起自西北，夏军攻城战车皆被狂风吹折。夏兵本就因连日血战，早已濒于崩溃的边缘，此时又见上天示警，心中不免泛起嘀咕，一时间军心惶惶，几乎完全丧失了战斗力。梁太后见到此情此景，悔恨交加，痛哭流涕，以刀划面（西夏故俗，用刀割破自己的脸面，让血泪合流，以示羞恼、悲愤、哀痛，俗称"嫠面"）。率领残兵败将逃回西夏境内的梁太后，下令检点人马，发现此次平夏城之战，夏军共损失二万余人、牛羊马驼数万，数百里内族帐、积蓄焚毁殆尽。

梁太后仍然不甘心彻底失去平夏城，一面继续遣使向辽朝求援，寄希望于辽朝，一面布置人马在宋朝泾原路近边徘徊，以便伺机进攻。数日后，西夏探马侦得宋军主力皆屯驻在葫芦河谷一带，梁太后立即派遣精锐骑兵偷偷潜入镇戎军辖境，偷袭乾兴、天圣（今宁夏固原东北）等寨，烧杀抢掠两日，待宋军回援后撤回。不料天降大雪，疲惫不堪的西夏将士缺衣少粮，人马冻僵而死者过半。

　　即便历经了无数次挫败，西夏仍然没有放弃既有的作战方略。夏军六路都统军嵬名阿埋与西寿监军妹勒都逋主动请战。二人骁勇善战，足智多谋，于宋元符元年（西夏天祐民安八年，1098 年）十二月初以畜牧为名，屯兵平夏境内，只待天气转暖，黄河一解冻，便向平夏城发起进攻，准备一雪前耻。

　　宋朝侦知夏人的计划后，立刻做出回应，积极应对。宋哲宗命章楶设法主动出击，化被动为主动。就在章楶思索对策之时，西夏监军妹勒都逋的部将哟咛前来投降。章楶喜出望外，立即召见哟咛。探起原因，原来是哟咛得罪了妹勒都逋，害怕其报复，又听说宋朝厚待归附的西夏军民，故特来投奔。哟咛告诉章楶，夏人根据宋军此前由泾原路攻入西夏境内皆深入不超过一百里地，推测宋军没有胆量深入夏境寻找夏军主力决战，遂将部队驻扎在天都山深处，防卫极为松懈。章楶力图榨干哟咛口中的信息，又从哟咛处得知了嵬名阿埋与妹勒都逋驻军的具体位置，这对于宋军来说是十分重要的。于是以哟咛为向导，派遣部将郭成、折可适率领万余名精锐骑兵，分道并进。其中折可适率领两千骑兵深入天都山，直击夏军帅帐，嵬名阿埋与妹勒都逋成为了瓮中之鳖，在睡梦中便稀里糊涂成了俘虏，从威风凛凛、傲气逼人的三军主帅沦为了阶下囚。

　　正是由于哟咛的归降，宋军此次突袭，共俘虏西夏军士三千余人，牛羊十余万头。这一事件产生了多米诺骨牌效应，屯驻天都山的其他夏军所部见主帅被擒，立即放弃驻地，争相逃命，折可适等人乘胜领兵占据天都山。原先居住在天都山一带的西夏族帐，见嵬名阿埋与妹勒都逋二员大将被擒，知道西夏大势已去，纷纷举族归降宋朝，给西夏带来了重创。

嵬名阿埋被擒后，鉴于宋朝的厚待与礼遇，加之西夏由出身汉族的女主专权、国势衰微、皇族大权旁落，没过多久亦投降宋朝，为宋军出谋划策，成为了北宋对抗西夏的重要谋士之一。宋元符二年（西夏永安二年，1099 年）正月，嵬名阿埋献计以三万兵马攻取西夏灵州，宋朝河东统制张世永采纳其建议，令副将折可大领兵三万进入西夏境内，驻军藏才山，进而攻取西平府。后遭到夏军阻击，此计未成。

宋军占据天都山后，随即于秋苇川一线修建天都寨、临羌寨，于南牟会设西安州（今宁夏海原），以折可适为知州，驻兵镇守。关于此战取胜的原因，章棨总结道："我大宋泾原路出兵浅攻西夏者凡四次，其中三次兵马皆深入夏境不过百里之地，夏人以为我军怯懦，故嵬名阿埋等人安居山林，而我军得以乘其不备，出其不意将其擒获。"

宋军进占天都山，标志着宋朝"扰耕浅攻"战略取得辉煌胜利。天都山战略位置重要，位于平夏城以西，地势险要，且介于鄜延、泾原、环庆、秦凤、熙河兰岷五路之间。西夏出兵南下，必先于此地点集兵马，然后才能议定南下方向。至此，天都山、横山等战略要地皆被宋军占领，西夏南下路线仅剩穿越沙漠地区一条路，从而给兵马集结、粮草运输带来极大困难。

宋夏天都山等的争夺，正如宋知枢密院事曾布所言："朝廷此前出兵伐夏，失败的原因常常为离开我大宋境内之后，便进入沙漠荒地，距离灵州的路途遥遥无期，其间既无水草，又无人烟，还未等见到敌人，我军已困顿疲惫不堪。相反西夏进犯我大宋疆土，每每于横山集兵屯粮，然后以此为出发点侵扰我大宋边塞，一旦攻入我大宋境内，便可以有所斩获，这也是西夏赖以掠夺获利的根本原因。如今天都山、横山尽归我大宋所有，西夏失去了集兵屯粮的根据地，以后其再想侵扰我朝，难于上青天。因此不用等到攻取西夏兴庆府，此次取得横山、天都山已为不世之功。"曾布所言十分精确地透视了天都山在宋夏战争中举足轻重的战略地位，宰相章惇等人也认为夺取天都山是"盖世奇功"，于是宋哲宗在紫宸殿接受百官庆贺，封赏有功之臣。

就在北宋朝廷喜气洋洋、庆祝大捷之时，西夏政局在连战连败的情况下再次发生剧变。西夏国主乾顺已年满十六岁，但梁太后仍然大权独揽，独断专横，不允许其亲主国事。面对战局的日益恶化，梁太后不断遣使赴辽求援，但辽道宗皆未给予实质性帮助，多以一些华而不实的空头支票打发西夏。梁太后对此大为不满，在向辽朝上表之时，表文言辞中充斥着怨念不敬之语，引起了辽道宗的强烈不满。辽道宗厌恶梁太后的索求无度和失敬的态度，故于辽寿昌五年（西夏永安二年，1099 年）正月，派人前往西夏，私下联合西夏皇族，用毒酒鸩杀梁太后。梁太后之死，标志着西夏自毅宗谅祚去世后，梁氏两代后族集团三十余年专制西夏国政时代的彻底结束，乾顺在辽朝的支持下，终于得以亲掌国政。

西夏崇宗乾顺亲政后，为了扭转西夏内政外交上的混乱局面，立即遣使赴辽，请求辽道宗出面斡旋，与宋朝罢兵息战。辽朝当然不愿坐视西夏为宋所灭，丧失"三足鼎立"的局面，遂派遣签书枢密院事萧德崇、礼部尚书李俨前往宋朝，以献玉带为名，居中调停。而宋哲宗同样因军费开支浩大，亦欲见好就收，乘胜结束战争。辽朝的从中调停为宋哲宗找到了结束战争的"台阶"。

有了辽朝从中调停，宋哲宗借机以当初西夏梁太后宠信的嵬保没、唆结讹遇等人每日鼓动侵扰宋境为由，命乾顺杀嵬保没、唆结讹遇二人后，方可准允其谢罪求和。乾顺见和谈有望，便按照宋哲宗要求，将梁太后之死归罪于嵬保没、唛结讹遇二人，诛杀之。随后于十一月，派遣重臣嵬名济赴宋进献誓表。宋哲宗见目的已经达到，下诏令宋军各部停止进攻，诸路人马修筑界碑，其他事项仍以庆历和议内容为准，宋朝取得了自西夏建国以来从未有过的空前胜利。

乾顺与宋朝停战议和后，终于为西夏赢得了恢复经济、增强军事力量的宝贵时机，宋夏之间虽边境上的小摩擦仍时有发生，但大规模会战暂时告一段落，双方斗争的焦点再次回到对吐蕃诸部的争夺上。

吐蕃首领阿里骨已于宋绍圣三年（西夏天祐民安七年，1096 年）去世，由其子瞎征继位，宋朝任命其为河西军节度使。瞎征残暴嗜杀，导致民心背离，部下纷纷离他而去。宋元符二年（西夏永安二年，1099 年），宋河州知州王赡乘河湟吐蕃诸部陷入分裂混乱状态之际，率军由河州北渡黄河，沿湟水河谷西进，连克宗哥、邈川诸城。瞎征兵败且属下多叛，为了避免走到兵败被杀的地步，只好率领残兵败将逃离青唐城，至邈川城向王赡投降。

为对抗宋朝，吐蕃大首领心牟钦毡与董毡之妻契丹公主、董毡子蔺逋比之妻西夏公主一起，共同迎立董毡远族后裔陇拶为主，入主青唐城，并以西夏公主的名义向乾顺求援，企图利用姻亲关系，得到乾顺的援助。而一直贼心不死的乾顺见此时正是扩大西夏在吐蕃诸族中影响的绝佳时机，故应陇拶之请，于西夏永安二年（1099年）八月派兵五千，围攻南宗堡（今青海乐都北）。

王赡闻讯后，立即率领熙河军迎战，击退夏军后，迅速进军青唐城，陇拶与心牟钦毡，以及董毡妻契丹公主，蔺逋比妻西夏、回鹘二公主，举城出降，宋军夺取青唐城。闰九月，宋哲宗以青唐城为鄯州，邈川城为湟州，并以王赡为鄯州知州，王厚（王韶之子）为湟州知州。

王赡为人勇猛善战，素立战功，但为人狂傲，好大喜功。王赡放任所部烧杀抢掠，军纪全无，大肆搜捕潜在的"反抗分子"，彻底失去当地的民心，给北宋已经取得的胜利带来了消极影响。利用王赡不得人心的有利情况，吐蕃大首领篯罗结聚集数千兵马围攻湟州城，得到了四方部族响应，宋军诸堡皆被攻破。篯罗结又遣使赴西夏，请求乾顺速速派兵救援。乾顺虽在宋军扰耕浅攻、步步紧逼之下，被迫与宋朝议和，但其决不愿意看到青唐被宋朝占领，从而对自己形成合围之势，为了维护自身安全，立刻命令统军仁多保忠率领三监军司共计十万兵马前去增援。

夏军势如破竹，截断炳灵寺桥，焚毁星章峡栈道，烧桥断路，彻底隔绝南宗堡与外部的联系，然后四面急攻，没过多久便攻陷南宗孤堡，俘虏了守将刘文珪。仁多保忠命人将刘文珪押送至湟州城下，妄图利用手中刘文珪这枚棋子，不费一兵一卒，获得土地，喊话道："我们要的是城池和土地，只要你们纳城投降，我就饶你们一条生路。"宋军回答道："天子令我们坚守城池，人在城在，你们想要得到湟州城，那只有先把我们杀了才行。"仁多保忠见劝降不成，命令夏军开始攻城。

夏军围攻湟州城十六日，始终无法攻克。仁多保忠令士兵在南城下堆积数万捆柴草，计划用火攻，烧门夺城，湟州城危在旦夕。千钧一发之际，宋将苗履、姚雄、李忠杰等人各率所部赶来支援，与夏军于青唐峣展开激战。一时间，烟尘蔽日，火光冲天。夏人不知宋朝究竟来了多少援军，不敢奋力抵抗，只好放弃攻取湟州的计划，渡过湟水撤退。宋军随后展开反击，相继收复各堡寨，唯独篯罗结依仗南宗堡地势险要，据险死守，誓不降宋。

宋元符三年（西夏永安三年，1100年）正月，篯罗结遣使赴西夏，希望以南宗堡归附西夏。南宗堡北控西夏，南接星章峡，西南连宗哥城，占据重要地位。但屡遭宋军打击的乾顺不敢冒着与宋朝再次全面开战的风险接纳南宗堡，但又不甘心看着宋军迟早攻陷南宗堡，便选择悄悄派兵帮助篯罗结坚守，自己则在背后负责提供粮草、物资及人员支持。

宋朝这时的情况并不容乐观，粮草供应不济，伴随着吐蕃诸部的反抗难以平息，加之宋哲宗去世，迫使宋朝不得不于元符三年（1100年）三月，放弃鄯州（青唐城）与湟州（邈川城）。新继位的宋徽宗以陇拶为鄯州知州、河西军节度使，赐姓名为"赵怀德"；以其弟邪辟勿丁呱为湟州知州，赐姓名为"赵怀义"。与此同时，宋朝大臣皆以王赡擅开边衅，纷纷上书弹劾，于是宋廷贬王赡于昌化军（今海南儋州），王赡贬官南行至穰县（今河南邓州），心中愤懑自缢而死。

然而，宋徽宗以陇拶为河西军节度使治理青唐，不过是权宜之计。宋朝兵强马壮，宋徽宗又好大喜功，妄图建立万世之功，同一时期的吐蕃自身分裂，诸部首领皆不服陇拶为主，又推小陇拶（陇拶之弟溪赊罗撒）为青唐主。种种迹象预示着，一旦宋徽宗稳定宋朝内部政局之后，再次拓边青唐必将提上日程。

第七章

◎

终极决战，定功继伐

元符三年（1100 年）正月，在冥冥之中，北宋迎来了历史上的又一重大转折。正值壮年、踌躇满志的宋哲宗因病去世，而宋哲宗唯一的儿子赵茂，出生仅两个月便不幸夭折。在宋神宗皇后向氏的"操纵"下，宋神宗第十一子端王赵佶继位，是为宋徽宗。宋徽宗初立，鉴于朝野上下对其继承大统并不十分认可的实际情况，恳请皇太后向氏"权同处分军国事"，借以彰显自身继承皇位的合理性。宋徽宗即位之初，欲左右逢源，充当和事佬，用不偏不倚的态度平息元祐党人与绍圣党人的纷争，故改元建中靖国，参用元祐与绍圣诸臣，一时间反对开拓进取西夏的主张占据上风，被反对新法之人誉为"小元祐"。建中靖国元年（1101 年）正月，向太后去世，朝堂之上，宋徽宗已建立起个人权威，其政治思想亦发生转变，开始绍述父亲宋神宗、兄长宋哲宗遗志，对内高举熙丰大旗，大刀阔斧地恢复新法，对外则采取强硬态度，力主开边进筑。并再次通过更改年号来表明自己的政治态度和政治理想，宋徽宗将年号改为"崇宁"，即"崇尚熙宁"之意，以推行绍述政治。随之而来的，则是宋朝与西夏的终极决战。

一、徽宗继位，绍述遗志

同历史上的多数皇帝相似，即位之初的宋徽宗在生活上还算有所克制，在对外关系上也采取小心谨慎的态度，表示"南北生灵，皆朕赤子"。但北宋后期奸臣当道，蔡京为打击政敌、邀宠固位，极力怂恿宋徽宗奢侈放纵，迎合了沉醉于建立丰功伟绩大梦的宋徽宗的心理。蔡京宣称："《易经》曰：'凡太平盛世，必然要丰、亨、豫、大'，《周礼》亦云：'唯王不会（会计）'，君王当享用天下之奉。"此言正中宋徽宗下怀。从此宋徽宗宠信重用蔡京、童贯等佞臣，打着"丰亨豫大"和"唯王不会"的旗号，大肆挥霍自北宋开国以来积累下的巨额财富，奢侈腐败，荒淫无度。结果导致民怨沸腾，社会矛盾不断加剧。为制造出天朝的盛世景象，生性好大喜功的宋徽宗开始盲目仿效其父兄的拓边政策，用兵青唐、西夏。

崇宁元年（1102年），在政局一片混乱的情况下，蔡京拜相，主持国政。为巩固自己在朝廷中的地位，他一方面，假托"绍述"，禁锢元祐党人，大肆排斥异己；另一方面，继续推进大力开边，以武邀功，将进攻西夏和吐蕃的成功作为自己党派斗争的筹码。蔡京不断怂恿宋徽宗模仿宋神宗故事，先用兵青唐，断西夏之右臂，然后诸路兵马合击西夏，力图彻底解决困扰宋朝百余年的"顽疾"，建立起"万世之功"。

宋哲宗绍圣年间，宋军首次攻取鄯、湟二州之后，因治理不善，曾经遭到吐蕃诸部反抗，加之后勤不继，被迫撤离。宋军撤退后，吐蕃并未团结一心，内部斗争激烈，相互间攻伐不已，形成了若干大大小小的势力。其中又以陇拶（赵怀德）与其弟溪赊罗撒（小陇拶）两股势力最盛。宋徽宗统治时期，为进一步挑起吐蕃内斗，坐收渔翁之利，建中靖国元年（1101 年）十一月，宋朝任命溪赊罗撒为西平军节度使、邈川首领。宋朝此举果然在吐蕃内部引起了不小的轰动，陇拶为溪赊罗撒手下悍将多罗巴及其三子所败，放弃鄯州（青唐）城，溪赊罗撒取得对青唐地区的控制权。

值此天赐良机，宋徽宗决定出兵收复青唐诸州，群臣遂举荐前湟州知州王厚担任主帅。于是，宋徽宗在崇政殿召见王厚，询问收复故地方略。王厚上言道："恢复故地，当以恩信招纳为本，只有面对那些冥顽不化、坚决不顺服者，才予以彻底剿灭。如此则只需消灭一二族帐，便可以平定所有部族。然后按照先收湟州，次收鄯州、廓州，再收河源、积石诸城的顺序，分三个阶段展开收复行动，以避免孤军深入，欲速则不达。"

宋徽宗十分欣赏王厚的计划，在力主开边的宰相蔡京的支持下，于崇宁二年（1103 年）正月，任命王厚为河州知州，兼洮西沿边安抚司公事。王厚为了统一事权，不欲他人干预，希望朝廷允许依照其父王韶经略熙河的先例，将事权集中于自己一身。宋徽宗很快同意了他的请求，命王厚权管勾熙河兰会路经略司职事，全权筹划收复事宜，并在蔡京的建议下，依照李宪故事，派遣宦官童贯为熙河路走马承受、洮西监军。

六月，王厚、童贯兵出熙州，初战告捷，仅用不到一个月的时间便收复了湟州。王厚令高永年权知湟州事，修缮城垣，屯兵戍守。随后，他向宋徽宗上报战果，指出"宋军收复湟州及其境内城寨，统辖范围共计一千五百余里，东至黄河、兰州，西至省章峡，西南至廓州黄河界，南至河州界，北至夏界。收复湟州并管内城寨十所：通川堡、通湟寨、省章寨、峡口堡、安抚寨、宁洮寨、刬当城、宁川堡、安川堡、南宗堡。招纳湟州管内部族并户口：大首领滕令等二十一族，户口约十万余计；大首领余奘等五十余人，小首领把班等四百余人"。

湟州大捷是宋徽宗登基后第一个大胜仗，宋徽宗暗自得意，这一仗极大地满足了宋徽宗的虚荣心。七月，为褒奖"功臣"，宋徽宗下诏宰相蔡京进官三等，知枢密院事蔡卞以下进官二等，擢王厚为成州团练使、知熙州、熙河经略安抚使，童贯转入内皇城使、果州刺史、依前熙河兰会路勾当公事。在"军功"光环的照耀下，北宋时期鼎鼎大名的两大奸臣，取得了更高的政治地位。此外，宋徽宗又赐刬当城名来宾城，省章寨名绥远关，南宗堡名临宗寨等。

稍作休整后，北宋决定一鼓作气，继续向前推进，随即王厚又领兵直击河南诸部。九月，收复河南三城。十月，王厚还军熙州，童贯赴京奏报战事。十二月，宋徽宗命王厚与童贯商讨下一步行动方案。崇宁三年（1104年）初，王厚与童贯决定正式开启第二阶段作战，宋军收复鄯、廓二州战事正式展开。

三月，王厚、童贯率领宋军主力出熙州，经河州渡黄河向北行军。四月十一日，二人入安儿城（后赐名保塞寨，今青海西宁东）。十二日，引大军至鄯州，鄯州平。十六日，宋军入廓州界，廓州守军投降。十八日，王厚入廓州城，廓州平。四月底，王厚等还师熙州。至此，王厚收复湟州、鄯州、廓州三州及河南之地，开拓疆境幅员三千余里。其地正北及东北至夏国界，西过青海至龟兹国界，东南至熙、河、兰、岷州，接连阶、成州界。共计招纳部族首领二千七百余人，户口七十余万，前后六战，斩获一万余人，令西夏侧目。

宋徽宗在接到捷报后，越发喜不自胜，大肆封赏有功之臣。封蔡京为嘉国公，擢王厚为武胜军节度观察留后、熙河兰会经略安抚使兼知熙州，童贯为景福殿使、襄州观察使、依旧勾当内东门司。

王厚率军收复鄯、湟诸州之后，吐蕃首领溪赊罗撒与多罗巴等人无处安身，只得率领残兵败将投奔西夏，此举正迎合了西夏皇帝心意。西夏皇帝乾顺正欲借助吐蕃的力量对抗宋朝，便爽快地接纳了众人。为支援青唐，乾顺集结四监军司的数万兵马，与溪赊罗撒的残部一起围攻宋朝宣威城（今青海西宁北）。

听闻宣威城被围，宋朝鄯州知州高永年急忙率军前去救援。宋朝援兵行军三十里后，遇到几百名吐蕃士兵在路旁迎候。高永年自视为河东地区的少数民族官员，后又成为宋军将领，见这几百人皆是自己曾经结纳的熟人，一种强烈的信任感油然而生，未作任何防备，便让其跟随在身边，为自己带路。令高永年始料未及的是，这几百名士兵趁其不备，突然用绳索将其捆住，直接押送至多罗巴的大营。多罗巴指着高永年对其手下说道："就是这个人，夺去我们的土地，使我的部族四处飘零，无处安身！"随后令手下斩杀高永年以泄愤。高永年就这样惨死在了多罗巴的屠刀之下，北宋所面临的情况也随之发生了变化。

宋徽宗听说宣威城被围，急令援军深入夏境，兵分多路，使夏军顾此失彼，无法集中全力进攻宣威城。宋朝熙河钤辖赵隆在铁山与夏军相遇，赵隆身先士卒，首先冲上山顶，占据有利地形，随后率军冲入夏军阵中，宋军皆拼死力战，夏军不敌，一溃千里。围攻宣威城的夏军得知后，急忙解围回援。

宋朝用兵青唐的目的，在于断夏右臂，本质上是攻伐西夏的前期准备工作之一。故蔡京在宋军收复湟州、鄯州、廓州之时，每收复一州，便在地图上标出相应位置，更信誓旦旦地对宋徽宗说道："此处可以进军西夏卓啰监军司，此处可以直取宥州，此处可以直通青海。"而王厚在收复鄯州、廓州之后，亦按照朝廷旨意，特意沿着兰州、黄河与西夏东南边境耀兵巡边后，方才回师熙州。宋朝已完全控制青唐地区，与西夏的最终决战也逐渐拉开序幕。

西夏方面，乾顺在亲政之后，面对西夏内忧外困的局面，锐意改革。在内政方面，乾顺鉴于长期以来西夏皇族、后族争权的遗患以及由此引发的深刻历史教训，趁后族梁氏集团覆没之机，开始着手强化皇权，巩固统治，并分封了一批皇族宗室为王。

西夏贞观三年（1103 年）九月，乾顺首先册封庶弟察哥为晋国王，执掌西夏兵权。察哥有勇有谋，不仅富有韬略、精通兵法，而且力大无比、擅长骑射，乃是西夏皇族中不可多得的一位将才。察哥曾于西夏永安二年（1099 年）跟随仁多保忠增援吐蕃篯罗结，撤退之时，面前有湟水拦路，后面有宋军紧追不舍。察哥毫无畏惧，不慌不忙，一箭便将宋将苗覆的副将射杀。随后他击退宋军，掩护夏军大部队平安渡过湟水。凭借在这次战役中的出色表现，察哥得到了西夏皇帝的赏识，被升任为西夏都统军，率军守卫都城兴庆府。

忠心耿耿的察哥又向乾顺进言："自古行军打仗，只有将骑兵、步兵相结合才可以取得胜利。我大夏虽有'铁鹞子'可以驰骋平原，有'步跋子'可以登山据险，然一旦'铁鹞子'遇上'陌刀法'（步兵用以对付重装骑兵的战法，即手持斩马刀专攻马腿，马伤人倒）便难以施展，一旦'步跋子'遇上'神臂弓'便会被击溃。原因在于我们的军队只会按照传统习惯打仗，对于战争中瞬息万变的情况适应性较差。用兵的精髓在于审视时机，灵活机动。我们的士兵弓箭射程短，且射艺不精。当下应挑选身强力壮且勇猛善战的党项和汉族青年，集中训练，给他们装备强弓硬弩及防护盾牌。平日里一面练兵，一面屯田，战时则轮番出征。对于宋人，我们要取长补短，只有这样，才能无敌于天下。"乾顺意识到察哥是个不可多得的人才，对于察哥的意见，皆予以采纳。

此外，乾顺还以欲叛降宋朝为借口，将当时与皇族嵬名氏、后族梁氏齐名的仁多氏之头面人物，时任左厢卓罗监军司统军、总领西南部族的仁多保忠设计召回京城，解除兵权，置于西夏政府的严密控制之下。随着西夏三大家族中后族梁氏败亡，仁多保忠被解除军权，皇族嵬名氏的势力与乾顺的皇权得到了极大的巩固与增强。乾顺又借鉴宋朝经验，将西夏自景宗李元昊以来推行的"尚武重法"国策改变为"尚文重法"，推广儒学教育，提倡"汉化"。在御敌方面，效仿宋朝"筑堡渐进"之法，一改夏军长于机动奔袭、不注重后勤基地建设的缺欠，在边境地区"多置寨栅"，以对抗宋军的稳扎稳打、层层推进。

对外政策上，由于乾顺是在辽道宗的全力扶持下最终得以亲政，故乾顺"一边倒"向辽朝，依赖辽人斡旋以达到制衡宋朝的目的。为了进一步亲近辽朝，西夏永安三年（辽寿昌六年，宋元符三年，1100 年）十一月，乾顺首次遣使向辽朝请婚，但未能征得辽道宗的同意。西夏贞观二年（辽乾统二年，宋崇宁元年，1102 年）六月，乾顺再次遣使赴辽，希望辽朝能够下嫁公主，与西夏缔结姻亲关系。辽天祚帝命相关部门讨论后奏报，无果。次年五月，乾顺第三次遣使乞婚，终得辽朝同意。辽乾统五年（西夏贞观五年，宋崇宁四年，1105 年）三月，辽天祚帝封宗室女南仙为成安公主，正式下嫁乾顺。这标志着继李继迁、李元昊以来，西夏与辽朝第三次和亲最终达成。此后，乾顺一旦遇到对宋作战失利或边界发生纠纷，即以甥婿身份遣使入辽求援，或请求辽朝向宋朝施压。辽、宋、夏鼎立的局面因辽夏姻亲关系的缔结，基本得以维持。

乾顺对内施行的种种政策，在强化皇权、缓解社会矛盾等方面发挥了重要作用，但并未从根本上改变宋强夏弱、宋攻夏守的战略态势。虽然宋徽宗初年宋、夏又订立了和约，但这只是带来了表面的平静，实际上宋夏之间仍是暗流涌动。

宋崇宁三年（西夏贞观四年，1104 年）二月，蔡京命熙河帅王厚招徕西夏卓罗监军司统军仁多保忠。仁多保忠足智多谋，驻兵锉子山，总领西南部族，受到西夏朝廷的重视。之前因与梁乞逋不和，仁多保忠曾遣使至熙河与宋朝边臣联络。因此，宰相蔡京命熙河帅王厚务必招纳仁多保忠投附宋朝。王厚却认为，虽然仁多保忠有归宋之意，且态度诚恳，但其手下将帅无人肯依附。故王厚反复上奏朝廷，认为目前招诱仁多保忠的时机尚不成熟，不宜马上落实。然而蔡京并未听从王厚的意见，一再通过声称这是宋徽宗的旨意向王厚施压，要求王厚务必要办成此事。迫于无奈，王厚只得派遣其弟前往仁多保忠驻地商议归宋事宜。王厚的弟弟在招抚返回途中，不幸被西夏巡逻士兵俘获，并透露了仁多保忠的归宋之意。乾顺得知这一情况后，立即设计将仁多保忠调回京城，并解除其军权。

尽管西夏发觉并处理了仁多保忠准备降宋一事，蔡京仍坚持继续招纳仁多保忠，试图以此来装点盛世。王厚认为已经没有必要再进行招抚，进言道："仁多保忠已不再执掌西夏军政事务，即便得到他，也只是得到一个普通人，对我们没有任何实质性用处。"利欲熏心的蔡京不允许存在有悖于己的声音，见王厚坚决反对，遂暗中派人偷偷送去金银玉帛招诱仁多保忠。乾顺见宋朝一而再再而三地招诱西夏重臣，大怒不已，声言要从辽朝借兵，进攻宋朝。说罢，就真的点集数千精锐骑兵，攻入宋朝渭、延、庆三州之间，大肆抄掠。而此次抄掠宋边的官方理由自然也是蔡京、蔡卞、王黼等奸臣弄权，借此以表示对宋廷的抗议。宋夏战争再次回到一触即发的边缘。

五月，宋朝陕西转运使、延州知州陶节夫派兵攻入西夏石堡寨。石堡寨以天涧为险，唯有一条路可供进出，西夏于此地储藏粮食数万石。宋军夺去石堡寨，将寨中粮食转运一空，并重修城堡以作长期坚守之用，使得西夏再一次陷入困顿。乾顺得知后，大骂："宋人夺走我的金窝窝，欺人太甚！"愤怒之余，数次发兵争夺石堡寨，均被陶节夫击溃，西夏统军以下被杀者数以百计。陶节夫凭借此功擢升龙图阁直学士。

六月，宋朝乘胜进军，大将折可适率领精锐骑兵出萧关（今宁夏同心南），进逼灵州川（今宁夏灵武南），夏军没有防备，被宋军打得一败涂地，西夏百姓被宋军俘虏者甚多。乾顺急忙遣使赴辽，请求援助，但辽朝又怎会轻易卷入宋朝与西夏的纷争之中，并未应允西夏的请求。无奈之下，西夏只得遣使赴宋求和，亦被陶节夫所拒。

灵州川的胜利，使得以宋徽宗、蔡京为首的宋朝决策层坚定了攻取西夏的决心。蔡京采取强硬政策，命宋朝边将大力招诱西夏边民，只要见到夏人，无论男女老少，立即以武力威胁其投降归宋，不从者就地斩首，西夏民众苦不堪言。乾顺见求和无果，只能殊死搏斗，为反击宋朝，于同年十月集结四监军司兵马，突入宋朝泾原路，围攻平夏城，斩杀宋朝钤辖杨忠，随后转攻镇戎军（今宁夏固原），大掠而还。

宋崇宁四年（西夏贞观五年，1105 年）正月，乾顺再次遣使赴辽求援，乞请辽朝出兵助夏伐宋。此时天祚帝已同意与西夏和亲，遂令辽军千余人屯驻塞上，以为西夏声援，并派遣枢密直学士高端礼出使开封，希望宋朝将伐夏兵马撤回，恢复和平交往关系，但遭到宋徽宗的坚决拒绝。

二月，延州知州陶节夫决定率军收复银州门户银川寨，进而攻取银州城。银川寨即当年徐禧所筑永乐城，宋军于永乐城惨败后，永乐城为西夏占据，更名银川寨。宋军将银川寨团团包围，守寨夏军死战不降。此时身为宋军裨将的韩世忠斩将夺关，并将守寨夏将的头颅扔到寨外，体现出了非凡的气魄。宋军奋勇而上，一鼓作气击溃夏军，收复银川寨。韩世忠（1090—1151 年），字良臣，延安府绥德军（今陕西榆林绥德）人，能骑善射，勇冠三军。此为韩世忠崭露头角的第一场重要战役。二月，西夏监军驸马领兵数万增援银川寨，于嵩平岭与韩世忠展开激战，被韩世忠率部击退。西夏监军驸马不甘心失败，又抄小路欲奇袭宋军，再次被韩世忠击溃，自己也死于乱军之中，损失惨重。

银川寨作为西夏银州门户，相距仅二十五里，更有利于宋军击败西夏援兵之后，乘胜向银州挺近。西夏银州守军得知监军驸马战死，纷纷弃城逃命，宋军迅速占据银州，修缮城垣。五日后，银州防御工事筑成。西夏援军抵达银州城下后，见防守严备，亦不敢贸然攻城，只好由杏子河东山攻入延州塞门寨，大掠而还。

几乎在宋军攻取银州的同时，宋朝渭州知州、龙图阁直学士钟传因萧关一带水草丰美，土地肥沃，又有旧城址为依托，决定于此处修筑城堡，屯兵聚粮，进逼西夏。钟传派遣折可适领兵护役，前去修筑萧关堡。然而折可适所部在前往萧关的路上，天降暴雨，军队迷失道路。行军至踏口（今宁夏固原东南）之时，又遭到夏军袭击，只好退兵。

面对宋军的步步紧逼，四月至五月间，乾顺下令夏军反击，出兵进攻宋朝顺宁寨，被宋将刘延庆击退，随后又转攻湟州临宗寨与蕃市城。宋朝湟州知州辛叔宪遣部将李宁率军出战。先以铁骑冲散西夏伏兵，然后回军夹击攻城夏兵，夏军遂溃。

宋朝的节节胜利，促使着更大军事行动的展开。五月，陶节夫上奏朝廷，认为攻取西夏政治中心兴、灵诸州的时机已到。宋徽宗、蔡京等人极力支持，下令沿边诸州储粮备战，准备大举讨伐西夏。

乾顺此时已无力抵御宋朝的大规模军事进攻，唯一的指望便是求助于辽朝，希望辽朝能够从中斡旋。在同年十二月，乾顺又一次遣使赴辽求援。辽朝并不想打破三足鼎立的局面，此时意识到了问题的严重性，急忙遣使前往宋朝，要求宋军退兵。辽朝使者面见宋徽宗说道："此前宋朝出兵伐夏，我大辽皆未加以阻拦。如今我大辽天祚皇帝已将妹妹成安公主下嫁西夏国主乾顺为妻，乾顺实为辽朝的贤婿，希望宋朝能够看在宋辽两朝情同兄弟的分儿上，请宋朝退兵还地，结束战争。"沉浸在胜利中的宋徽宗当然不会同意放弃这来之不易的伐夏良机，但还是留给了辽朝足够颜面。宋朝派遣翰林学士林摅出使辽朝，说明具体的情况。不料奸臣蔡京暗中授意林摅设法故意激怒辽人，以断绝辽朝的斡旋，便于宋徽宗回绝辽朝为西夏请和的要求。

在蔡京的唆使下，林摅一进入辽朝境内，便盛气凌人，故意吹毛求疵，处处为难辽朝负责接待的官员。辽朝接伴使、馆伴使的行为稍有不如意者，立即恶语相向，引起了辽朝相关人员的不满。在拜见天祚帝时，林摅更是先发制人，怒斥辽朝"西夏有罪不加责罚，反而替他们请和"，如此有悖常理的行为，反而弄得辽朝君臣一时无言以对，不知说什么才好。次年（辽乾统六年，北宋崇宁五年，西夏贞观六年，1106 年）二月，林摅离开辽朝返回宋朝复命。临行前，辽天祚帝苦口婆心地对林摅进行劝说，希望林摅回去后奏报宋徽宗，归还西夏城寨，改善双方关系。不料狂妄至极的林摅继续出言不逊。忍无可忍的辽天祚帝终于被激怒，将其驱逐出境。

赶走林摅后，辽天祚帝派遣北院枢密使萧得里底、南院枢密使牛温舒出使宋朝。二人首先将林摅失礼之事向宋徽宗禀告，并再次要求宋朝将元符年间讲和以后攻占的西夏土地交还给夏人。经过反复的讨价还价，宋徽宗决定做出一定让步，答应归还崇宁年间以来占领的西夏边地。之后，宋朝改银州为银川城，徙陶节夫为洪州知州。乾顺因与宋朝罢兵议和，先后遣使赴宋、辽表示谢意。至此，宋徽宗继位初期，持续了三年的宋夏战争暂时告一段落。

关于宋朝接受辽朝斡旋，其间还有一个小插曲。宋徽宗接见萧得里底、牛温舒之时，按照惯例为两位辽朝使者设宴接风。席间，一位宋朝艺人装扮成道士模样出来为大家助兴，要以土和泥制作药炉。艺人道："土少不能和。"就在这时，辽朝使者牛温舒突然站起来，将土放入怀中。宋徽宗不解，问其这是何意。牛温舒回答道："我奉命前来为西夏请和，如若被宋朝拒绝，我大辽只能收土而去。"宋徽宗君臣大吃一惊，知道辽朝使者话里有话，意欲以武力威慑。为了继续维持澶渊之盟后辽宋之间的和平关系，宋朝只得同意与西夏讲和。当然，这一传言的真实性还有待考证。但辽朝虽不愿坐视西夏被宋朝消灭，却也不愿冒着与宋朝全面开战的风险为西夏出头确是毋庸置疑的事实。

实际上，宋朝此次与西夏议和，主要与蔡京的罢相有着密切的关系。崇宁五年（1106年）二月，蔡京第一次罢相，赵挺之接任宰相。赵挺之对蔡京穷兵黩武的政策稍有改变，故同意与西夏讲和。次年（大观元年，1107年）正月，蔡京再次拜相，碍于宋朝当时内部激烈的党争，一直未找到合适的借口开战，也无暇开战。大观三年（1109年）六月，主战的蔡京第二次罢相。直到政和二年（1112年）五月，蔡京第三次拜相，高举宋徽宗开拓疆土、灭亡西夏的战略大旗，宋朝向西夏发起最后的征伐。

二、西夏臣服，战尘暂歇

宋夏暂时议和后，自崇宁五年（西夏贞观六年，1106年）至政和三年（西夏贞观十三年，1113年），宋夏间保持了一段时期相对和平的局面，但西夏国主乾顺对宋夏边境疆界划分一事久议不决，感到忧心忡忡，害怕夜长梦多，再生事端。宋大观三年（西夏贞观九年，1109年）二月，乾顺派遣焦彦坚前往宋朝泾原路议定疆界，宋朝方面，派遣知怀德军种师道与夏使焦彦坚谈判。焦彦坚坚决要求宋朝归还西夏故地，种师道回怼道："若说故地，当以汉朝、唐朝为准，那你们的地盘就更小了。"焦彦坚无言以对，遂返回西夏复命。

西夏自宋朝实施扰耕浅攻战略后，沿边各地饱经战乱之苦，严重影响了西夏的农业生产。西夏已到了兵行无百日之粮、仓储无三年之蓄，近乎山穷水尽的地步，亟须休养生息。而宋朝在议和之后，仍不断在边境修堡筑寨，抢修工事，这使得乾顺日夜忧思，时时处于恐惧之中。乾顺见与宋朝划定疆界不成，故技重施，再次遣使赴辽，希望辽朝向宋朝施压，结果又被辽天祚帝拒绝。无可奈何的乾顺决定亦进筑城寨，以既定事实迫使宋朝妥协。宋政和四年（西夏雍宁元年，1114 年）三月，乾顺派兵进占宋朝保安军（今陕西志丹）以北边界上藏底河旁的山岭，修城筑寨，计划以此为据点，反击宋朝。

正是西夏这一"未雨绸缪，防患于未然"的举措，使宋朝获得了一个及时且恰当的开战借口。此时蔡京已第三次拜相，宋朝对西夏发起的最后战役也随即展开。

宋政和四年（西夏雍宁元年，1114 年）三月，宋徽宗任命童贯为陕西、河东、河西经略使，率领大军讨伐西夏。当时陕西永兴、鄜延、环庆、秦凤、泾原、熙河六路皆各置经略安抚司。宋徽宗命童贯总领六路边事，将西北军权皆统属童贯一身。

或许是出于想率先把握战争主动权的考虑，还未等宋朝大军发起攻击，西夏却先主动出手了。五月，乾顺在完成藏底河工事修筑后，便调兵遣将一举夺回元符年间被宋军攻取的天都寨（今宁夏海原）。宋朝鄜延守将刘延庆则率军围攻西夏新筑的藏底河城，因城内戒备森严，夏军死战不退，一时难以攻下。但这似乎更加刺激了骁勇善战的韩世忠，只见他趁夜黑风高孤身一人登上城头，斩杀两名西夏守兵，并割下护城毡后全身而退，大杀西夏军的锐气。不久之后，西夏援军赶到，韩世忠率兵与夏军在佛口岭展开激战，终因敌我力量悬殊，韩世忠所部在藏底河畔被夏军击败。宋军只好放弃对藏底河城的攻势，撤军退还。

宋军这边撤退，乾顺立刻乘胜进军，深入宋境，越过定边军筑城，取名"洪夏军"。十月，宋朝主帅童贯派遣种师道领兵进攻洪夏军。洪夏军四周没有水源，宋军将士口渴难耐，种师道仔细察看地形地貌，然后用手一指西山山麓，说道："此处当有水泉。"宋军急忙挖凿水井，不一会儿，一股清凉甘甜的泉水便从地面喷涌而出。宋军将士久渴逢甘泉，畅饮之后顿觉神清气爽，士气大振。守城夏军见状惊叹不已，皆以为种师道是神仙，宋军更是得到了上天的帮助。夏军也因此士气一落千丈，被宋军一举击溃，种师道遂攻取洪夏军。

宋政和五年（西夏雍宁二年，1115 年）初，宋朝陕西、河东、河西经略使童贯正式开启全面反攻。正月，童贯命熙河经略使刘法率领步骑十五万出湟州，秦凤经略使刘仲武统兵五万出会州（今甘肃靖远东北），两路大军夹击西夏，童贯则亲统中军坐镇兰州，作为东西两路大军的后援，以期一举击败夏军。刘法率领熙河路大军直抵古骨龙（今青海乐都北），西夏右厢兵数万前来阻击，被宋军击败，夏军阵亡三千余人。刘法随即修筑古骨龙城，取名"震武城"，留兵戍守。刘仲武率领秦凤路大军行军至清水河（今甘肃永登），为夏兵所阻，无法继续前进，于是在清水河畔筑城，屯兵驻守，刘仲武则率领宋军主力回师。

自从宋朝向西夏实施筑堡渐进、扰耕浅攻的战略之后，每当宋军修堡筑寨之时，西夏一定会发兵力争，前后至少三四次，直到彻底争夺无望才肯罢手。四月，宋朝西安州知州种师道率军于席苇平（今宁夏同心南）筑城。果然如往常一样，宋军刚开始动工，西夏大军便云集而至，夏军在葫芦河边严阵以待，伺机出击。种师道也在河边排兵布阵，摆出一副欲与夏军决战的架势，暗中却派遣偏将曲充率兵悄悄由小路出横岭，扬言宋朝援军即将抵达。西夏首领听闻这一消息后，首先就乱了阵脚。与此同时，宋朝大将折可世部神不知鬼不觉地切断夏军退路，从夏军背后发起突袭；宋将姚平仲又率领精锐骑兵进攻西夏的先头部队。夏军遭到宋军的前后夹击，难以抵挡，最终大败而归。种师道得以成功地在席苇平筑城，命名为"靖夏城"，并屯兵戍守，对西夏造成极大威胁。

八月，童贯又令刘仲武、王厚会合宋朝泾原、鄜延、环庆、秦凤四路大军进攻西夏藏底河城。但藏底河城防御坚固，宋军久攻不下。迫于巨大的军事压力，乾顺也调集精兵强将支援藏底河城。最终宋军在藏底河城守军与西夏援军的内外夹击之下，遭遇惨败，近半数将士阵亡，秦凤路第三将麾下的三万军队更是全军覆没。为避免朝廷追究兵败失利的责任，掩盖此次军事失败的事实，王厚以重金贿赂童贯，瞒报此次败绩。而西夏则挟藏底河城之战大胜的余威，纵兵突入萧关，一直攻至葫芦河畔，大掠而归。

同年年末，为报藏底河城失败之仇，童贯派遣刘法率领熙河、秦凤两路军马进攻西夏仁多泉城（今青海门源东南）。仁多泉城守将急忙派人向乾顺告急，乾顺立即命令晋王察哥统兵救援。但察哥惧怕刘法威名，领兵徘徊不前，始终不敢与宋军正面交锋。驻守在仁多泉城的西夏守军，凭借坚固的城墙与防御设施，拼命死守一月有余，终因内无粮草、外无救兵，守军皆精疲力尽，无力再战，于次年（宋政和六年，西夏雍宁三年，1116 年）二月，不得不出城投降。刘法接受守城夏军的投降，进占仁多泉城。进城后，刘法发现，仁多泉城城中早已没有任何粮食，宋军携带的粮草也基本消耗殆尽，无力支撑西夏降军的吃喝用度。无奈，刘法效仿秦赵长平之战中白起的故事，下令屠城，极其残忍地将三千余名西夏降兵全部处死，这也为日后西夏实施同态复仇埋下了祸根。

宋朝向西夏发起全面进攻后，乾顺曾多次派遣使者前往宋朝，进献礼物，请求宋朝退兵，皆遭到蔡京等人的拒绝。西夏请和不成，交战也胜少败多。加之宋军自绍圣、崇宁年间以来，坚决执行筑城渐进、扰耕浅攻之法，不断压缩夏人的生存空间，使得夏人仅能活动于沙漠、山谷之间，民生凋敝，生活举步维艰。而泾原路宋军更是在席苇平筑靖夏城，直逼西夏腹心，对西夏的威胁最大。乾顺决定破釜沉舟，进攻靖夏城，给宋人点颜色看看，令宋人知难而退。

宋政和六年（西夏雍宁三年，1116 年）十一月，乾顺尽发精锐围攻靖夏城。当时久无雨雪，地面干燥，乾顺派遣数万骑兵，在马后捆绑薪柴等物，绕城疾驰，顿时烟尘滚滚，遮天蔽日，城中宋朝守军的视野皆被遮挡，能见度几乎为零。在沙尘的掩护下，乾顺派遣步兵秘密挖掘地道，穿越护城壕沟后进入城中。夏军从地下源源不断地钻出，打开城门，里应外合，攻陷靖夏城。乾顺随即下令将城中守军尽数屠杀，以此作为对年初仁多泉城被屠城一事的报复。

乾顺一雪仁多泉城之耻后，随即派遣重兵进攻种师道修筑的安平寨，一举切断安平寨内的水源供应。宋朝渭州都监郭浩得知消息后，率领数百名精锐骑兵出发，前往安平寨与夏军争夺水源。郭浩手下虽人数不多，但个个为宋军骁骑，很快击败夏兵，重夺水源。但夏将不服，又率军调头攻打宋朝石尖山。郭浩领兵增援，一马当先，直冲夏军军阵。突然一支流矢袭来，正中郭浩左胁。郭浩面不改色，不仅不拔箭治疗伤势，反而奋力冲杀，继续作战。宋军将士见郭浩临危不惧，皆紧随郭浩死战不退，最终使夏军溃败逃离战场。

宋政和七年（西夏雍宁四年，1117年）二月，大将种师道率领宋朝陕西、河东等七路兵马，共计十万余人，再次进攻西夏藏底河城，计划在十日内攻克。但事情的进展并不尽如人意。战至第八天，在夏军的顽强抵抗下，宋军仍无法攻破藏底河城。种师道下令："凡不拼死攻城者杀无赦。"宋朝安边巡检杨震率领敢死队第一个登上城墙，斩杀夏军守城士兵数百人。宋军众将士乘势而上，夏军再也无力抵御，宋军遂攻取藏底河城。

对此，西夏并没有一蹶不振。作为对宋军占领藏底河城的回击，乾顺决定进攻宋朝震武城（古骨龙城）。由于震武城地处山峡之中，紧逼夏境，宋朝熙河、秦凤两路均不便救援，故震武城筑成后，西夏曾数次发兵来争，并击杀宋朝守将李明。宋重和元年（西夏雍宁四年，1118年）二月，宋朝熙河、泾原、环庆诸路同日发生地震，天有异象，民心慌乱。乾顺认为千载难逢的机会终于来到，乘机派兵由善治堡（今青海乐都）攻入宋境，围困震武城。宋朝守将孟明率兵出战，不敌夏军，重伤而归。夏军来势凶猛，攻势如虹，守城宋军军心不稳，震武城危在旦夕。

在这千钧一发之际，宋朝熙河路大将刘法及时率兵救援，才避免震武城陷落。为增强震武城的守备力量，刘法遂于震武城以北修筑德通、石门二堡，与震武城形成掎角之势。四月，乾顺为报复刘法解围及筑城一事，派军大掠宋境。宋徽宗遂下诏再修筑靖夏、伏羌、制戎等城，以防夏兵侵扰。至此，宋朝已修筑、设置州、军、城、寨、堡等四十余处，耗费大量民力、物力、财力，但仍无法彻底制服西夏。

迫于宋军压力，乾顺见军事反击效果不大，遂于西夏雍宁四年（1118年）在乩云岭（今甘肃冷龙岭）宋、夏分界处，修筑割牛城（今甘肃永登西），派遣重兵防守，以此作为西夏西凉府（今甘肃张掖）东南方向的屏障。此举引起了童贯的注意。同年六月，童贯派遣廓州防御使何灌率兵由肤公城（今青海尖扎北）夜袭割牛城，西夏守军猝不及防，弃城溃逃。何灌攻占割牛城，后改名"统安城"。

统安城深入西夏腹地，童贯认为占据统安，意味着宋军可以全面控制夏境，置西夏于死地，便命令熙河经略使刘法率军进攻西夏都城兴庆府、灵州等腹心地区。刘法认为时机尚未成熟，不宜冒险行事，本不想草率发兵。但童贯强令其进军，并斥责道："你在开封的时候，亲自从皇帝手中领取命令，那时你夸下海口，说一定能够成功荡平西夏，现在害怕退缩，这是为何？难道你当时欺骗皇帝陛下，犯下欺君之罪不成？"迫于童贯的威逼利诱，刘法深知如果不出兵，自己便会被扣上"欺君之罪"的帽子，不得已，只能于宋宣和元年（西夏雍宁五年，1119年）三月统兵二万至统安城。

乾顺得知宋朝出兵北征后，命晋王察哥亲统大军阻击刘法所部。察哥将夏军分为三阵，以阻挡刘法前军，又派遣精锐骑兵部队绕行至宋军背后，攻击刘法的后军。两军从早晨战至深夜，足足激战了七个时辰。胜利的天平不断向西夏倾斜。夏军由于在本土作战，补给充足，援军源源不断赶来投入战斗。反观宋军则兵饥马渴，孤军奋战，死伤甚重，渐渐不支，宋军前军杨惟忠、后军焦安节、左军朱定国等部相继战败。

刘法见损兵折将，深知大势已去，遂率领残兵败将趁着夜幕突围撤退，至次日天明时分已行军七十余里。不料至盖朱崄（今甘肃永登南）时，被事先埋伏的夏军击溃，刘法坠入崖下，摔断一条腿。夏军中一个做杂役的小兵见状，眼疾手快，将刘法斩首，一代名将就这样殒命，不得不说是北宋的一大损失。小兵前去察哥处领赏。察哥见到刘法的首级，虽十分高兴，但仍不免惺惺相惜，悲伤地对部下说道："刘法将军此前连败我于古骨龙与仁多泉之战，我认为刘将军天生就是一员神将，了不起的盖世英雄，甚至一度我都要躲避刘将军的兵锋，不敢与其正面交手，哪能想到他今天会被我手下的一名不知名的小卒砍下头颅呢。刘将军之所以会失败，就在于他仗着总打胜仗，轻易出兵，我们要引以为戒！"

刘法所部全军覆没，为察哥的进一步进攻减轻了阻力，察哥乘胜攻陷统安城，随即围攻震武城。自从宋朝修筑震武城后，反复遭到夏军袭击，宋朝熙河、秦凤两路军队为救援震武城而疲于奔命，震武城对于宋朝而言已成为一块食之无味、弃之可惜的"鸡肋"，但为了把"鸡肋"继续握在手中，宋朝就势必会付出一定的物力和财力。故在震武城即将被夏军攻破之际，察哥阻止道："不要攻下此城，留着作为宋朝的顽疾吧。"遂下令诸军撤退。

统安城一战，由于童贯的狂妄自大，擅自出兵，宋军战死者十余万人。但童贯竟谎报军情，隐瞒败绩，反而向朝廷报捷请功。蔡京、童贯等人沆瀣一气，宋徽宗被蒙在鼓里，下诏封赏宣抚使以下有功者数百人，宋朝末年的政治昏暗由此可见一斑，宋朝已然是江河日下。

四月，童贯为报统安城惨败之仇，命令种师道、刘仲武、刘延庆等将率领鄜延、环庆诸路兵马出萧关北上，一路英勇作战，所向披靡，相继攻克了永和寨（今宁夏同心）、割沓城（今宁夏同心北）、鸣沙城（今宁夏中宁东）。夏军主将察哥见宋军主力北进鸣沙，兵锋正盛，知不可正面迎战，遂再次采取围魏救赵之策，集中兵力攻打震武城，日夜攻城，震武城守军连连向童贯告急。五月，童贯不得不调兵遣将救援震武城，种师道等部亦回军南返。察哥见迫使宋军南还的目的已经达到，便下令解围退去。

西夏虽在局部战场取得了对宋作战的胜利，但此时西夏战略要地横山、天都山一线已全部被宋军攻占，夏军失去抵挡宋军的全部战略屏障。加之战火连年，土地日蹙，西夏政治、经济危机日甚一日，乾顺再也无力与宋朝交战。宋宣和元年（西夏雍宁五年，1119 年）六月，乾顺借助辽朝的名义向宋朝求和，宋徽宗欣然同意请和。

宋朝最终同意与西夏讲和的主要原因不外有三：其一，正如宋朝鄜延帅刘韐所言："兵兴累年，宋朝尚不支，何况是西夏小邦。"宋朝虽然财力、物力和人力都远远强于西夏，但也已不堪重负，尤其是陕西地区民生凋敝，人心厌战。其二，横山、天都山以北已进入游牧地区，宋朝筑堡渐进之法效果不再明显。虽然宋军一时能够深入横山、天都山以北西夏地区，但多无法站稳脚跟，不是因自身粮草不继撤军，就是被夏军击败撤军，甚至孤军深入落得个全军覆没的结局。而宋朝多年来坚持扰耕浅攻、筑堡渐进战略，已大大压缩西夏的生存、活动空间，西夏疆土日渐减少，军事力量也随之减弱，宋朝已基本达成其军事目标，遂暂时同意西夏请和，以便养精蓄锐，以图后举。其三，宋朝荡平西夏的终极目的在于断辽右臂，然后伺机收复燕云十六州。但此时女真已崛起于辽朝北方，完颜阿骨打建立金朝后，宋朝则通过海路与金朝取得联系，订立宋、金联合灭辽的"海上之盟"。宋朝获得强援金朝，战略目标已转移至北方，消灭西夏的重要性减弱，故同意接受西夏请和，以避免陷入两线作战的困境。

据宋徽宗御笔赐名，由王安中所撰《定功继伐碑》记载，宋朝在宣和元年（1119年）六月撤军班师之时，已在青唐吐蕃地区置州四、军一、关一、城六、寨十、堡十二，收复西夏土地数千里，筑军一、城七、寨五、堡垒二十四。自宋太祖开国至北宋土崩瓦解前夕的一百五十年间，宋、夏间战和无常的局面走向落幕，宋朝在亡国前夜终于取得了对夏作战的最终惨胜，可惜这短暂的胜利不过只是宋朝灭亡前的回光返照罢了。

余　话

　　就在宋、夏间战火不断之时，辽朝治下的女真人在中国东北地区逐渐发展壮大，成为了继辽之后中国北方历史舞台上的一股新生力量，也是宋朝即将面临的又一强劲对手。辽天庆五年（宋政和五年，西夏雍宁二年，金收国元年，1115年），女真首领完颜阿骨打称帝建国，国号金，建元收国，阿骨打更名完颜旻。金朝建立后，不断进攻辽朝，使辽政权危如累卵。此时的宋朝利欲熏心，为了收回石晋割让给辽朝的燕云十六州，置宋辽百年"兄弟之国"情谊于不顾，于宣和二年（1120年）与金朝达成了"海上之盟"，约定双方夹击辽朝，灭辽后，燕云地区归宋，宋朝则把给辽朝的岁币转送给金朝。面对外部形势的急剧变化，反而是西夏感念旧情，不畏金朝铁骑，毅然出兵援辽抗金，但结果多以失败告终。

　　随着辽朝灭亡大局已定，西夏不得不在外交上做出调整，于宋宣和六年（西夏元德六年，金天会二年，1124年）正月，正式遣使向金朝奉表称臣。次年（宋宣和七年，西夏元德七年，金天会三年，1125年）二月，金军俘虏辽天祚帝，辽朝灭亡。十月，金太宗在女真贵族以及降金辽人的鼓动下，下达进攻宋朝的命令，宋金之间的战争就此拉开序幕。

在双方正式交锋后，宋军节节败退。当听闻金朝大军进逼开封的消息后，宋徽宗立即传位于长子赵桓，即宋钦宗，自己则逃往南方。继承宋徽宗皇位的宋钦宗，同宋徽宗一样胆小如鼠，为避免沦为亡国之君，慌忙与金军签订城下之盟，答应将宋朝太原（今山西太原）、中山（今河北定县）、河间（今河北河间）三镇及其以北地区全部割让给金朝。金军则于宋靖康元年（西夏元德八年，金天会四年，1126 年）二月撤军北返，在屈辱条约的庇佑下，宋朝得以暂时转危为安。

金军撤离开封后，宋徽宗非但未能深刻反省，痛定思痛，反而以为万事大吉，返回东京开封府，继续骄奢淫逸的生活。宋钦宗则在宋朝军民抗金呼声的感召下，下诏拒绝割让三镇，惩处蔡京、童贯等祸国殃民、妄开边衅的奸佞。但宋钦宗的抗金热情纯属头脑发热，不仅没有认真进行战守准备，反而罢免抗金将领，遣返各路勤王大军。宋钦宗反复无常，毫无契约精神的举动彻底激怒金朝，再次引得金军南下。金太宗于靖康元年（1126 年）八月，展开了对宋朝的第二次进攻。西夏国主乾顺见时机成熟，欲在宋金战争中分得一杯羹，便趁此天赐良机出兵攻取宋朝河东、陕西土地。

宋靖康元年（西夏元德八年，金天会四年，1126 年）二月，乾顺趁乱派兵围攻宋朝延州平戎寨（今陕西志丹北）以北的杏子堡，但杏子堡易守难攻，加之宋朝鄜延副总管刘光世据险固守，夏军拼尽全力仍无法攻下。同年三月，金朝西路军统帅完颜宗翰派遣部将撒离喝联络西夏，约定将原属辽朝的天德、云内、金肃、河清四军与河东八馆，以及原属宋朝的武州之地割让给西夏，但要求西夏出兵进攻宋朝麟、府二州，以牵制宋朝河东军力。这对于西夏来说是一个极具诱惑力的交换条件。于是乾顺派兵由金肃、河清诸军渡过黄河。但没过多久，金军悍将完颜宗弼（金兀术）又以外出打猎为名，将上述诸地尽数收回，仅留下金肃、河清二军为西夏所有。

四月，乾顺率军围攻宋朝边境的震威城（今陕西榆林境内）。震威城为政和年间童贯派人修筑，距离宋朝府州三百余里，孤城深入夏境。乾顺得知因金军南下，宋朝大部分守边士兵皆应宋钦宗诏令返回内地勤王，便企图利用这一千载难逢的时机，乘虚围攻震威城。夏军此行志在必得，准备了大量"木鹜"（发射弩箭的木鸟）、"冲车"（用来冲击城门的战车）、云梯等，做好了充足准备。夏军将震威城团团围住后，乾顺一声令下，飞箭如雨。西夏将士三军用命，昼夜攻城不息。

守城的宋军将领朱昭知晓此次夏军来者不善，对震威城志在必得，在孤立无援的情况下，朱昭毅然率领城中老幼数百人登城据守。乾顺令夏将悟儿思齐向城上喊话，劝朱昭投降。悟儿思齐说道："宋朝屡次失信于我，现在大金朝与我约定，一同进攻宋朝都城，与宋朝订立城下之盟，将河东一带划归我大夏所有。太原府已指日便可攻下，麟、府诸城都将归入我大夏疆土，你们还在坚持什么？为什么还不速速归降？"朱昭厉声呵斥，决不投降。悟儿思齐知道朱昭之志不可夺，便通过用金钱收买震威城守城士兵的伎俩使得夏军大队人马遂得以进城。朱昭抱定与城池共存亡的决心，先是杀死自己的妻子和儿女，将他们的尸首投入井中，以防受到敌军的侮辱。随后便率领手下士卒与夏军死战，直至力竭，中箭身亡，极其悲壮。

九月，西夏又攻取了宋朝兰州西北的西安州（今宁夏海原西）。十月，原辽朝西南面招讨使小斛禄率部归附西夏。小斛禄本是党项族人，辽朝灭亡后，他一度聚集十余万党项人攻下宋朝府州，并转攻麟州，但被宋军击败，父母妻儿均在乱军中失散，走投无路之际，遂投靠西夏。乾顺派兵帮助小斛禄围攻宋朝麟州建宁寨（今陕西府谷北），双方激战十余日后，终于攻破建宁寨，斩杀宋朝守将杨震，建宁寨沦陷。

十一月，乾顺又派兵进攻宋朝怀德军。怀德军为宋朝于大观年间在平夏城的旧址上扩建而成，更名怀德军。怀德军与宋朝西安州、镇戎军互为掎角之势，应接萧关一线。乾顺曾派遣三千骑兵攻打怀德军，但被宋朝泾原第十将吴玠击败。然而现在西安州被夏军攻破，怀德军失去了援助，乾顺遂再派重兵围攻，妄图一举征下怀德军。西夏的进攻遭到了宋将刘铨、通判杜翊世的奋力抵抗，夏军人多势众，将怀德军长围久困。在局势日益恶化的情况下，怀德军最终还是没能摆脱被攻破的悲惨命运。在城破之际，杜翊世举家自焚而死，刘铨被俘，誓死不降，被夏军杀害。十二月，乾顺乘胜进攻宋朝天都寨，围兰州城，猛攻五日不克，遂大掠通川、圆子诸堡而还。

至此，西夏不仅基本夺回了宋朝在宋哲宗、宋徽宗时期在夏境内修筑的堡寨，而且陆续攻占了宋朝的许多重要城镇，实现了一雪前耻的目的。

宋朝的情况则日益恶化，国破家亡似乎已经成为了宋朝不得不面对的一个事实。宋靖康元年（西夏元德八年，金天会四年，1126 年）十二月，东京城破，宋钦宗向金人投降，金军俘虏徽、钦二帝北去，宋朝灭亡。次年（宋靖康二年，金天会五年，西夏元德九年，1127年）三月，金朝与西夏划定疆界，将陕西北部部分地区划归西夏，作为金朝攻取天德、云内诸军的补偿。西夏群臣上表庆贺，乾顺大赦境内，改元德九年为正德元年。在西夏人眼中，昔日作为劲敌的宋朝已经不复存在，亡国的宋朝也不可能再度崛起。

只是，因一颗遗留的火种，宋朝奇迹般地得以再次复苏。靖康二年（1127年）五月一日，宋徽宗第九子康王赵构于南京应天府（今河南商丘）即皇帝位，即宋高宗，改元建炎，是为建炎元年。为了躲避金人的兵锋，宋高宗放弃中原，一路向南逃离，定都临安（今浙江杭州），维持着宋朝的半壁江山，后世习惯上称之为南宋。

南宋建立后，宋夏疆界为金朝、伪齐阻隔，宋夏间已无直接的利益关系，直接联系亦少之又少。而金朝夺取西夏占领的天德、云内二州，又以武力索回河东八馆之地，引起夏人的极大不满。金朝虽将陕西北部部分地区划给西夏，作为对西夏的补偿，以缓解夏人的怨愤情绪。但西夏与金朝的关系，自其建立伊始，直至西夏灭亡，始终未达到西夏与辽朝联盟时的那种亲密程度。西夏对金朝一面谨慎称臣，一面则严加防范。而金夏这样一种"若即若离"的关系也被宋人所洞悉，自建炎年间以后，南宋每与金朝发生激烈战事，宋朝大臣皆主张联络西夏作为牵制金朝的重要力量。由于种种原因，南宋大臣的这种想法往往得不到西夏的响应。直到1227年（南宋宝庆三年，金正大四年，西夏保义二年），在蒙古铁蹄的践踏之下，西夏最终走向了灭亡，宋朝的这位强邻也就此成为了历史长河中的一粒泥沙。

纵观宋夏百余年间的战争，战略上，西夏根据自身国力较小，实力较弱，在宋辽两大强国夹缝中生存的实际情况，一般不进行对抗性的阵地战、消耗战，而是扬长避短，审时度势，尽量采取运动战的策略，集中绝对优势打击宋军，而这样的作战方略也使西夏屡试不爽。夏军在战争中往往不计较土地、城堡的得失，利用宋军将领急功近利，急于毕其功于一役的心理，诱敌深入、坚壁清野，然后截断宋军粮草，断绝宋军水源，使宋军不战自溃，吃尽苦头。

战术上，夏军善于利用地形发挥不同兵种特长以战胜敌人。夏军作战，往往采取步、骑相辅的方式，先以重甲骑兵"铁鹞子"冲击敌阵，然后步兵随之发起冲锋。充分发挥骑兵的机动性，声东击西，诱敌深入，设伏聚歼，骚扰疲敌，皆为夏军制胜的主要战术，西夏惯用的战略战术使其在对宋作战过程中取得了多次成功。

反观同一时期的宋朝，因鉴于唐末五代节度使掌兵尾大不掉的教训，自宋太祖开始，对将帅防范太甚、束缚太多，严重影响了北宋军队的作战能力。从宋朝建立至北宋灭亡，"将从中御"一直被奉为圭臬，可以说宋军屡遭败绩的根本原因正是其军事体制上存在致命弱点。直到宋神宗以后，宋朝采取筑堡渐进、扰耕浅攻的"弹性防御"战术，才在一定程度上弥补了宋朝在军事体制上的缺陷。不仅加强了各战区间的联防与协同作战，克服了宋夏战争初期，宋军各自为战、分兵把守，易被西夏各个击破，无法集中力量的弱点。同时将战场转入夏地，进筑一地，蚕食一地，进筑是下一次蚕食的依托和保障，诸路共进，使得西夏顾此失彼、首尾无法兼顾。最终在宋哲宗绍圣年间以后，使得西夏难以应付，节节败退，扭转了北宋的被动局面。

作为我国历史上由党项族建立的地方民族政权，西夏虽然长期与"文质彬彬"的宋对立，但毫无疑问，夏人是以炎黄子孙自居的，李元昊建立西夏政权后便派遣使者向宋朝上表，自称其祖先为建立北魏的拓跋氏。而拓跋鲜卑自称是黄帝之子"昌意少子"的后人，李元昊自称拓跋鲜卑之后，自然亦为黄帝后人，充分反映了李元昊对"炎黄"的认同心理。而西夏以"夏"为国号，应是效仿大禹称大夏，或效仿赫连勃勃称大夏的缘故。据《晋书·赫连勃勃载记》记载，十六国时期，匈奴人赫连勃勃建立大夏政权之时，便称匈奴人是"夏后氏之苗裔"。赫连勃勃声称自己是"大禹之后"，要恢复大禹旧业，故定国号为"大夏"。大禹是黄帝的玄孙，赫连勃勃同样视自己为黄帝后人。因此，西夏定国号为"夏"，或自称拓跋鲜卑后人，皆寓有继承华夏、炎黄后人之意。西夏通过与炎黄一脉相承后人的对接，强调了自身"炎黄子孙"的身份。

需要指出的是，在中国古代，各政权通过"五德终始"学说，确立自身在中国古史谱系中的正统地位。"五德终始"学说运用木、火、土、金、水五行（五德）相克和相生关系来解释社会变迁和王朝更替，虽不科学，但被用来作为论证王朝正统的理论根据，影响深远。无论是汉族政权，还是边疆民族建立的政权，当使用"五德终始"学说去论证其政权正统性时，则其已不仅是认同自身作为中国古史谱系的一部分，而是要确立其在中国历史上的"正统"地位。

　　学者们通过研究指出，西夏在除自称"白上国"外，还自命为"西朝"。其中的"白"和"西"两字大有深意，具有浓厚的政治色彩和神秘色彩。在五行相配学说中，西方属金，主白色。可以看出，西夏称本国为"白上国"是为了适应政治需要。西夏以色尚称国名为"白高国"或"大白高国"，是西夏按照"五德终始"学说，意在标榜继大唐王朝的土德之后取金德为正统，显示与其他并立政权的对等性。西夏利用"五德终始"学说，意图突出其在中国古史谱系中接续唐王朝的正统地位。自称"西朝"也在一定程度上反映出，在西夏人的观念中，西夏与自称"北朝"的辽、身为"南朝"的宋别无二致（辽与北宋通过互称南、北朝，相互认同是一个共同体）。南朝、北朝和西朝均为中国一部分。

　　正是由于西夏认同自身为中国历史的一部分，并努力构建在中国古史谱系中的正统地位以及西夏在中国历史认同上的统一性，决定了宋夏战争的性质是在"中华民族共同体"下各民族政权的兄弟阋墙、家里打架。这一特征也经常出现在中华民族多元一体的历史舞台上，各兄弟民族间强烈的彼此认同意识及对"炎黄"的认同心理，使得古代中国无论在大一统时期，还是分裂割据时期，诸民族在共同体"中国"的旗帜下，始终保持同一性和一体性特征，成为中华民族生生不息的根本动力所在和力量源泉。

后　记

不知不觉，这已经是我的第四本书了，千言万语，唯有感谢。

本书在写作过程中，参考的前贤研究成果包括李华瑞先生的《宋夏关系史》、顾宏义先生的《天倾：十至十一世纪宋夏和战实录》、王天顺先生的《西夏战史》、杜建录先生的《西夏与周边民族关系》、史金波先生的《西夏用兵史话》（与黄艾榕先生合著）、王德忠先生的《西夏对外政策研究》、台湾三军大学编著的《中国历代战争史》等相关论著。限于本书体例，引用诸位先生观点无法一一标出，在此表示衷心的感谢。

本书的出版，离不开河南大学耿元骊教授的指导与大力支持，离不开辽宁人民出版社各位编辑老师的帮助，在此一并表示衷心的感谢。

特别感谢杨军师以及吉林大学文学院中国史系专门史教研室陈鹏副教授、赵永春教授的指导与帮助，感谢武文君师妹（杨师 2017 级博士）、鞠贺表弟（杨师 2015 级硕士、2018 级博士）、王征师弟（杨师 2018 级硕士）、洪纬师弟（杨师 2018 级博士）、王金秋师弟（杨师 2017 级硕士）、张雪霞师妹（杨师 2016 级硕士）等同门在全书写作、整理、校对过程中提供的帮助。

　　事实上不仅是这本《宋夏战争》，已经出版的《辽朝节镇体制研究》《千古忠魂：岳飞》以及即将出版的《从"交邻"到"封贡"：高丽与辽朝交聘研究》，各位师弟师妹均为我做出极大贡献，只是此前限于书稿后记篇幅或后记写作风格，未能一一致谢，在此终于有机会表达我最衷心的感谢。

　　贾樟柯在《山河故人》中说："每个人只能陪你走一段路，迟早是要分开的。"师弟师妹们早已离开校园，奔向各自梦想的远方。希望多年后再看到这本小书，能够回想起大家曾经共同的校园时光与师门情谊。能够时刻提醒自己，不忘初心，砥砺前行。

陈俊达

2022 年 1 月 13 日

于吉林大学前卫南区东荣大厦